本书由北京第二外国语学院博士文库出版基金资助出版

陈
扬
著

联合领导力

欧洲经济货币联盟中的"德法轴心"

JOINT LEADERSHIP

THE FRANCO-GERMAN AXIS
IN THE EUROPEAN ECONOMIC AND MONETARY UNION

社会科学文献出版社
SOCIAL SCIENCES ACADEMIC PRESS (CHINA)

前　言

　　德法关系与欧洲一体化既相生相助，又互为因果；欧洲经济一体化特别是其中的欧洲经济货币联盟（下称欧洲经货联盟）不但是"德法轴心"（Deutsch-Französische Achse）的先锋和重点政策领域，而且是德法合作的标志性成果。不过，两国在欧洲经货联盟中的联合领导作用却并非一成不变，特别是在欧盟面临多重挑战的情况下，"德法轴心"能否有效运行更值得关注。由此，本研究创新性地从德国视角出发，选取欧洲经货联盟中的德法联合领导力为研究对象，并尝试回答以下问题：德法在欧洲经货联盟中通过什么领导路径履行了哪些联合领导职能？两国联合领导的成效如何？领导力（Leadership）的成效缘何发生变化？

　　本书主体基于"领导力资源三要素"理论并借助投入（Input）—产出（Output）—成效（Outcome）的层次，提出了确保德法联合领导力有效性的两个条件：

　　Ⅰ. 具备有效的联合领导力资源优势和明确的联合领导意愿；

　　Ⅱ. 能够提供与被领导者需求相契合的双边方案或立场，以（部分）实现集体领导目标。

　　为验证上述条件的合理性，本研究通过比较分析、层次分析等方法，在第二章首先归纳了德法关系的特殊性，在第三章追溯了欧债危机前的欧洲经济一体化进程及其中的"德法轴心"作用，此后在第四章重点考察、评析了欧债危机以来德法在欧洲经货联盟核心领域的联合领导力。就此，第五章再次回归"领导力资源三要素"理论，以解释德法的联合领导力表现，并完成对有效性条件的验证。最后，本研究综合分析了德法联合领导的利弊，并对未来欧盟内的领导力格局与欧洲经货联盟予以展望。

本研究的理论创新体现在对领导力理论适用范围的扩充和对领导力有效性条件的完善。理论方面，将适用于单一对象的"领导力资源三要素"理论运用到双重国家行为体上的可操作性得益于德法关系的几重特殊性：（1）政府及民间合作的高度机制化；（2）象征性实践与规范的丰富性；（3）引领欧洲联合诉求的一致性。德法合作引领欧盟的意愿持续性由此得以保障，欧盟中的德法构成了历史与现实中的命运、利益与价值观共同体。条件方面，确保德法联合领导力的有效性除需满足基于"领导力资源三要素"理论所预测的条件 I 和条件 II 外，还需满足条件 III，即德法能确保欧盟内部团结，处理好欧盟内参与国与非参与国之间的关系。

本研究的观点创新及其他发现主要集中在德法联合领导力的成效、路径以及领导力表现的理论解释。

欧洲经货联盟在欧债危机的影响下得到进一步发展。而在欧洲经货联盟的核心领域，德法两国通过不同路径实践了成效各异的联合领导力。在欧债危机治理领域，德法通过达成《多维尔协议》等决策为危机救助的关键问题定调，并且提出联合倡议，主导了"欧元保护伞"机制以及欧元区峰会等新型会晤机制，但两国对于救助希腊问题的龃龉，为欧洲中央银行（Europäische Zentralbank，EZB，简称欧洲央行）等其他行为体发挥领导作用提供了机会。在财政一体化领域，两国通过组建国家意愿联盟，促成政府间协议与条约的达成并以此实现德式财政纪律的欧洲化；双方在设立欧元区预算问题上互有妥协，并与他国就改革欧洲稳定机制取得战略共识；德法主张征收统一的金融交易税和数字税，并先行实践双边企业税趋同化改革。但欧盟成员国核心利益关切的差别使财政联盟难以取得实质性进展，而法国违反《财政契约》却未受罚的先例更损害了两国联合领导的公信力。在银行业联盟领域，两国就单一监管机制最终达成"德国内核"的妥协，《梅泽贝格声明》也使单一清算机制的后续工作得以就位，而欧洲存款保险计划却因以两国分歧为代表的欧盟内不同立场而鲜有进展。最后，德法通过率先开展双边和多边合作引领欧盟在前沿技术和新兴产业领域的发展，并参与影响欧盟的战略与议程设定。

就领导模式而言，德法在欧债危机和新冠肺炎疫情期间主要实践了务实性的交易型领导。在疫情暴发前的欧洲经货联盟改革进程中，鉴于国家间利益差异化和双边协商实力的弱化，两国的愿景性领导更易被接受；但自疫情暴发以来，财政联盟在"德法轴心"的交易型领导力中取得了一定突破。总体来看，以交易型领导为主，变革型领导为辅的领导模式更为有效，而德法在欧洲经贸联盟中的领导角色呈现互补性，法国多为变革的主要倡导者，德国多为变革的定音者，双方之间领导力资源的失衡决定了德国在"德法轴心"中的主导作用。

促进欧元区稳定和繁荣发展的共同使命，使德法在欧盟经济治理中的异见减弱。具体而言，两国在危机治理以及促进前沿技术发展方面存在较多共同目标，但在财政一体化、银行业联盟及欧元区改革方面存在明显的设想差异，在调和欧盟成员国彼此分歧上也多有失职。"德法轴心"在欧洲经货联盟中的联合领导力表现主要源自联合领导力资源优势的变化、双边领导力资源格局的调整、领导者实践和多重危机等因素的共同作用。危机时期的德法联合领导力更为有效，而在后危机时期，德法"主轴心"的有效运转更需要其他国家集团"次轴心"的配合与欧盟机构的助力。德法联合领导力的象征意义固然突出，其重要性更毋庸置疑，在欧盟和欧元区都不可替代。

目 录

图表索引

绪　论

本章首先阐述了本研究的选题缘由，并基于对国内外现有研究的评述，确定了研究需解决的核心问题、思路及整体架构。此后，本章论述了本书主要运用的研究方法、创新之处及核心观点，并指出了研究的重点与难点。

第一节　选题缘由

在 1963 年签署《爱丽舍条约》（*Élysée-Vertrag*）[1] 后，德法终于缓和近千年的宿怨，并在促进欧洲联合的共同目标下不断续写和解佳话。从舒曼计划（Schuman-Plan）、欧洲共同体（下称欧共体）的诞生，到欧盟法律与治理机制的建设及政策领域的欧洲化，再到关于核心欧洲（Kerneuropa）的大讨论，欧洲一体化的主要进展均离不开德法两国的倡议或主导。特别是在危机时期，"德法轴心"与欧洲一体化更是彼此成就。德法关系在欧洲一体化进程中被重塑的同时，"欧洲一体化进程也由某种性质的法德关系决定"[2]。然而，德法联合领导作用的必要性虽广

---

[1]　又名《德法友好合作条约》（*Vertrag zwischen der Bundesrepublik Deutschland und der Französischen Republik über die deutsch-französische Zusammenarbeit*）或《德法友好条约》（*Deutsch-französischer Freundschaftsvertrag*）。

[2]　Krotz, Ulrich/Schild, Joachim, *Shaping Europe: France, Germany and Embedded Bilateralism from the Élysée Treaty to Twenty-First Century Politics*, New York: Oxford University Press, 2013, pp. 4-5.

受认可，但并非在任何时候、任何领域都被认可。面对一次次危机与挑战，"德法轴心"进行了什么调整？取得了什么效果？德法联合领导力的有效性取决于哪些条件？解决上述问题便是本研究的初衷。

一　研究对象的确立

长期以来，欧盟和欧共体中的"德法轴心"都是政学两界关注和评论的热点。比如在政界，时任德国外交部部长约施卡·菲舍尔（Joschka Fischer）曾在 2003 年指出："德法两国过去是欧洲发展的核心和转轮，在扩大后的欧盟内也会一直如此。"① 而尼古拉·萨科齐（Nicolas Sarkozy）在当选法国总统前却多次表示，德法友好关系虽然一如既往的重要，但（欧盟）仅靠两国的引擎作用是不够的。② 在学界，道格拉斯·韦伯（Douglas Webber）曾在 20 世纪末犀利地指出："多数实证研究对法德双边关系在欧盟中的实质作用提出了质疑；与之形成对比的是，两国关系二十多年来的主要参与者却给这一双边关系赋予重要意义。"③ 政治学家阿道夫·吉梅尔（Adolf Kimmel）也在欧债危机爆发之初表示，德法的结对（Deutsch-Französisches Paar）无疑是欧盟内的领导力量之一，但两国若想成为欧盟内唯一的"领导担当"需满足诸多条件。④ 可见，各方虽普遍肯定"德法轴心"的必要性，对其领导力重要性的认知，却随着时空背景的变化而调整。

① Bundesregierung, "Rede des Bundesministers des Auswärtigen, Joschka Fischer, vor dem Deutschen Bundestag am 16. Januar 2003 in Berlin", in *Bulletin* 04 - 1, 16.01.2003, in https：//www. bundesregierung. de/breg-de/service/bulletin/rede-des-bundesministers-des-auswaertigen-joschka-fischer--789532.
② Cf. Sarkozy, Nicolas, *Témoignage*, Paris：XO, 2006, p. 72.
③ Webber, Douglas, *The France-German Relationship in the European Union*, London and New York：Routledge, 1999, p. 1.
④ Kimmel, Adolf, "Das deutsch-französische Paar in der erweiterten Europäischen Union", pp. 165-166, in Lothar Albertin (Hrsg.), *Deutschland und Frankreich in der Europäischen Union. Partner auf dem Prüfstand*, Tübingen：Narr Francke Attempo, 2010, pp. 148-166.

自 2010 年初欧债危机爆发以来，全球与地区性力量对比进一步变化，欧盟先后经历了内外安全危机与认同危机等多重挑战，欧洲差异性一体化（Differenzierte Integration）渐成常态，德法之间的实力对比、领导人组合呈现新图景，"德法轴心"也开始面临一系列新的难题与不确定性，这尤其体现在国家和区域层面：一方面，不仅德法之间围绕欧盟改革核心领域的传统分歧再次凸显，德法两国与其他成员国乃至欧盟行为体也出现了新的不同意见；另一方面，非建制派政党的崛起进一步制衡德法各自的政府决策，两国围绕欧元区改革、难民和移民管理、新冠肺炎疫情防控等议题难以妥协并达成有效的双边协议或方案，德法联合领导力因此进一步受到能力与合法性的双重质疑。

但与此同时，"德法轴心"亦处于前所未有的机遇期。一方面，英国的公投脱欧及此后从欧盟的正式退出，为"德法轴心"取代此前"德法英三角"的领导力模式创造了可能；另一方面，相对于安格拉·默克尔（Angela Merkel）政府在欧洲事务核心议题的被动行为、迟缓决策，2017 年 5 月就任法国总统的埃马纽埃尔·马克龙（Emmanuel Macron）则以其较为出色的行动力与决策效率迅速燃起了改革欧盟、提振德法关系的火焰，并力荐推出了更具欧洲特色的新版德法《爱丽舍条约》①，为两国的各界亲欧人士打了一针强心剂。而马克龙领导下的法国的相对主动是否会改变近十年"德法轴心"中的"德强法弱"？昔日"基于不平衡的平衡"（Équilibre des Déséquilibres）②的德法合作是否会再现？欧债危机前后，"德法轴心"经历了怎样的变化，这一变化又应如何解释？为解决这些问题，本书以德法联合领导力为研究对象，拟借助领导力的相关理论来分析、解释欧债危机前后"德法轴心"在欧洲经济货币联盟中的领导力变化。

---

① 2019 年 1 月 22 日，德法签署了双边《亚琛条约》（*Vertrag von Aachen*），又名《德法合作与一体化条约》（*Vertrag über die deutsch-französische Zusammenarbeit und Integration*）。一些媒体称《亚琛条约》为新版《爱丽舍条约》或《爱丽舍条约》2.0。

② Hoffmann, Stanley, "La France dans le nouvel ordre européen", In *Politique étrangère*, n°3-1990-55ᵉ année, pp. 503-512.

本研究选取欧债危机作为研究的关键时间节点并重点分析欧债危机后的德法联合领导力，是因为欧债危机以来的十年是欧盟面临较多内忧外患的十年，是欧洲经货联盟从短期到长期应对措施频出的十年，也是"德法轴心"面临更多变数、联合行动紧锣密鼓展开的十年。

本研究把欧洲经济一体化中的欧洲经货联盟作为研究案例，主要基于以下考虑：

其一，欧洲经济一体化是德法从破冰、和解到携手推进欧洲联合的先锋"试验场"；其二，欧洲经货联盟既是德法合作的优势领域，也是德法龃龉的热点议题；其三，在欧洲一体化的各领域中，欧洲经货联盟不仅是目前一体化程度最高、最为成功的领域，而且是政学两界和舆论长期关注的焦点；其四，欧债危机以来，处于改革深水区的欧洲经货联盟的发展直接关系欧盟在社会、安全、外交等政策领域的发展动向，是决定欧洲一体化前景的关键。

由此，本研究尝试回答以下问题。

1. 在欧洲经货联盟中，德法通过什么领导路径、共同履行了哪些领导职能？

2. 如何评价德法联合领导力在欧洲经货联盟中的得失？

3. 如何解释德法联合领导力的表现？

4. 当前欧盟内的领导力量分布呈现出什么格局？

5. 如何预期未来的"德法轴心"与欧洲经货联盟？

二 选题意义

一方面，本研究选题的学术价值主要体现在以下三方面。

其一，有助于在理论视角和案例选取上丰富国内相关研究，增强德法研究的系统性和时效性。理论方面，国内现有研究多注重对战后德法关系史的梳理，相关理论性研究有待在领导力视角下继续延展，以进一步加强对"德法轴心"的本质及其必要性的认识。案例方面，现有研究中的评论性文章居多，对欧洲经货联盟中的德法领导力缺少系统性分析。为此，本研究拟运用领导力的相关理论，考察欧债危机前后欧洲经货联盟中的"德法轴心"及其影响因素，以深入认识和解释德法在特定领域的联合领导力特征。

其二，有助于深化对德法联合领导与欧盟内领导力问题的理论认识，为加强中欧及中国与欧盟成员国之间关系的建设性提供理论经验。对于盛行均势逻辑的欧盟而言，其领导格局亦是多元和多维的。而近年来，随着德国相对实力的提升，国内学界跟进了对德国在欧盟内领导角色的研究，但相对忽视"德法轴心"的联合领导力作用。即使在马克龙就任法国总统后，有关德法合作的报道与分析热度有所提高，却只是昙花一现，系统性考察德法联合领导力的研究仍然较少，因此有必要跟进对以"德法轴心"为代表的国家联盟及次区域集团在欧盟中角色作用的研究。

其三，有助于厘清领导力系列理论在政治学领域的发展脉络，助力区域国别研究理论的发展，并为其创新性应用开拓空间。最初作为管理学重要分支理论的领导力理论，如今已应用于社会学、经济学、心理学等多个学科，而其在政治学特别是区域国别领域的应用起步较晚。本研究将尝试用领导力系列理论来分析德法这一双重国家行为体，以丰富政治学领域的领导力价值。

另一方面，本研究选题的现实意义主要体现在以下三方面。

其一，有助于深入理解欧盟治理现状及其变化，适当预判欧洲一体化（理论）的前景。长期以来，德法不仅是欧洲一体化超国家主义和政府间主义视角的代表，① 而且是欧盟治理机制建设与改革的引领者。因此，在传统欧洲一体化理论受到逆一体化现实考验之时，了解"德法轴心"对此做出的战略布局与政策调整，便意味着能够了解欧盟在改革核心领域的机制调整与政策走向。

其二，有助于为升级中欧关系以及中国与欧盟主要成员国、次区域集团之间的关系提供启示。民族国家是欧盟决策的主要行为体，而作为

---

① 　鉴于国际金融危机及欧债危机爆发对欧洲经济治理的多重影响，德法两国在这一维度的分歧有所弱化。

欧盟内综合实力最强的两大成员国，德法更是影响甚至主导欧盟决策的关键力量。因此，研究德法的联合领导力对把握中欧关系导向、推进中国与中东欧"16+1"合作机制、升级中德与中法关系等有重要意义。

其三，有助于为我国的邻国外交提供重要参考。昔日宿敌成为今日世交，这种德法特殊关系至今为人津津乐道。在政治体制、经济基础与导向、文化与社会发展状况等方面差异明显的德法两国，如今仍能求同存异、引领欧盟建设。这种与时俱进的德法和解精神，有助于为我国制定邻国外交的策略与决策提供些许经验。

第二节　研究现状

一　国内研究综述

国内相关研究的主体对象大致可分为德法合作与欧洲经货联盟两大类。随着中欧关系的不断拓宽与深入发展，国内学者对德法在欧盟中的领导作用也给予越来越多的关注，包括社评类研究在内的相关研究数量不断增加。其中在欧债危机前，相关研究主要是对欧洲一体化中的德法合作的总评，其次是对"德法轴心"合作模式的考察；欧债危机后，有关德法合作及其影响因素的案例研究增多，对"德法轴心"作用的评判总体呈现保守中有积极的基调。总体来看，系统性研究德法联合领导力的文献与专著相对匮乏，相关的理论性研究亦不多见。相比之下，国内有关欧洲经货联盟的研究更为成熟，但主要集中在欧债危机爆发前的时段，相关案例则侧重于货币一体化、经济增长政策、银行业联盟等领域。

1. 欧洲一体化中的德法合作及其特征研究

在德法签署《爱丽舍条约》实现官方和解之后，虽然德法对欧洲联合之路的终极目标（Finalität）存在深层分歧，[①] 但这并不影响学界对德

---

① 参见刘立群《德法对欧洲一体化目标之争评析》，《德国研究》2001年第3期，第4~9页。

法联合领导欧洲的重要性的基本认可。伍贻康认为德法关系在基础期（1949～1963 年）、发展期（1963～1990 年）和调整期（1990～1996 年）不同程度地推动了欧洲一体化进程，是欧洲发展的火车头、发动机和方向盘。① 张健也表示，德法在《单一欧洲法令》的拟定和谈判进程中扮演了领导角色，在一定程度上发挥了轴心作用。②

而随着欧洲一体化的扩大与深化，双方围绕欧洲一体化终极目标的"邦联"（法国）与"联邦"（德国）之争，③ 逐渐体现在一体化发展路径与政策领域中的双边异见。同样，德法虽率先提出并积极倡导了欧洲一体化的差异性发展，但两国对差异性的认知有所不同，这集中体现为德国期待建设唯一的欧洲中央核心，而法国则更愿形成灵活的多重核心。④

而与这一分歧的长期性相对的，则是两国合作模式的不断调整。冷战前后，德法的领导实力对比发生变化，两国"炸弹与马克之间的平衡"（Balance Between Bomb and Mark）⑤ 失效，有学者认为"德法轴心"的作用将被明显削弱；⑥ 但另有学者表示，伊拉克战争有助于两国关系升温，德法将在新的基点上继续加强合作。⑦ 李晓等认为，在推进货币一体化的进程中，德法合作已逐渐由法国主导、德法平等合作走向了德

① 参见伍贻康《法德轴心与欧洲一体化》，《欧洲》1996 年第 1 期，第 34～42 页。
② 参见张健《德法合作与〈单一欧洲法令〉的签订》，《湖北大学学报》（哲学社会科学版）2002 年第 6 期，第 25 页。
③ 参见刘立群《德法对欧洲一体化目标之争评析》，《德国研究》2001 年第 3 期，第 4～9 页。
④ 参见陈洁、袁建军《德法与欧盟差异性一体化》，《德国研究》2015 年第 2 期，第 67 页。
⑤ Gueldry, Michel R., *France and European Integration: Toward a Transnational Polity?* Westport: Praeger Publishers, 2001, p. 159.
⑥ 参见高小升《英国与欧盟的大国主导体制》，武汉大学硕士学位论文，2005。
⑦ 张健：《德法特殊关系：变化与前景》，《现代国际关系》2004 年第 9 期，第 29 页。

国主导模式。[①]

　　进入后欧债危机时期，欧盟"市场失灵、治理效率低下、社会认同缺失"[②] 的顽症在不同层面发酵，此时的德法合作模式如何变化、是否有效再次成为学界关注的焦点：其中在萨科齐时期，"德法轴心"呈现"法国主张、德国内核"[③] 的特征。而弗朗索瓦·奥朗德（François Hollande）在就任法国总统后曾通过在欧盟开展平衡外交淡化了德法关系的特殊性，造成德法不睦，因此有学者认为奥朗德时期的"德法轴心"动力不足，且其权力中心进一步向德国偏移。[④] 尽管如此，刘靓强调合作与分歧并存的德法关系在相当长的时期内仍会持续。[⑤] 在笔者看来，合作与竞争始终是德法联合领导力的固定要素，两种要素的分量虽取决于具体的政策领域，但合作始终是德法关系的"主旋律"。而自马克龙上台以来，德法联合领导的实际作用不及象征意义。[⑥] 因为除了在差异性一体化及具体事务上存在双边认知差异外，"默克龙"（德国总理默克尔与法国总统马克龙）还需克服各自的内政挑战，并适应权力分工与角色转换。[⑦] 不过，"德法轴心"及其代表的欧洲联合精神在欧盟内仍无可取代。[⑧]

---

① 参见李晓、丁一兵《欧洲货币一体化的推动力与大国关系》，《学习与探索》2007 年第 5 期，第 150 页。

② 周弘：《欧洲三大顽症待解》，《人民日报》2016 年 11 月 13 日，第 5 版。

③ 参见张骥《欧债危机中法国的欧洲政策——在失衡的欧盟中追求领导》，《欧洲研究》2012 年第 5 期，第 32 页。

④ 伍慧萍：《德法轴心的基础与欧洲的未来》，《文汇报》2013 年 5 月 27 日，第 10 版。

⑤ 刘靓：《试论德法关系与欧洲一体化进程》，《法国研究》2013 年第 4 期，第 27 页。

⑥ 陈扬：《欧债危机以来"德法轴心"的范式变化及其成因》，《法国研究》2019 年第 2 期。

⑦ 崔洪建：《"法德轴心"的转型困境》，《环球时报》2019 年 12 月 4 日，第 14 版。

⑧ 王黎：《困境中的欧盟更需要法德轴心作用》，《人民论坛·学术前沿》2019 年第 6 期，第 53~59 页。

2. 欧盟内的领导力量研究

欧盟内缺乏有效领导力量的现实引起了学界对欧盟内领导国组合的多维探讨，这些潜在的领导国组合以"德法英三角"、德法波组成的"魏玛三角"及"德法轴心"为代表。此外，随着欧债危机的爆发及德国在危机治理中主导作用的凸显，学者们开始更多关注德国在欧盟的领导作用。

（1）"德法英"三边关系研究

该类研究多见于欧债危机爆发之前。王振华认为，基于不同的利益与动机，德法英三国会在不同领域形成不同的结盟关系。[①] 据笔者观察，欧盟整体建设中的"德法轴心"、安全防务领域的英法合作以及自由贸易与市场经济领域的英德结盟便可从当前现实中获得佐证。高小升则进一步指出，欧洲的法德合作式霸权在两德统一后可能被德法英三国主导体制所取代。[②] 具体到欧洲共同外交与安全政策，吴志成等认为，三国对于欧盟与北约在未来的关系以及欧洲防务建设的最终目标莫衷一是，这使该政策领域的内部建设与外部实践困难重重。[③] 而在英国公投脱欧后，欧洲防务一体化确实在德法两国的主导下有了进展：25 个欧盟成员国于 2017 年 12 月达成了防务合作协议，正式启动永久结构性合作（Permanent Structured Cooperation，PESCO）。[④]

（2）德法波"魏玛三角"关系研究

相关文章多见于时政性报道，而期刊文章目前仅有《"魏玛三角"加强合作——德法波举行首次首脑会晤》（马尧，1998）和《从"魏玛三角"到"波兰现象"——欧盟东扩与整合中的利益》（姚勤华、戴轶

---

① 参见王振华《德法英三角关系的新变化》，《世界经济与政治》1995 年第 10 期，第 55 页。

② 参见高小升《英国与欧盟的大国主导体制》，武汉大学硕士学位论文，2005。

③ 参见吴志成、杨娜《欧盟共同外交与安全：大国态度的比较分析》，《欧洲研究》2006 年第 2 期，第 82~93、159 页。

④ 该协议由除英国、丹麦和马耳他之外的 25 个欧盟成员国于 2017 年 12 月 14 日签署。

尘、朱雯霞，2004）两篇。其中后者指出，"波兰现象"使以法德为代表的老成员国与以波兰为代表的新成员国形成欧盟内的两极，表明波兰将继续借助美国制衡法德，但这也是欧盟东扩后成员国间协调利益与整合观念的必经阶段。①

（3）德国及"德法轴心"的领导力研究

对于德国在欧盟以及国际事务中的领导作用，相关研究涉及的核心问题在于探究德国领导角色的性质、领导力的实施路径及其影响。在陈菲看来，德国在欧债危机治理中扮演了典型的交易型领导者角色；② 李巍等学者的研究表明，德国通过设置议程、构建共识、寻求盟友等路径，最终强化了其在欧洲的区域制度霸权。③ 而于芳认为，德国在欧盟的多重危机背景下实现了从文明力量到欧洲的联合领导力量的角色转换；④ 熊炜指出，德国通过对法国妥协并"借其权威"的形式获取了更有效的欧盟领导权。⑤ 对于德法的合作领导，叶江认为欧债危机对德法经济实力对比的改变使"法德轴心"模式开始式微；⑥ 郑春荣等指出法德的联合领导力因两国未能"同频共振"而受限。⑦ 总体来看，以上研究多将德国作为主体研究对象或主体视角，对法国及其他欧盟内潜在领导者的领导力或有所忽视，或仅将其置于相对被动的地位。

---

① 参见姚勤华、戴轶尘、朱雯霞《从"魏玛三角"到"波兰现象"——欧盟东扩与整合中的利益博弈》，《现代国际关系》2004 年第 5 期，第 5 页。

② 参见陈菲《欧盟危机背景下的德国领导有效性分析》，《欧洲研究》2017 年第 1 期，第 102 页。

③ 参见李巍、邓允轩《德国的政治领导与欧债危机的治理》，《外交评论》2017 年第 6 期，第 99 页。

④ 参见于芳《德国作为"欧洲的联合领导力量"——基于国际角色演变根源的分析》，《德国研究》2018 年第 4 期，第 76~77 页。

⑤ 熊炜：《"借权威"与妥协的领导——德法合作的欧盟领导权模式》，《世界经济与政治》2018 年第 6 期，第 30 页。

⑥ 叶江：《欧债危机对欧洲联盟深层次影响探析》，《国际展望》2014 年第 4 期，第 120 页。

⑦ 郑春荣、张凌萱：《法德轴心"重启"的限度探析》，《欧洲研究》2019 年第 6 期，第 1~21、165 页。

3. 欧洲经济货币联盟研究

随着 1999 年欧元的诞生、欧洲经货联盟进入第三阶段，有关欧洲经货联盟的系统性研究也丰富起来。以《欧洲经济货币联盟》（王鹤，2002）为代表，该书主要以制度化视角回顾了欧洲经济一体化进程，并结合一体化理论对欧洲经货联盟及欧洲货币与财政政策的发展情况进行了介绍。但鉴于时空条件的限制，该书对欧洲经货联盟褒多于贬，总体持乐观态度，较少论及欧洲经货联盟与欧元存在的问题与面临的挑战，其他诸如《欧元与欧洲经货联盟——欧洲货币统一的理论与实践》（朱青，1999）等论著也是类似情况。此外，《欧洲货币一体化的理论与实践》（李卓，2005）等相关研究虽对欧洲央行的机构设置及货币政策存在的可能问题进行了阐述，却仅局限于货币一体化领域，未能将欧洲经货联盟其他相关领域存在的问题系统性地联系起来。

此后，欧洲经货联盟制度及欧元在设计方面的不足愈发凸显，加之欧债危机的爆发，一些具有多重批判视角或问题导向的研究开始增多：《欧洲经货联盟的危机与改革》（熊厚，2017）基于对欧洲经货联盟发展沿革的概述，有针对性地分析了货币统一与经济分散这一非对称制度性缺陷问题及基于此欧盟进行的经济治理改革，但该研究在政策层面的视角较为局限，对国家行为体在其中的决定性作用亦着墨不多。总体来看，欧债危机以来的欧洲经货联盟研究或聚焦于特定政策领域，或以研究欧洲经货联盟及欧元区本身的作用为主，缺少对国家及相关决策行为体在欧洲经货联盟主要领域中的影响力研究。

4. 其他

此外，相关智库及学术机构不定期出版的政策性报告与丛书，也是笔者着重参考的前沿资料，其中包括中国社会科学院欧洲研究所和中国欧洲学会共同主编的《欧洲发展报告》、社会科学文献出版社出版的"德国蓝皮书""法国蓝皮书"和《列国志：德国》《列国志：法国》《法国政治史（1958—2017）》以及人民出版社出版的《法国政治制度史》、外语教学与研究出版社出版的《德国外交通论》等。最后，以"德法/法德关系"

"德法/法德和解""法德/德法轴心"为关键词，可搜索到 20 余篇硕士论文以及《法德和解与欧洲一体化》（和春红，2012）[①]、《法国欧洲一体化政策研究》（阚四进，2014）[②] 等 4 篇博士学位论文。[③] 这些论文几乎均做到了依照历史时期对关键事件的系统梳理与归纳分析，但同时以领导力相关理论为论证依据、将欧洲经货联盟作为整体分析案例、从德国视角出发的研究存在空白，丰富与充实这一领域也是本研究的价值所在。

二 欧美研究综述

与欧盟内其他的国家间关系研究相比，以德法关系为议题的国外研究在数量上甚为可观，因此以下笔者将仅对一些有代表性的专著和观点加以评述。国外相关研究以对德法关系的历史梳理与案例分析为主，并考察了德法合作的特征与动因。近年来，围绕领导力的案例研究进一步增加，这些研究主要包括从不同理论视角展开分析的论著和时效性较强的智库报告，在认可"德法轴心"之余也指出了其局限性。总体来看，相关系统性研究的全面性与时效性有待加强，这可通过增加对欧洲经货联盟多个维度的最新情况分析、运用投入—产出—成效的层次分析法、横纵向比较相结合等途径来实现。

1. 德法合作/领导力研究

在德法签署《爱丽舍条约》后，相关研究主要围绕德法的和解进程展开；[④] 而在《阿姆斯特丹条约》生效前后，欧洲一体化中的德法合作

---

① 已由中国书籍出版社于 2018 年 1 月出版。

② 已由世界知识出版社于 2017 年 8 月出版。

③ 以上是截至 2020 年 5 月的搜索结果。

④ 其中较具代表性的研究有莉莉·加纳·费尔德曼（Lily Garner Feldman）的《德国外交政策中的和解原则与实践：与法国、以色列、波兰和捷克的关系》（*The Principles and Practice of Reconciliation in German Foreign Policy：Relations with France，Israel，Poland and the Czech Republic*）、斯蒂芬·艾伦·舒克（Stephen Alan Schuker）编著的《德国和法国——从纷争到和解，西欧安全的塑造，1914—1963》（*Deutschland und Frankreich-vom Konflikt zur Aussöhnung. Die Gestaltung der westeuropäischen Sicherheit 1914-1963*）等。

逐渐成为研究热点，且学界基本认可和看好德法的轴心作用：在《不平等的伙伴：法德关系（1989—2000）》一书中，朱利叶斯·W. 福瑞德（Julius W. Friend）指出，虽然两国之间原有的实力均势发生了变化，但"法德轴心"绝不会停转，它在欧洲经受住了考验，在未来也会持续发挥作用。① 此后，政治学家韦伯在其专著《欧盟中的法德关系》中指出，与其说德法关系是欧洲一体化的核心，不如说欧盟和欧洲一体化是德法关系的核心。②

而近十年来，随着《里斯本条约》签署生效、欧债危机及难民危机等多重挑战的接踵而至，相关研究开始重新审视"德法轴心"在危机治理及欧盟改革核心领域的有效性。具体到欧洲经货联盟领域，学者普遍认可两国在引领欧元区走出困难时期的关键作用，③ 认为德法合作在这种"高层领导谈判的决策机制中扮演了领导角色"④。此外，乌尔里希·克罗茨（Ulrich Krotz）与约阿希姆·希尔德（Joachim Schild）对英国公投脱欧后的德法领导力提出了三种设想，指出其中的"居于欧盟中心且更具活力的德法双轮脚踏车"⑤ 是最为可能且最具说服力的模式，并认为德法将在英国曾经的"主场"领域——共同外交与防务政策中发挥关键作用。⑥ 马克龙上台后，德法在推动欧洲防务合作方面的积极行动部分地印证了这一观点。

---

① Cf. Friend, Julius W., *Unequal Partners: French-German Relations* 1989 – 2000, Westport: Praeger, 2001.

② Cf. Webber, Douglas, *The France-German Relationship in the European Union*, London and New York: Routledge, 1999, p. 1.

③ Cf. Schild, Joachim, "Leadership in Hard Times: France, Germany and the Management of the Eurozone Crisis", in *German Politics & Society*, Vol. 31, No. 1 (106), 2013, pp. 24-47.

④ Cole, Alistair, "Franco-German Relations: From Active to Reactive Cooperation", S. 158, in Hayward, Jack (ed.), *Leaderless Europe*, Oxford: Oxford University Press, 2008.

⑤ Krotz, Ulrich/Schild, Joachim, "Back to the Future? Franco-German Bilateralism in Europe's Post-Brexit Union", in *Journal of European Public Policy*, Vol. 25, No. 8, p. 1176.

⑥ Ibid.

也有学者指出德法在难民管理、经济政策等领域的利益分歧影响了双边合作的高效性。虽然两国强调了对于难民和移民的共同责任，但在难民危机愈演愈烈之时，法国也曾拒绝德国提出的难民分配方案。[①] 不过在经济政策领域，虽然双方在政策协调等诸多议题上仍存在不同意见，但统一内部市场、竞争秩序与统一货币区的建立是德法之间妥协能力的佐证。[②] 在笔者看来，由于两国具备不同乃至对立的政治体制、治理文化与经济发展模式，德法必然难从根本上消除有关事务的异见，妥协过程也会相对艰辛，但在危机的压力下也未必不会形成各方满意的结果。不过也有学者认为，缺少克服双边分歧的意愿才是德法“双轮脚踏车”（Tandem）运转的障碍，而非双边利益分歧本身。[③] 比如，对于马克龙推行的欧盟改革愿景，德国应改变“不发声”的状态并予以果断回应，同法国携手增强欧洲的行动主权。[④]

2. 国际关系理论视角下的德法合作动因与特征研究

新时期德法合作的魅力更激发了学界与民间定性这一双边合作的热情，其中既包括带有硬元素的“双轮脚踏车”、“轴心”（Achse）、“引擎”（Motor）、“欧洲大厦的水泥”（Zement des Europäischen Gebäudes）[⑤]，又

---

① Cf. Tardis, Mathieu, "Zwischen Abschottung und Ambitionen. Arbeiten Deutschland und Frankreich in der europäischen Flüchtlingskrise zusammen?", in *DGAP Analyse*, 19. 07. 2016. 2018 年 6 月 19 日，两国在梅泽贝格宫双边峰会上就建立共同欧洲难民制度、设立共同难民局等达成共识。

② Cf. Schwarzer, Daniela, "Der traditionelle Zankapfel: Deutschland und Frankreich streiten über Wirtschafts-und Haushaltspolitik", in *bpb*, http://www.bpb.de/internationales/europa/frankreich/152434/wirtschafts-und-haushaltspolitik, 21. 01. 2013, 最后访问时间：2018 年 7 月 20 日。

③ Demesmay, Claire, "Das deutsch-französische Tandem. Fünf Thesen auf dem Prüfstand", in *Internationale Politik* 3, Mai/Juni 2014, pp. 72–77.

④ Cf. Schwarzer, Daniela, "Nationalismus dient nicht der Nation: Deutschland sollte auf Macrons Europa-initiative offen und entschieden reagieren", in *DGAP Standpunkt*, 27. 09. 2017, https://dgap.org/system/files/article_pdfs/2017-11-dgapstandpunkt_0. pdf.

⑤ Brigouleix, Bernard, "The Franco-German Cement of the EC Edifice", in *European Affairs* 3, 1987, pp. 62–67.

不乏恣意温情软元素的"夫妻"（le couple/das Ehepaar）、伙伴（Partner）等。与此同时，以德法合作及其动因为研究对象的诠释性理论创新也不断丰富。

现实主义观点认为，德法合作是各方实现权力与利益最大化的结果，国家实力是决定双边关系质量与走向的核心要素。笔者认为，特别是从德法与其他国家的外交作为与行动力比较来看，这一观点较具合理性。其中，托马斯·佩德森（Thomas Pedersen）将这样的德法关系提炼为合作式霸权与对称式联邦化（Kooperative Hegemonie und Symmetrische Förderalisierung），认为不具备足够实力的弱霸权（德国）需对法国等成员国采取更具合作性的战略，以实践领导力。[1]此后，吉赛拉·亨德里克斯（Gisela Hendriks）与安妮特·摩根（Annette Morgan）将其简化为法德合作式霸权（Cooperative Hegemony of France and Germany）[2]，进一步突出法国的领导实力。此外，较有代表性的现实主义观点有"为避免欧洲成为（欧盟外）大国间的傀儡，德国必须寻求与法国的合作"[3] 等。不过，现实主义学派多侧重考察动机和实力要素的作用，对于长期影响双边合作的制度性和规范性要素有所忽视。

相比之下，制度主义学者强调双边、多边合作机制和欧洲层面的秩序框架与规范是确保德法双边关系有效运行的保障，同时不否定德法关系中的权力因素的作用。因此，除弥补现实主义的不足外，制度主义学派也吸纳了建构主义的元素。具体到德法关系本身，《爱丽舍条约》规定的双边民间往来机制与高层政治互动形成不断强化的正反馈周期，政府间关系也得以长期处于媒体和民间的隐性监督之下，民间往来与政治

---

① Cf. Pedersen, Thomas, *Germany, France and the Integration of Europe. A Realist Interpretation*, London & New York：Pinter, 1998.

② Cf. Hendriks, Gisela/Morgan, Annette, *The Franco-German Axis in European Integration*, Cheltenham：Elgar, 2001, pp. 12-14.

③ Kempin, Ronja, "Schnellschüsse gefährden EU-Sicherheitspolitik", Berlin：SWP Studie, 04. 07. 2016, https：//www.swp-berlin. org/kurz-gesagt/schnellschuesse-gefaehrden-eu-sicherheitspolitik/.

关系得以呈现“螺旋式”的向上发展趋势。① 由此，机制化的德法合作确保了双边关系的稳定向好。若将德法合作置于欧洲一体化的背景之下，克罗茨与希尔德合著的《塑造欧洲：从〈爱丽舍条约〉到 21 世纪政治中的法国、德国与嵌入式双边主义》（Shaping Europe：France，Germany and Embedded Bilateralism from the Elysée Treaty to Twenty-First Century Politics）是近年来制度主义学派研究德法关系的经典著作。它将德法合作放在了从欧洲一体化启动到欧债危机爆发期间的时间轴中，开创性地用嵌入式双边主义（embedded bilateralism）这一理论来解读德法建构欧洲的机制，即机制化的德法关系始终嵌入欧洲一体化的发展中，二者彼此影响。而这一机制则得益于德法关系的特殊性元素，即规制化的政府间主义（regularized intergovernmentalism）、象征性的行为与实践（symbolic acts and practices）和国际关系的准公众基础（parapublic underpinnings of international relations）。② 基于此，作者认为虽然两国间有所加剧的权力失衡将为双边合作带来新的挑战，但欧盟当下的多重困境极有可能激发“德法轴心”的潜能。不过，同样从制度主义视角进行研究的亨瑞克·乌特维德（Henrik Uterwedde）却持有较为保守的论调，他认为应谨慎看待德法双边机制在欧盟扩大后的效用。③

① Cf. Chaigneau，Clémentine/Seidendorf，Stefan，“Einleitung-übertragbarkeit und Besonderheit des ‘deutsch-französischen Modells’：Die institutionalisierte Einbindung der Zivilgesellschaft”，in Seidendorf，Stefan（Hrsg.），Deutsch-Französische Beziehungen als Modellbaukasten? Zur übertragbarkeit von Aussöhnung und strukturierter Zusammenarbeit，Baden-Baden：Nomos Verlagsgesellschaft，2012，pp. 13-24.

② Cf. Chaigneau，Clémentine/Seidendorf，Stefan，“Einleitung-übertragbarkeit und Besonderheit des ‘deutsch-französischen Modells’：Die institutionalisierte Einbindung der Zivilgesellschaft”，in Seidendorf，Stefan（Hrsg.），Deutsch-Französische Beziehungen als Modellbaukasten? Zur übertragbarkeit von Aussöhnung und strukturierter Zusammenarbeit，Baden-Baden：Nomos Verlagsgesellschaft，2012，p. 3.

③ Cf. Uterwedde，Henrik，“Bilateralismus und europäische Integration：die gewandelten Erfolgsbedingungen der deutsch-französischen Kooperation”，in Siedentopf，Heinrich and Speer，Benedikt（Hrsg.），Deutschland und Frankreich in der europäischen Integration：Motor“oder，Blockierer”，Berlin：Duncker & Humblot，2010，pp. 183-196.

　　建构主义视角强调国家间互动对于彼此身份建构以及角色认知的影响，认为身份决定了国家的外交行为，注重参与者话语与叙事的作用。目前尚无该视角下的德法关系研究专著，以下仅列举体现该学派思想内核的部分观点。有学者表示："（爱丽舍）条约包含的象征、结构和纪律性内容，是促成双方合作、形成共同目标，进而维持双边关系生产力的有效发动机。"①在笔者看来，将《爱丽舍条约》的基础性维稳功能拔高为发动机这一动力作用，有失妥当。而"德法关系是一种承载价值观的关系……它们受制于战后定义的有力的规范性要求"② 这一表述则较为贴切。另一类观点强调领导者的重要角色，比如认为"两国领导人的积极参与是决定德法二重奏效果的决定性因素，利益和立场趋同与否并非关键"③。笔者认为，领导者的执行力固然重要，但国家间利益的相通是两国间合作的基本前提；考虑到政界与民间之间的力量博弈，领导者不一定是国家利益的最合法代表。不过，两国核心决策者之间的良好关系的确有助于双边关系在危机时期的改善。④ 另有学者发现："本届任期的两国最高领导人之间合作越密切、成果越丰硕，下届任期的两国领导人就越难维持这一热度。这是德法关系的'内在规律'。"⑤ 它表明领导者

---

① Cf. Wallace, Helen, "The Conduct of Bilateral Relationship by Governments", p. 136, in Morgan, Roger/Bray, Caroline (eds.), *Partners and Rivals in Western Europe：Britain, France and Germany*, Hants：Gower Publishing Company, 1986, pp. 136-155.

② Cf. Krotz, Ulrich/Schild, Joachim, *Shaping Europe：France, Germany and Embedded Bilateralism from the Elysée Treaty to Twenty-First Century Politics*, New York：Oxford University Press, 2013, pp. 75-79.

③ Ibid.

④ Kimmel, Adolf, "Das deutsch-französische Paar in der erweiterten Europäischen Union", pp. 165-166, in Lothar Albertin (Hrsg.), *Deutschland und Frankreich in der Europäischen Union. Partner auf dem Prüfstand*, Tübingen：Narr Francke Attempo, 2010, pp. 148-166.

⑤ Hilz, Wolfram, "Getriebewechsel im europäischen Motor：Von 'Merkozy' zu 'Merkollande'"? in *APUZ* 1-3/2013, 19. 12. 2012, http：//www. bpb. de/apuz/152066/von-merkozy-zu-merkollande? p=all.

的更迭将为德法合作带来消极的不稳定性，但这一规律的偶然性因素如何，尚有待论证。

3. 其他

除了专题性的学术论著外，一些政党型及学术型智库也在持续追踪德法关系及欧盟事务的近况，比如德国外交政策学会（DGAP）、法国国际关系研究院（IFRI）、法国国际关系与战略研究院（IRIS）、德法研究所（DFI）、德国科学和政治基金会（SWP）、根斯哈根基金会（Stiftung Genshagen）等智库会定期出版特定议题的报告资讯或论文集。此外，值得关注的还有以德法关系、德国/法国政治为主题的期刊，如《文件》（*Dokumente*）、《德法对话期刊》（*Zeitschrift für den deutsch-französischen Dialog*）、《今日德国》（*Allemagne d'aujourd'hui*）、《德国杂志》（*die Revue d'allemagne*）、《政治与当代史》（*Aus Politik und Zeitgeschichte*）①。

第三节　研究思路与方法

一　总体思路与结构

本研究以德法联合领导力为研究对象，以欧债危机为时间节点，拟考察、对比并解释欧债危机前后德法在欧洲经货联盟关键领域的领导力投入、产出与成效，得出德法联合领导力的有效性条件，分析"德法轴心"的范式调整并展望其前景。为此，本研究首先拟基于"领导力资源三要素理论"（Führungstriade），就两国联合领导的有效性条件提出理论假设一：Ⅰ. 资源投入上，德法应具备有效的联合领导力资源和明确的联合领导意愿；Ⅱ. 政策产出上，德法能提供满足被领导者需求的双边方案和立场。此外，本研究将依据领导力类型的分支理论提出理论假设二：德法综合实践了交易型与变革型领导力，其中法国领导力的变革性更为突出，交易性则是德国领导力的典型特征。此后本书的主体部分将

_____

① 该刊物由德国联邦政治教育中心（BPB）创刊。

对两项理论假设加以验证；第二章将基于德法合作的历史遗产，初步验证理论假设一的部分合理性；第三章则对欧债危机前的欧洲经货联盟及其中的"德法轴心"作用加以回顾和分析；第四章则着眼于欧债危机爆发以来的欧洲经货联盟进展，并在其中分析两国联合领导力的实践进程与成效，进而通过解决以下问题来完成对上述理论假设的验证：（1）考察"德法轴心"在危机治理、财政一体化、银行业联盟、前沿技术与产业政策、经济治理机制建设中的联合领导力贡献；（2）结合第一章的领导力相关理论，对德法这一双边联合领导力的实践进行评价、解释，并将其与两项理论假设进行对比；（3）验证、完善德法联合领导力的有效性条件假设。最后，本研究将对欧盟内潜在的领导国组合加以简述，从不同层次分析德法各自领导和联合领导的优势与挑战，并对欧洲经货联盟的走向及未来的德法联合领导力进行展望（本书结构见表0-1）。

表 0-1　本书基本结构

绪　论				
选题缘由	研究现状	研究思路与方法	创新性与主要观点	重点与难点

第一章　理论基础		
领导力系列理论	领导力理论对于分析"德法轴心"作用的适用性	有关德法联合领导力的假说及其验证思路

第二章　欧洲一体化中的"德法轴心"		
争霸欧陆的战时记忆与战后和解	战后的"德法轴心"	小结：当代德法双边主义的特殊性

第三章　欧洲经货联盟的历史沿革及其中的"德法轴心"		
欧洲经济一体化的源起与初期实践	危机中兴起的欧洲经货联盟	小结：欧债危机前的欧洲经货联盟及其中的德法领导

第四章　欧债危机以来"德法轴心"在欧洲经货联盟中的联合领导力				
欧洲主权债务危机治理	欧洲财政一体化	欧洲银行业一体化	欧洲前沿技术与产业政策	欧盟经济治理	小结：欧债危机以来的德法联合领导力

二　研究方法

基于以上研究现状与研究问题，本研究主要运用了文本分析法、演绎法等5种研究方法。

1. 文本分析法

在选取恰当案例后，本书把德法在双边及欧盟层面发表的共同声明、两国领导人及政要发表的重要讲话与接受的采访、欧盟机构发布的官方文件、德国或法国针对双边关系或欧洲经货联盟议题发表的政策文件、相关机构发布的民意调查报告等作为一手资料，把智库研究、主流媒体报道等作为二手资料，并视具体情境进行文本分析、得出结论。

2. 演绎法

该方法在本书中主要体现在：一是在案例分析中对德法实践联合领导力的有效性条件假设进行演绎、验证和完善；二是分析德法与联合领导的可能性，展望欧盟内潜在的领导国组合。

3. 比较分析法

该方法主要涉及时间、案例与国别三个维度，即历史与现实的纵向比较，案例之间的横向比较，德国与法国在领导力资源、利益偏好及领导意愿方面的国别比较。

4. 层次分析法

一是基于国内—双边—区域这三个层次分析"德法轴心"的特殊

性、解释德法的联合领导力实践、论述德法各自与联合领导的利弊；二是基于投入—产出—成效的路径提出理论假设、解释德法领导力的表现。

5. 专家访谈法

从行为体架构、政策领域、影响与对策、评价与展望等不同方面，笔者对学界、政界及媒体的部分专家进行了实地或电话采访，其中包括特里尔大学政治学系的希尔德教授、德国科学与政治基金会研究员汉斯·W. 毛尔教授（Hanns W. Maull）、德法研究所所长弗兰克·巴斯那教授（Frank Baasner）、欧洲工商管理学院的道格拉斯·韦伯教授、海德堡大学政治学系的塞巴斯蒂安·哈尼施教授（Sebastian Harnisch）、法国国民议会（驻中东欧国家）的弗雷德里克·伯蒂议员（Frédéric Petit）、德国外交协会法国问题专家德米斯梅、德国之声经济部高级编辑张丹红等。这些访谈为本研究的论证提供了重要参考。

第四节　创新性与主要观点

1. 视角创新

（1）联合领导力视角：随着冷战结束、欧盟东扩，法国综合实力与地位有所下降，国内以德法联合领导力作为研究对象的文献也随之有所减少，但这并不代表该视角缺乏研究价值。在传统欧洲一体化理论解释力乏力、德国领导心有余而力不足之时，更有必要以联合领导力视角考察德法的轴心作用。

（2）德国视角：国内对于德法合作的系统性研究多以"法德轴心""法德关系"等为关键词，更侧重法国视角以及对法语文献的考察。本研究在参考法语和英语文献的同时，重点立足德语文献，审视德国视角下的德法合作。

（3）多理论视角：本研究通过对"领导力资源三要素"理论、领导类型与行为等相关理论的综合运用，实现了对德法领导力的全面考察。

2. 理论创新

（1）拓展了原理论的适用范围，将"领导力资源三要素"理论的研究对象从单一行为体延伸到双重国家行为体，并基于此提出和完善了联合领导力的有效性条件。为实现"从单到双"（从单一行为体到双重国家行为体）的跨越，笔者基于德法特殊关系及其形成的历史经验预测德法有效联合领导的条件，并通过案例来论证和完善该条件。

（2）对部分现有理论或理念进行了适度批判。譬如，对于一些学者认为的"'代理人妥协（Stellvertreterkompromiss）'① 是德法'双引擎'启动的基本特征"，笔者并不完全认同。因为在欧盟各国利益趋向差异化的情况下，德法围绕欧元区改革等领域达成的意向妥协无法代表所有成员国的立场，德法的代理人角色因此失去了部分合法性。

3. 观点创新

（1）德法关系的三方面特点奠定了"德法轴心"的道德基础，建构了两国合作的持续性意愿，即高度机制化的政府间合作与半机制化的民间往来、特有且丰富的双边象征性仪式与实践、求同存异共同促进欧洲联合的德法精神。从战略角度来看，欧盟中的"德法轴心"构成了历史与现实中的命运、利益和价值观共同体。在长期实践中，"德法轴心"已形成一定的示范功能，是欧盟各成员国政治行为的重要参照和欧洲一体化的精神动力。

（2）从联合领导的模式来看，欧债危机以来，"交易型领导为主，变革型领导为辅"的联合领导模式更富成效。德法两国的领导角色有所互补，其中德国多为定音者，以扮演交易型和务实性的领导角色为主；法国多为主要倡导者，主要实践变革型和愿景性领导。欧洲经货联盟的发展多以德法分歧或德法共识为主线，领导职能的分工与领导实力的互补使"德法轴心"成为欧盟内领导力量的优势候选组合。

---

① Cf. Weske, Simone, *Deutschland und Frankreich-Motor einer Europäischen Sicherheits-und Verteidigungspolitik?* Baden-Baden：Nomos Verlagsgesellschaft, 2016, p. 16.

（3）在欧洲经货联盟的发展进程中，两国通过不同的联合领导路径，履行了相异的领导职能：通过提出双边倡议主导或参与欧洲经货联盟改革的制度安排；通过做出关键决策克服欧盟内的集体行动困境；通过组建国家间意愿联盟实现欧洲经货联盟的局部深化；通过先行的双边合作引领欧盟层面的政策改革等。在多重危机事件的催化与倒逼压力下，双方围绕欧洲经济治理理念与路径的固有分歧有所减弱，这在很大程度上提升了德法合作领导的效率。

（4）随着欧债危机的逐步缓解，两国在维持欧盟内部团结与调和欧盟内部分歧方面多有失职，德法在欧洲经货联盟中的联合领导力有限，其象征意义明显，而德国在其中的主导作用短期内仍将持续。两国联合领导力的不足源于联合领导力资源优势的收缩、两国间领导力资源的失衡、不同领导者的差异化实践及欧盟内外多重危机等情境要素的共同作用。在欧洲经货联盟的改革进程中，德法"主轴心"的有效运转不仅需要其他国家集团"次轴心"的配合，而且需要欧盟国家行为体的支持。

4. 方法创新

除了运用经典的文本分析法外，本研究拟结合多维度的比较分析法与层次分析法、专家访谈法、演绎法，全面系统地考察"德法轴心"的联合领导力。

第五节　重点与难点

为探究"德法轴心"在欧洲经货联盟中的联合领导力，本研究拟重点研究以下内容。

其一，结合"德法轴心"的起源及发展，归纳德法双边合作机制的特殊性，并针对德法联合领导力的有效性条件提出理论假设。

其二，考察欧债危机前后"德法轴心"在欧洲经货联盟分领域中的领导职能、模式路径、领导力成果。

其三，运用领导力系列理论评价、解释德法的联合领导力表现，并验证此前理论假设的合理性。

其四，展望未来的"德法轴心"及其引领的欧洲经货联盟。

对于"德法联合领导力"这一选题，本研究主要存在以下难点。

其一，有关决策者与领导人之间互动的资源获取。一国领导力的实践主体为该国领导人，领导人的能动作用是决定领导力产出的关键，但从政策投入到政策产出的转换是在"黑箱"（black box）① 中完成的。而涉及领导人互动、领导人内心活动变化等内容的核心档案资料尚未解密，这使研究难以对德法领导人之间的妥协进程深入摸底。为尽可能缩小"黑箱"范围，笔者目前主要通过参考已出版的领导人自传或回忆录、权威媒体对核心决策者的采访以及笔者对参与决策的部分学者的采访等，考察相关决策者的利益考量及领导人的决策影响力，以减少以偏概全的可能性。

其二，对领导力理论适用范围的拓展。目前学界对领导力理论的应用基本限于单一行为体，而若要从双重行为体出发去研究联合领导力，就需以行为体可以合二为一并发挥领导作用为前提。为证明这一前提基本成立，笔者需增加对德法双边合作机制的考察，并在此基础上研究双边合作的产出如何转化为欧盟层面的联合领导力。

其三，对研究动态的全面把握。"欧洲一体化中的德法合作"既是欧美学界研究的重点，也是国内学界关注的热点。因此，国内外相关文献的数量甚为可观，时间跨度较大，特别是随着近年来国际及欧盟发展面临的不确定性与挑战有所增加，相关领域的研究动态愈加丰富，笔者唯恐因挂一漏万而影响最终研究结论的确立。为此，本研究尽可能追踪有限时间内的研究动向，以一手资料为主、二手资料为辅，先从小处着手，分析两国在不同领域中的联合领导表现；再从大处着眼，结合历史与现实把握德法联合领导力实践的基本特征与趋势。

---

① Cf. Easton, David, *A Systems Analysis of Political Life*, New York：John Wiley & Sons, 1965, p. 32.

第一章
理论基础

  无论是国际关系研究还是区域与国别研究，都离不开诠释或理解
（Interpretieren/Verstehen）与解释（Erklären）这两种基本路径。其中，
诠释是"对于某些现象的分类、说明或对其意义的解释"[①]，从而更好地
理解文献文本和理论范式[②]；解释则侧重发掘核心事件中的因果关系，
甚至在普遍性结论的基础上加以预测。

  领导力系列理论则兼具诠释与解释两个维度。其中，对于领导者
及其领导行为的解读与评判属于前者，而通过领导力资源、领导国意
愿及领导目标的变化来解释领导力的成效则属于后者。此外，领导力
理论兼容了国际关系理论传统流派的三大视角，综合纳入了制度、权
力及认同要素，因而有助于更全面地分析德法的联合领导力表现及其
影响因素。

第一节　领导力系列理论

  作为管理学重要分支的领导学，如今已在社会学、企业经济学、政
治学等多个学科领域中获得应用，并且包括认定领导者能力、描述领导
行为、分析特定情境下的领导行为、研究领导者类型等理论。领导力理

[①] Cf. McNabb, David E., *Research Methods for Political Science*, Armonk, New York and London: M. E. Sharpe, 2004, p. 344.

[②] 参见李少军《国际关系研究与诠释学方法》，《世界经济与政治》2006 年第 10 期，第 7 页。

论是以研究领导力有效性为核心的理论，该理论旨在探究影响领导力有效性的因素，并为提高领导力的成效提出相应解决方案。本节将对领导力系列理论在政治学特别是在欧盟政治中的应用予以引介，并论证该理论对分析"德法轴心"作用的适用性。

一 领导力及其相关概念的发展

学术界对于领导力的研究渊源已久，甚至可追溯到中国战国时期。西方有关领导力的早期研究始于对君主（领导者）能力与素质的判定，从而为统治者成功实践政治领导力（Politische Führung）建言献策：在意大利政治学家尼科洛·马基雅维利（Niccolò Machiavelli）看来，"君主……必须知道怎样运用人性和兽性"[1]，"一个君主头一件事就是必须提防被人轻视和憎恨"[2]，即君主要处理与被领导者之间的关系，维持其获得的广泛支持并将其最大化。此后，一些学者着重研究领导者成功的原因。譬如，领导者的成就在多大程度上由其成长经历、个性、领导技巧等决定，又如何受到政治与制度文化、法制和特定事件的影响；亦即，领导者的领导表现是制度规定、内外环境、个人能力和品质等因素综合影响的结果。[3]

与此同时，一些学者将注意力转向广义的领导行为与抽象的领导力层面，领导力研究走向理论化。社会学家菲利普·塞尔兹尼克（Philip Selznick）提出制度领导力（institutional leadership）概念，认为领导力是一种创造性活动，其核心在于创造适于特定机制并获得成员认可的价值。[4] 这一定义进一步突出领导者与被领导者之间的互动意义，但更强调领导者的主动性优势。此后，詹姆斯·麦格雷戈·伯恩斯（James MacGregor Burns）首次提出了领导者 - 追随者理论（leader-follower-

---

① 〔意〕尼科洛·马基雅维利：《君主论》，潘汉典译，商务印书馆，2012，第 83 页。

② 〔意〕尼科洛·马基雅维利：《君主论》，潘汉典译，商务印书馆，2012，第 78 页。

③ Cf. Elcock, Howard, *Political Leadership*：*New Horizons in Public Policy*, Cheltenham：Edward Elgar Publishing, 2001, pp. 43, 71.

④ Cf. Selznick, Philip, *Leadership in Administration. A Sociological Interpretation*, London：University of Califonia Press Group Lt., 1957, pp. 25–26.

approach），强调领导是"领导者与追随者在共同的动机、价值观和目标的基础上互动的道德性过程"。[1] 伯恩斯对领导的定义更突出领导供给与需求之间的对等以及领导行为的道德性，是领导学研究的一大突破。

随着相关理论研究的进一步深入，一些学者意识到了仅以领导者为出发点来研究领导现象的局限性，并开始更多关注领导行为与所处环境之间的关系：弗雷德·E. 菲德勒（Fred E. Fiedler）提出了领导力有效性的权变模式（Contingency Model of Leadership Effectiveness），该理念不仅将领导者特质与领导行为有机地结合起来，而且将领导行为与特定情境相联系，以分析领导力成效。在菲德勒看来，有效的领导行为取决于领导者与被领导者相互影响的方式，以及情境赋予领导者施加影响的空间，而职权、任务与上下级关系是影响领导者领导风格的主要情境要素。[2] 此外，研究不同情境下领导方式的理论分支还包括情境领导（situational leadership）[3]、路径-目标理论（path-goal theory）[4]、领导者-参与模型（leader-participation model）[5] 等。

由此，领导力理论在向纵深发展的同时实现了在学科之间的延展，而较早进入人们视线的政治领导力也在跨学科的视野下不断丰富其内涵。一般认为，政治领导力是"对政府意愿形成与决策进程的引导，并通过

---

[1] Cf. Burns, James M., *Leadership*, New York：Harper Perennial Political Classic, 2010, p. 36.

[2] Fiedler, Fred E., "The Contingency Model：A Theory of Leadership Effectiveness", p. 370, in John M., Levine/Moreland, Richard L. (eds.), *Small Groups (Key Readings in Social Psychology)*, London：Routledge, Psychology Press, 2006, pp. 369−380.

[3] Hersey, Paul H./Blanchard, Kenneth H./Johnson, Dewey E., *Management of Organizational Behavior. Leading Human Resources (10th Edition)*, London：Pearson, 2012.

[4] House, Robert/ Mitchell, Terence R., "Path-goal Theory of Leadership", in *Journal of Contemporary Business*, 3：pp. 1-97, 1974.

[5] Vroom, Victor H./Yetton, Phillip W., *Leadership and Decision-Making*, Pittsburgh：University of Pittsburgh Press, 1973.

政策行政部门的最高层代表，建立政府决策的政治合法性"。① 这种理解既点明了领导过程的核心内容，也表明了领导行为的应然结果。此外，除了捍卫领导权力与利益的马基雅维利视角，另有研究也关注了政治领导进程中的战略性技能，兼顾领导力实践的效果（Effektivität）与效率（Effizienz）。② 最后，政治领导力虽然与管理、霸权、权力、权威等概念有着密切联系，但它们在核心内涵上仍有明显区别。

首先，在管理学的宏观层面，领导与管理不同。学界对此主要有两种观点：一种观点认为，"管理是通过别人把事情做成的各种职能"，这些职能包括"计划、组织、人事、领导和控制"③，所以领导是从属于管理的一种职能；另一种观点则认为，管理与领导是互补却各自独立的两个层次，④ 两者的主要区别见于以下四方面：（1）性质。管理是一种程序化的控制工作，领导是一种变革、创新、应变的行为。（2）任务。管理者的任务是计划预算、组织及配置人员、控制并解决问题，领导者的任务是塑造愿景、确定方向、形成追随者联盟、激励和鼓舞员工。（3）合法性依据。领导以被领导者的自愿追随为前提，可依照多样化的权力基础对他人施加影响；管理的实施则必须以获得法定权力为前提且具有强制性。（4）对象。管理的对象是行为本身的规范性与程序性，而

---

① Helms, Ludger, "Leadership-Forschung als Demokratiewissenschaft", in *Aus Politik und Zeitgeschichte*, *Politische Führung*, APUZ 2-3 2010, 22. 12. 2009, in http：// www. bpb. de/apuz/33020/leadership-forschung-als-demokratiewissenschaft? p = all # footnodeid_2-2.

② Cf. z. B. Fliegauf, Mark T./Kießling, Andreas/Novy, Leonard, "Leader und Follower-Grundzüge eines inter-personalen Ansatzes zur Analyse politischer Führungsleistung", pp. 410 – 415, in *Zeitschrift für Politikwissenschaft* 18, 2008, pp. 399-421.

③ 〔美〕哈罗德·孔茨、海因茨·韦里克：《管理学》，郝国华等译，经济科学出版社，1995 年第 9 版，第 2 页。

④ Kotter, John P., *Leading Change*, Boston：Harvard Business School Press, 1996.

领导却侧重对行为体思想、心理与态度的影响。①

其次，在国际关系领域，领导力不同于霸权，两者的核心区别在于行为主体的资源优势与动机：霸权国在经济、军事和政治领域具有压倒性的资源优势，且通过他国的服从来谋求本国私利；领导国的资源优势一般无须有压倒性，其动机在于引领或促进他国群体实现共同的集体目标。具体来看，哈尼施认为（国际）领导力②和霸权的区别见于时间性、功能性、义务性、导向性与可分性（见表1-1）。

表1-1　（国际）领导力与霸权对比③

	（国际）领导力	霸权	相关假说
时间性	变化的	持续的	领导角色面临的竞争越激烈，领导力持续的时间就越短
功能性	特定的	广义的	特定领导力的功能性越突出，其接受度就越广
义务性	灵活、非正式	确定且正式的	领导力角色越正式，面临的竞争就越激烈
导向性	（国家）集团导向	本国地位	领导角色的包容性越强，其受到的竞争挑战就越弱
可分性	较高，特别是在时间性和功能性方面	较低，总体上持久且不受限	领导力的代表性越强，领导力伴随的追随力就越广

---

① 参见徐莉《大学校长领导力的适应性组织情境分析——基于管理与领导的区别视角》，《当代教育》2011年第9期，第11页。

② 笔者曾专门向哈尼施教授求证，他认为这里的概念对比不局限于国际层面，对于区分区域层面的领导力与霸权也同样适用。

③ Harnisch, Sebastian, *The myth of German Hegemony: Assessing International Leadership Roles of the Merkel Governments*, Paper presented at the 2017 annual conference of the International Studies Association, Baltimore, February 21–25th 2017.

最后，领导力与权力和权威之间的关系同样需要明确。丹尼斯·朗（Dennis Hume Wrong）将权力分为武力、操纵、说服和权威四种形式。[①] 领导力的合法性或正当性便基于特定的说服力与权威，即软权力[②]，而非诉诸武力。具体来看，马克斯·韦伯（Max Weber）提出了权威的三种形式：（1）传统权威；（2）魅力权威；（3）理性法定权威。[③] 无论何种形式，权威均来自领导者与被领导者的互动，取决于被领导者对领导者的认可度。权威既是实践领导力、实现目标的前提，也是领导行为完成后的可能结果。

除了学界的相关研究，领导者及核心决策者对如何实践领导力似乎有着基于实战经验的发言权。事实上，政治家也像一些学者一样更关心对领导者品质的定性。美国前总统理查德·尼克松（Richard Nixon）曾说："伟大的领导能力是一种独特的艺术形式，既要有非凡的魄力，又要有非凡的想象力。"[④] 他的观点与塞尔兹尼克的观点有着异曲同工之妙。在《剑锋》一书里，法国前总统戴高乐（Charles de Gaulle）指出领袖人物必备的三种品质："为了指明正确的道路，他需要有智慧和天赋；而为了引导人民遵循这条道路，他需要有权威，而且必须能够使他的部下有信心，必须能够维护自己的权威。"[⑤]

总体来看，领导力的丰富内涵及相关概念的发展，表明领导行为现有研究的细化程度以及领导力的跨学科价值。鉴于本研究以德法两国的政治领导力为研究对象，以下笔者将主要从国际关系领域的政治领导力视角，对本研究主要依据的欧盟内领导力理论加以详述。

---

① Cf. Wrong, Dennis Hume, *Power, Its Forms, Bases, and Uses*, New York: Harper and Row, 1979, pp. 21-60.

② Cf. Nye, Joseph S., *Bound to lead. The changing Nature of American Power*, New York: Basic Books, 1990, p. 31.

③ Cf. Weber, Max, *Wirtschaft und Gesellschaft*, Tübingen: Mohr Siebeck, 1980.

④ 〔美〕理查德·尼克松：《领袖们》，施燕华等译，世界知识出版社，1983，第5页。

⑤ 〔美〕理查德·尼克松：《领袖们》，施燕华等译，世界知识出版社，1983，第43页。cf. Gaulle, Charles de, *Le fil de l'épée*, Paris: Berger-Levrault, 1932.

二　"领导力资源三要素"理论

自欧盟东扩以来，欧盟内的政治领导力问题日益受到关注，一度由美国学者主导的领导力研究也开始在欧洲本土化。其中，德国学者吕卜克迈尔（Eckhard Lübkemeier）就欧盟内的领导力（Führung in der EU）给出如下定义："欧盟内的领导力由愿意并有能力与其他欧盟行为体共同领导的行动者提供，以实现集体目标。"① 由此来看，意愿、能力和集体目标是实施领导力的主体要素与基本前提。由于领导者的意愿和目标较易被识别和考察，因此，采用何种指标来衡量能力便成为考察领导力潜质与表现的关键。

在吕卜克迈尔看来，"有权力的人才有能力领导"②，但这里的"权力"并不仅仅是现实主义逻辑下的理解，而是指拥有影响被领导者的手段或方法。根据约瑟夫·S.奈（Joseph S. Nye）对权力的划分，这种手段包括压力性的硬权力或实力和吸引性的软权力或实力。③ 不过，这种划分方式一方面仅停留在静态层面，但一种权力资源在发展过程中也可能会体现出另一种权力资源的特征；另一方面，约瑟夫·奈将权力类型进行了道德化处理，即认为硬权力资源的利用以施压或者暴力为前提，而软权力的运用则是基于说服和共识。在这种前提下，读者对于领导者借助权力资源来实践领导力的类型与方式很难做出客观判断。相比之下，吕卜克迈尔提出的领导力资源划分模式则更为中性。吕卜克迈尔的这一理论为"领导力资源三要素"理论（"Führungstriade"，见图1-1）。领导力资源包括物质性要素、非物质性要素和情境要素。

---

① Lübkemeier, Eckhard, "Führung ist wie Liebe. Warum Mit-Führung in Europa notwendig ist und wer sie leisten kann", Berlin: SWP-Studien, 2007, p. 13.

② Lübkemeier, Eckhard, "Führung ist wie Liebe. Warum Mit-Führung in Europa notwendig ist und wer sie leisten kann", Berlin: SWP-Studien, 2007, p. 8.

③ Cf. Nye, Joseph S., *Bound to Lead: The Changing Nature of American Power*, New York 1991, pp. 31-33.

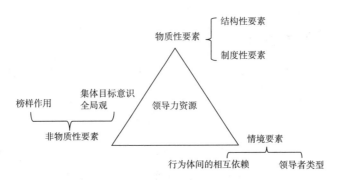

图 1-1 "领导力资源三要素"理论①

（一）物质性要素

物质性要素包括结构性要素和制度性要素两个维度。结构性要素指的是一国传统意义上的权力资源，主要包括国土面积、人口、经济与科技发展潜能、军事能力与行政协调权能，这些要素共同构成了一国得以有效实践领导力的实力基础。此外，广义的结构性要素也包括政治与社会福利体制，因为它是一国创造和动员物质性权力资源的制度框架条件，决定了政府政治决策的合法性与效力。

对于欧盟成员国而言，制度性要素主要来自欧盟这一特殊政体。首先，政府间层面的制度性要素主要体现在欧盟理事会的轮值主席国角色。轮值主席国的权力优势一方面体现在对欧盟核心议题的信息获取以及对相关政治议程的影响力上；另一方面，在欧盟内外，轮值主席国代表的都是欧盟成员国的集体利益，这种在成员国与欧盟超国家机构之间的中间角色也便于轮值主席国维护本国利益。其次，在超国家层面，制度性要素主要体现在成员国在欧盟委员会、欧洲议会及欧洲法院等超国家机构中的决策权份额。②

---

① Cf. Lübkemeier, Eckhard, "Führung ist wie Liebe. Warum Mit-Führung in Europa notwendig ist und wer sie leisten kann", Berlin：SWP-Studien, 2007, pp. 8-11.

② Cf. Lübkemeier, Eckhard, "Führung ist wie Liebe. Warum Mit-Führung in Europa notwendig ist und wer sie leisten kann", Berlin：SWP-Studien, 2007, pp. 9-10.

最后，具体到德法两国，有利于发挥大国领导力优势的制度性要素还包括一些特定的决策程序与机制，如欧洲理事会会议及政府间会议机制。德法两国不采用欧盟层面交易成本较高的共同体方法，而采取政府间决策程序或其他灵活的政府间机制等。德法两国采用行政决策裁决（Executive Policy Making），而非欧盟机构权限下的立法决策，并且在国家集团内推进政策领域的差异性一体化等。

（二）非物质性要素

非物质性要素主要来自被领导者（追随者）对领导者的积极认可与信任，而非违心服从，它是一种软性权威。想具备非物质性要素的领导国至少应做到以下三点：一是有全局观念，尊重被领导者的意愿；二是率先垂范、做好表率；三是对领导目标了然于胸——这里的目标既包括具体的任务目标（例如推行共同安全与防务政策领域的某项计划），也包括宏观的愿景规划（例如设立统一货币、促进欧洲联合等）。[1] 总体来看，以互信和榜样作用为核心的非物质性要素得益于行为体之间的互动与建构。它随着经验的累积而有所变化，相比于物质性要素有着更为明显的主观色彩，故而也是相对脆弱和敏感的领导力要素。

就德法两国而言，核心的非物质性要素主要源于国家和区域两个层面，即两国需在本国以及欧盟层面行为体之间享有领导的权威优势。为全面考察"德法轴心"的非物质性要素及其变化，笔者主要将相关机构[2]的民意调查结果以及相关行为体对"德法轴心"作用的立场表态（演讲、会晤公报或声明、采访）等作为判定国内及欧盟层面领导国受认可度的依据。

（三）情境要素

情境要素是实践领导力的特定情境，或多或少影响着物质性要素和非物质性要素在领导力资源中的权重分布、领导者对领导力资源的利用

---

[1] Cf. Lübkemeier, Eckhard, "Führung ist wie Liebe. Warum Mit-Führung in Europa notwendig ist und wer sie leisten kann", Berlin: SWP-Studien, 2007, pp. 10-11.

[2] 比如"欧洲晴雨表"（Eurobarometer）、趋势与选举研究公司（Infratest Dimap）等。

效率与领导方式，因此也在很大程度上决定了领导力资源转化为实际领导力的程度。不同于情境领导理论所强调的宏观情境条件，吕卜克迈尔言及的情境要素更为具象。在他看来，以下三方面情境要素尤为重要。①

1. 是均衡还是失衡的相互依赖

如果行为体之间相互依赖或关注同一议题，但双方具备不对等的物质性领导力资源，那么这种不对等格局对于物质性要素弱势一方带来的不利影响就会因双方之间均衡的相互依赖②而减弱，因双方之间失衡的相互依赖而加强。比如在欧盟的谈判进程中，一国如果更有赖于谈判结果的尽早达成且缺少能影响谈判进程的领导力资源优势，那么该国的谈判弱势就会加强。需要注意的是，与具备稳定性的长期结构性依赖不同，情境性的相互依赖仅限于特定的时空区间。

2. 是否有共同领导的盟友

志同道合的领导盟友可通过强强联合或优势互补来提高各自的领导力成效。这种领导盟友既包括就特定事件而临时联合的议题合作伙伴，也包括基于共同利益而保持长期战略性合作的国家联盟，如欧洲一体化进程中的德法伙伴关系。

3. 领导者的领导风格与类型

潜在实力资源能否转化为实质领导力，取决于领导者的决策话语权、执政经验与领导风格，因为实践领导力的过程是领导者在特定环境下与其他领导力要素的互动，这里可参考弗雷德·I.格林斯坦（Fred I. Greenstein）的政治领导力互动图示（见图1-2）。

综上所述，吕卜克迈尔对领导力资源要素的剖析与解构，使领导力资源转化为实质领导力的作用机制更为清晰。在领导力资源的三要素中，物质性要素是领导力资源的基石，它决定了领导力的潜能；而非物质性

---

① Cf. Lübkemeier, Eckhard, "Führung ist wie Liebe. Warum Mit-Führung in Europa notwendig ist und wer sie leisten kann", Berlin: SWP-Studien, 2007, pp. 11-12.

② 即双方对于彼此的依赖是同等程度的，而非一方更依赖于另一方。

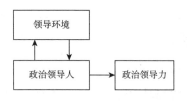

图 1-2 政治领导力互动图示①

要素与情境要素则决定了领导力潜能的实质利用率。不过，基于理论得出的部分结论有待进一步论证，比如吕卜克迈尔认为，一种领导力资源要素的劣势在一定程度上可以被另外两种要素的优势所弥补。② 而事实上，如果领导者在非物质性要素方面处于劣势，那么其领导力在这一方面的劣势很难被其他要素的优势所弥补，因为此时的领导者很有可能从实践领导力转变为实践霸权。因此在具体分析中，应辩证看待不同要素对领导力实践的可能影响以及要素之间的彼此影响。此外值得注意的是，虽然吕卜克迈尔将领导者的作用置于较为随机的情境要素中，但在德法的历次合作中，领导者及核心决策者对两国联合领导力的影响往往是决定性的。鉴于此，笔者拟将领导者的作用作为一种领导力资源加以分析，并依据伯恩斯与伯纳德·莫里斯·贝斯（Bernard Morris Bass）的研究，对领导者类型及其对领导作用与职能的重要影响加以阐述。

三 领导者实践下的领导力类型与领导国职能

在特定环境因素的作用下，具备不同特质的领导者往往出于不同动机，以不同的方式实现其目标，这在很大程度上决定了其实践的领导力类型。根据伯恩斯和贝斯的研究，实践交易型领导力（transactional leadership）的领导者致力于同追随者协调谈判、达成契约，以实现利益

---

① Cf. Greenstein, Fred I., "Can Personality and Politics Be Studied Systematically?", in *Political Psychology*, Vol. 13, No. 1. Mar., 1992, pp. 105–128.

② Cf. Lübkemeier, Eckhard, *Führung ist wie Liebe. Warum Mit-Führung in Europa notwendig ist und wer sie leisten kann*, Berlin: SWP-Studien, 2007, p. 12.

互惠；而实践变革型领导力（transformational leadership）的领导者则以制度变迁或政策改革为目的，通过激发追随者的积极性与其建立共同的愿景与目标。[①] 可见，变革型领导者和交易型领导者在践行领导力时有着不同的相对优势：前者善于说服和协调追随者共享目标，践行愿景性领导力；后者侧重协调各方利益，推进各方在博弈中互利合作，践行的是务实性领导力。需要指出的是，虽然领导者特质对领导力类型有着决定性影响，但同一领导者实践的领导力类型并非一成不变或绝对单一，在事件发展中甚至会出现从变革型领导力向交易型领导力转变或者两种领导力相结合的情况，因为领导力的实践始终是一个领导者-追随者与特定情境相互建构的动态过程。

不同的领导力类型意味着领导者职能权重分配的不同。根据日本学者三隅二不二的 PM 理论，领导者有两大职能，一是实现群体的特定目标，即绩效（performance）；二是确保群体的正常运转，即维持（maintain）。[②] 塞尔兹尼克则将制度化的领导者职能进一步细化为：界定组织的使命与角色、使目标在组织中被同化、确保组织的完整一体、调和组织内部分歧。[③] 据此，领导者职能在欧洲一体化中的具体体现便是：①确定欧盟发展/欧洲一体化的目标；②推进目标的落实；③确保欧盟内部团结；④调和欧盟内部分歧。在欧洲经货联盟中，我们则可以假定，作为欧盟内领导国的德法需履行以下职能：①确定欧洲经货联盟发展的总目标与各领域的分目标；②推进欧洲经货联盟目标的落实；③确保欧盟团结、调和内部分歧；④高效应对危机事件。这些职能需要领导者及相关领域核心决策者的有效实践。

① Cf. Burns, James MacGregor, "Leader-Follower-Ansatz", *Leadership*, New York：Harper & Row, 1978；Burns, James MacGregor, *Leadership*, New York：Harper Perennial Political Classic, 2010.

② 三隅二不二『新しいリーダーシップ：集団指導の行動科学』、東京：ダイヤモンド社、1976、117 頁。此处特别感谢北京第二外国语学院 2010 级日语语言文学专业杨珊珊对笔者的语言指导。

③ 同上书。

在此基础上，一些学者进一步分析了政治领导力的角色扮演与领导路径。德国学者哈尼施认为国际领导角色（Internationale Führungsrolle）由议程设定者（Agenda-Setter）、代表方（Representative）及调停者或中介者（Broker）三个分角色构成，而每种分角色都离不开他国的追随行为。① 具体来看，德国学者希尔德认为"德法轴心"的政治领导力主要体现为：推动欧洲一体化进程、危机管理和促进成员国集团合作，而这些也正是欧盟有领导力需求的时刻。这些领导力需求主要通过三种路径获得满足：（1）议程设定与共同提议，即"德法轴心"代表欧盟或成员国集团来阐释特定的情境或事件，并认定需要解决的问题，促进机制和政策领域创新；（2）建立共识，即作为不同国家集团代理人的德法达成双边妥协并将双边方案"欧洲化"；（3）构建联盟，即德法联合主导国家间议题或利益联盟的形成。本研究也将通过案例分析，对上述的领导力需求与路径加以验证或补充。

第二节　领导力理论对于分析"德法轴心"作用的适用性

本研究拟综合伯恩斯、格林斯坦以及吕卜克迈尔的理论视角，基于领导者与追随者之间的互动模式，借助对领导行为、领导力类型及领导者职能的考察来评述德法在欧洲经货联盟中的联合领导表现，最后以吕卜克迈尔的"领导力资源三要素"理论作为解释领导力表现的主要依据。需要指出的是，多数领导力理论以领导者的单一性为前提。虽然吕卜克迈尔也认为领导者盟友是重要的情境要素②，但这一论断仍是从单

---

① Harnisch, Sebastian, "Deutsche Führung in der internationalen Gesellschaft", in Harnisch, Sebastian/Schild, Joachim（Hrsg.）, *Deutsche Außenpolitik und internationale Führung：Ressourcen, Praktiken und Politiken in einer veränderten Europäischen Union*, Baden-Baden：Nomos Verlag, 2014, pp. 17–55.
② 吕卜克迈克认为，情境要素还包括互相依赖和领导者盟友。

一领导者的视角出发，并未就潜在的领导国组合进行直接分析，这对于以联合领导力为分析对象的本研究而言似乎是一种硬伤。不过，欧盟政体、领导力分布以及德法双边关系的特殊性决定了领导力理论在分析"德法轴心"联合领导力的必要性与可行性。

首先，盛行均势逻辑的欧盟是一个诸多领导力量共存、缺乏单一领导力的政体。在国家层面，欧盟成员国之间的领导实力差距，不足以使任何一个成员国成为欧盟内的唯一领导力量；而在欧盟层面，超国家机构和政府间机构的权力此消彼长，双方的动态权力制衡决定了欧盟内部难有绝对的单一领导力量。因此，研究欧盟内的领导力有必要将单一领导者的视角扩大为领导组合。

其次，就欧盟内可能的领导组合而言，无论是从国土面积、人口，还是从经济体量与发展水平上来看，"德法轴心"无疑是其中最重要且最具影响力的领导国组合。此外，若要分析两国在较长时期内能否联合领导，其关键就在于分析两国是否具备联合领导的持续意愿与一致的战略目标。而本研究第二章对德法特殊关系的分析将表明，战后两国对于领导欧洲联合的意愿是长期稳定的，因此在欧盟层面考察德法联合领导作用亦是可行的。

最后，明确两国组合何时为 1+1>2、1+1=2 或是 1+1<2 的关键在于比较、考察两国的协商实力（Verhandlungsmacht）。领导力资源的比较优势和领导者的职能分工决定了哪国在协商谈判中掌握决策权：强强联手的领导力资源将加倍提升两国各自的领导成效，互补性的领导优势则能补足各自的领导力短板，这两种情况均会形成两国协商谈判的双赢结果；反之，若一国的领导力资源具备压倒性优势，则最后的联合领导将可能成为事实上的一国主导。

与此同时，领导力理论在诠释与解释"德法轴心"作用方面存在三方面不足。其一，联合领导的意愿与一致的战略目标虽然能使双方成功实践共同的愿景性领导，但未必能促成双方在具体事务中的务实性领导，因为德法在谋求同一战略目标的方式或路径差异可能会影响双边方案的产出，而这种双边思维差异不属于领导力理论的传统解释范畴。其二，目前的领导力理论仍以领导行为及其影响因素为核心研究对象，而对于评价政治领导行为的研究不多且尚存争议，也缺少用于分析领导力效率与成效的理论模式；其三，领导力理论着重考察单次领导行为的始末，缺少对领导行为后续影响的跟进分析以及相关领导行为的综合动态考量。

为此，本研究拟增加投入—产出—成效这一分析层次，以德法的双边领导力产出及双边方案的欧洲化程度作为领导力的评价依据，再以"领导力资源三要素"理论作为主线并辅以德法关系的特殊性来解释德法联合领导力的表现，并对照"德法轴心"的领导力投入来验证领导力的有效条件假说，由此完成对德法联合领导力的全面考察（见表 1-2）。其中，政策投入（Politischer Input）是"在政治意愿形成与决策进程中的资源投入"①，即两国联合领导行为的前期准备；政策产出（Politischer Output）是"最终的政治决策结果"②，即两国经协商或妥协后，为实践特定领导职能而形成的双边倡议或立场；领导力成效（Leadership-Outcome）表征了双边政策产出在欧盟或次区域层面的落实情况，即德法在欧洲经货联盟发展进程中实践的联合领导职能。

表 1-2　德法实践联合领导的"三部曲"

1. 政策投入	联合领导力资源+共同领导意愿
2. 政策产出	双边倡议或立场的形成
3. 领导力成效	欧洲或多边方案的形成与落实

① Schmidt, Manfred G., "Input", in Schmidt, Manfred G., *Wörterbuch zur Politik*. Stuttgart：Alfred Kröner Verlag, 2004, Zweite, vollständig überarbeitete und erweiterte Auflage, p. 319.

② Schmidt, Manfred G., "Input", in Schmidt, Manfred G., *Wörterbuch zur Politik*. Stuttgart：Alfred Kröner Verlag, 2004, Zweite, vollständig überarbeitete und erweiterte Auflage, p. 506.

第三节　有关德法联合领导力的
假说及其验证思路

基于以上阐述，本研究拟从领导力的模式、行为评价以及有效性条件提出有关德法联合领导力的假说，并纳入投入—产出—成效的政策分析层次，进而以欧债危机前后欧洲经货联盟的发展为例验证假说。

一　德法联合领导力的模式及其评价依据

从领导行为层面来看，交易型与变革型是两种基本的领导力类型，其中前者主要是对具体事务的规划协商，领导者与被领导者在谈判中享有基本对等的话语权，具体到"德法轴心"中，其结果便是德法与其他政府或超国家行为体通过协商达成妥协方案；变革型领导力则意味着领导者有更多决策或倡议的主动权，并说服被领导者接受其愿景或方案，具体来看即是德法将已有的双边方案成功推行到欧洲层面。特别是在欧债危机爆发后，欧洲经货联盟在主权债务危机治理、财政一体化、金融一体化等具体领域不断有新进展；自马克龙当选法国总统以来，德法的联合倡议行动也更为积极。由此就德法联合领导力的模式或可提出以下理论假设：**德法综合实践了交易型与变革型领导力**。不过，两种领导力类型在欧洲经货联盟不同领域中所占的分量以及德法在其中的职能分工则有待通过案例分析得出结论。

本研究要解决的另一核心问题在于合理评价德法的联合领导力表现。无论是交易型还是变革型领导力，如果分别从投入、产出和成效维度入手，对于德法联合领导力的有效性判定应基于以下条件：（1）投入维度：领导职能由德法两国共同履行，而非一国的单独领导或更多行为体的共同领导；（2）产出维度："德法轴心"提供的方案与被领导国的需求契合；（3）成效维度：特定情境下的集体领导目标在"德法轴心"的主导下被实现。而具体到欧洲经货联盟的五个分领域，本研究将主要依据德法双边方案在欧盟超国家与政府间层面促成的机制、法律、政策成果及其落实情况来评判德法联合领导力的实质贡献。

二 有效实践联合领导力的条件

吕卜克迈尔的欧盟内领导力定义表明，能力、意愿和集体目标是践行领导力的基本前提。英国学者戴维·卡莱欧（David Calleo）进一步指出，欧洲一体化"需要成员国内部别具一格的领导，这种领导必须既足够慷慨，能对集体利益做出令人信服的界定，又有足够的分量，能令他人遵循自己的意志"[①]。据此，领导力资源是分量的保障，慷慨是领导意愿的体现，界定集体利益是集体目标的确立。因此可以认为，**有效的领导力资源、共同的领导意愿与集体目标的确立是德法两国实践联合领导力的有效条件**。这对于"德法轴心"则意味着两国应具备联合领导力资源的相对优势，并能在共同的领导意愿下提供满足集体领导力需求的双边方案。

（一）投入维度：有效资源与共同意愿

德法在实践联合领导力的前期投入主要包括双方共同的资源与意愿，即物质准备和思想准备。以下将主要就领导力资源这一变量展开论述，而两国共同引领欧盟发展的持续意愿，将通过第二章对两国关系特殊性的考察加以认定。

领导力资源优势是两国在欧盟内话语权的基石。在欧洲经货联盟中，物质性要素中的结构性要素是两国经济话语权的核心来源，制度性要素则为增强两国的政治决策力锦上添花。其中，领导力资源中的结构性要素既包括人口、国土面积、经济及社会福利体制等相对稳定的变量，也包括经济增速、通胀率、经济体量等变化中的核心变量（见表1-3）。领导力资源中的有效的制度性要素具体体现在两国在超国家机构与政府间

[①] 〔美〕戴维·卡莱欧：《欧洲的未来》，冯绍雷等译，上海人民出版社，2003，第49页。

机构中的决策权分量，而欧盟层面的政府间合作机制与决策程序的启动更是有利于德法发挥大国影响力的制度环境。

表1-3　德法的主要结构性领导力资源（以2017年为例）①

	德国	法国	两国资源在欧元区占比	两国资源在欧盟内占比
人口（万）/该国人口总量在欧盟的占比	8250（18.5%）	6700（15%）	48%	33.5%
国土面积（千平方公里）	357.3	632.8	31.4%	22.2%
国内生产总值（GDP）（千亿欧元）	33.0	22.8	68.8%	50%
欧洲央行中的资本比例	27%	21%	48%	—
本国人均GDP与欧盟人均GDP的比值	1.24	1.04	—	—
经济增长率	2.2%	1.8%	—	—
通胀率	1.5%	1.16%	—	—
国家债务水平及国债与财政盈余之比	63.9%/1.0%	98.5%/−2.7%	—	—
主权债券信用评级	AAA	AA	—	—

以2017年德法的主要结构性领导力资源的量化数据为例，可以看出两国在欧盟特别是欧元区内具备物质性要素的资源联合优势，且这一优势不具有压倒性，由此这与两国在欧盟内践行领导力而非霸权的特征相契合。其中，两国在欧元区中经济权力的长期绝对优势决定了两国对决策的有效影响，这也使德法与其他经济发展状况不佳的欧盟成员国之间相互依赖的不对称性②有所提高，前者作为依赖度较低的一方有更多讨价还价的空间，从而在交易型领导中谋得更多利益。

相比而言，对于非物质性要素的衡量则难以通过数字直观量化。基

---

① Eurostat, Statistisches Bundesamt, World Bank.
② 详见基欧汉的"复合相互依赖"概念，参见〔美〕罗伯特·基欧汉、约瑟夫·奈《权力与相互依赖》，门洪华译，北京大学出版社，2012。

于领导者-追随者视角，对非物质性要素的考察主要从两国国内、欧盟成员国以及超国家机构视角下的"德法轴心"来切入。为此一方面需考察各国及欧盟与德法领导人的言语和行为互动，分析区域行为体对德法领导及表率作用的立场；另一方面则需借助民意调查报告，考察两国国内各界对"德法轴心"的认可度。由此，德法联合领导力的有效权威以国内与国外的双重正面评价为前提。

对于德法联合领导力而言，重要的情境要素主要包括欧洲一体化的内外政策环境以及领导者的决策力，它们会改变他国与"德法轴心"之间以及德法两国之间的依赖均衡，进而影响联合领导的职能分工以及联合领导的模式与得失。国内外政治经济形势的稳定发展有助于领导人推行交易型或变革型领导；而反一体化思潮、不稳定的政治经济格局则会分散领导者在欧盟事务中的精力，使变革型领导的实践更为困难，而交易型领导的实质成果也可能难产。

（二）从投入到产出：达成双边共识

根据吕卜克迈尔的定义，实践欧盟内领导力的条件之一是集体目标的确立与实现。其中，集体目标的确立需要两步：（1）投入—产出链条：在做好资源和意愿方面的准备后，德法就领导力需求而协商达成双边方案，即共同的领导力资源产出为双边的立场目标；（2）产出—成效链条：基于德法联合倡议的双边目标外溢为欧洲层面的集体目标。

以上步骤主要基于以下假设：两国各自的领导力资源及领导者偏好决定了各国的领导利益偏好，而各方利益偏好的匹配度决定了最后双边妥协、倡议的质量。因此，除了两国的联合领导力资源外，决定双方能否达成实质政策产出的关键一方面在于德法之间领导力资源的均衡性，从而基于此评判两国领导利益偏好的契合度；另一方面在于领导者在协调偏好中的能动作用。这两方面共同决定了双边立场能否形成及双边倡议的含金量。

（三）从产出到成效：双边成果的扩大化

基于双边政策产出的双边目标发展为（部分）集体目标，是双方在欧盟层面发挥有效领导力的关键。这就需要双边方案与欧盟或（和）成员国行为体的利益需求相契合，且能在欧盟层面被推行。其中，决定两国联合领导力有效性的关键在于德法双边立场在欧洲或政府间层面的代表性强弱，在德法实践务实性领导时更是如此。对此，本研究将着眼于德法在欧洲经货联盟中达成的历次关键决策与反响，并考察其他行为体对相关决策进程的参与度，以及其立场与德法双边立场的相关性。

综上所述，我们可以基于"领导力资源三要素"理论和投入—产出—成效层次，就德法联合领导力的有效性条件提出以下理论假设。

条件Ⅰ：德法两国应具备有效的联合领导力资源和一致的联合领导意愿。

条件Ⅱ：联合领导目标的形成与实现——德法能够提供（部分）满足被领导者需求的双边方案或立场。

只有同时满足以上两个条件，"德法轴心"才得以有效实践联合领导力（见图1-3）。

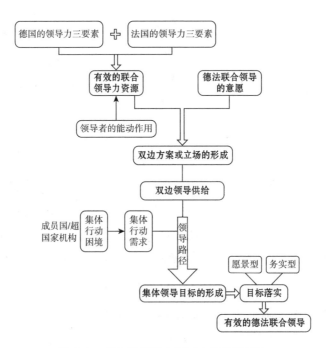

图1-3 德法践行联合领导力的进程导图

　　以上是对理论部分的引介。以下的研究主体部分将以分析"德法轴心"的特殊性为始，在此基础上对历史上的欧洲经货联盟及其中的"德法轴心"加以回顾，之后再选取欧洲经货联盟中的核心领域作为案例，考察欧债危机前后的德法双边互动以及德法与其他行为体的多边领导互动，验证了德法联合领导力在模式、成效等方面的条件与假说，进而就德法联合领导力的有效性与局限性得出结论。

第二章
欧洲一体化中的"德法轴心"

基于上一章提出的理论假设，一致的联合领导意愿是德法成功实践领导力的必备条件之一，而这一条件的满足很大程度上得益于德法关系的特殊性。德法在历史上虽为百年世仇，但在促进战后欧洲联合和实现欧洲永久和平的共同目标下达致双边和解。由此，德法关系既成为国家间双边关系的典范，又成为引领欧洲一体化的先锋，"德法轴心"与欧洲联合事业已然融为一体，并成为欧盟内不可或缺的领导力量。

第一节　争霸欧陆的战时记忆与战后和解

随着 843 年《凡尔登条约》的签订和东、西、中法兰克王国的诞生，德法关系史便开始成为贯穿欧洲发展史的一条主线。相比于中法兰克王国的早早夭折，东、西王国（即日后的德法两国）却得以生存和发展起来，成为查理曼帝国的共同继承者。在两国的民族国家意识尚未发展之时，日耳曼部落也曾在战时为法国助阵。彼时的德法虽非坦诚相见的盟友，但至少没有长期敌对。

不过，查理曼帝国一分为三之后在德法之间形成的楔形地带，却成为两国日后结怨争斗的持久引信。千百年来，德法为收复失地、争霸欧陆的复仇式战争轮番上演。进入中世纪，法国的民族国家意识首先觉醒并引领法兰西逐步走向统一，而德意志王权则走向分裂，两种政权走向的反差为德法之间的同室操戈埋下伏笔——16 世纪初，哈布斯堡王朝与法国之间的包围与反包围之争打响，① 其中在弗朗索瓦一世和查理四世的对峙期内就发生了 23 场战争。1552 年法兰西国王入侵德意志领地洛林，并趁查理五世与各诸侯之间的纷乱占领了该地。此后在三十年战争时期，双方走向全面对峙，法国在追求其天然疆界的进程中赢得了包括阿尔萨斯-洛林地区在内的德国西部的铁矿产区。这场始于宗教纷争的内战拉开了德国与法国轮番复仇的序幕：首先是 18 世纪末到 19 世纪初，德意志贵族阶层先后 6 次成立或加入反法同盟，以抵制法国大革命对德意志封建秩序带来的威胁；1815 年，英普联军在滑铁卢击败了拿破仑领导的法军，由此激发了德意志的民族统一意识与收复失地的决心。1870 年普法战争爆发，法兰西第二帝国被推翻，德皇威廉一世在凡尔赛宫宣布德意志第二帝国成立，并乘势从法国手里夺回煤铁矿区阿尔萨斯和洛林，由此为德国短期内振兴经济、增强国力奠定了资源基础，② 而法国却面临割地和赔款的境遇，"19 世纪临近结束时……法国有两大忧患：忧患之一是德国，忧患之二是担心自己走向衰落"③。直到 20 世纪初，两国间的复仇情绪不断发酵，"法德矛盾是帝国主义之间最重大的矛盾之一"④，一战由此爆发。加入协约国的法国战胜了德国，除了收回阿尔萨斯-洛林地区、索要巨额赔款外，法国还将德国的能源要塞鲁尔区与萨尔矿区据为己有，彻底实现了对德复仇。在遭受了经济和社会发展重创的德国，前所未有之高涨的民族主义与反法情绪开始弥漫。其间，虽然德法各界均为促进两国和解做出了努力，但随着 1928~1930 年世界经济危机的爆发、法国总理阿里斯蒂德·白里安（Aristide Briand）提出的

---

① 参见吴友法、梁瑞平《论二战后阿登纳德法和解思想的产生及意义》，《武汉大学学报》（人文科学版）2001 年第 6 期。

② 德国在很短时间里实现了对法国的超越，其经济发展水平在 20 世纪初期跃升至欧洲第一、世界第二。

③ 〔美〕罗伯特·A. 帕斯特主编《世纪之旅：七大国百年外交风云》，胡利平、杨韵琴译，上海人民出版社，2001，第 69 页。

④ 〔苏〕亚·德·柳勃林斯卡娅等：《法国史纲》，北京编译社译，三联书店，1978 年 6 月第 1 版，第 639 页。

泛欧计划的失败以及德国外长古斯塔夫·施特雷泽曼（Gustav Stresemann）的去世，一系列和解倡议与计划最终不幸夭折。德国纳粹党的掌权再次将德法推向第二次世界大战的欧洲主线，二战以德国投降、双方损伤惨重、两国积怨愈深而告终。

战后的德法领导人进一步认识到，冤冤相报只会造成两败俱伤，战后急需实现复苏的两国急待通过和解来终结战争逻辑，将满是苦难与敌意的悲痛记忆转化为新时期的德法和解财富。德法的睦邻友好不仅符合两国民众的根本利益，而且是欧洲实现和平与安全的保障，而和平稳定的欧洲更是改写两国发展命运的关键条件。1951年4月11日，履新不久的联邦德国总理兼外交部部长康拉德·阿登纳（Konrad Adenauer）选择将巴黎确定为首次出访地并与戴高乐会面，两国首脑的破冰之旅由此开启。阿登纳有意选定法国作为履新首次外访之地，是为了表明他将德法关系看作"解决欧洲所有问题的关键"[1]。随着两国协商解决了萨尔问题，德法和解的条件越发成熟。1957年《罗马条约》的签署开启了德法在欧洲范围内合作的可能；1958年9月，阿登纳受邀前往戴高乐家乡科隆贝双（Colombey les Deux Églises）与其进行私人会晤，为两国和解做进一步准备。两人一致认为，战后欧洲的和平秩序等一系列成果需要双方长期共同捍卫。1962年7月8日，阿登纳与戴高乐在法国兰斯（Reims）举行首次和解会晤，并共同出席了兰斯大教堂弥撒活动。随后，两国领导人于1963年1月22日在爱丽舍宫签署首个《德法友好合作条约》。得益于两国领导人的战略远见、德国对历史的深刻反思、两国民众对和平的强烈渴望及有利的国际环境，德法终于达成和解，"德法友谊也开始成为欧洲一体化的主要支柱之一"[2]。

---

[1] 刘作奎、张伟：《史海回眸：法德化解百年恩》，《环球时报》2003年10月27日，第11版。

[2] Bundesregierung, "Gemeinsame Erklärung von Bundeskanzlerin Angela Merkel und dem französischen Präsidenten Emmanuel Macron anlässlich des 55. Jahrestages der Unterzeichnung des Vertrags über die deutsch-französische Zusammenarbeit vom 22. Januar 1963 (Élysée-Vertrag)", 21.01.2018, in https://www. （转下页注）

第二节　战后的"德法轴心"

战后德法和解的实现不仅是对过去悲痛历史记忆的反向继承，而且为两国关系走向现代化与欧洲联合事业的起步打下良好开局。战后的德法和解精神与时俱进、继往开来。德法两国在欧洲一体化进程中发展出独特、丰富而稳固的双边合作模式。由此，"德法轴心"在千年欧洲区域关系发展史上的意义也体现在双边与欧洲区域的层面。

一　双边层面

从双边层面来看，当代"德法轴心"的特色主要体现在政治文化与经济理念的对立性、领导实力优势的互补性、政治及民间合作的高度机制化、双边象征性外交仪式与实践的丰富性以及领导搭档的默契性。

（一）对立的政治文化与经济理念

同样隶属西方国家①的德法，在不同的历史经历与地缘区位影响下形成了不同乃至对立的政治经济文化、哲学理念、政策机制等，这尤其体现在以下方面。

其一，相对立的思维方式与政治经济文化。首先，德法分别是日耳曼与拉丁文化体系的典型代表，有着截然不同的思维习惯——德国十分看重"规则与公正的必要性"②，因此发展的差异性无须政府的严格控制便可呈现一定的规范化；而以法国为代表的拉丁国家有着"逃避义务的

（接上页注②）bundesregierung. de/breg-de/aktuelles/gemeinsame-erklaerung-von-bunde-skanzlerin-angela-merkel-und-dem-franzoesischen-praesidenten-emmanuel-macron-an-laesslich-des－55－jahrestages-der-unterzeichnung-des-vertrags-ueber-die-deutsch-franzoesische-zusa-mmenarbeit-vom-22-januar－1963-élysée-vertrag－－745650.

① 对于西方国家的理解应视不同情境而定。此处主要用于指以七国集团为代表的西方发达国家。

② Cf. De Staël-Holstein, Anne Louise Germaine, *Of Germany*, translated from the French, London：C. Baldwin, 1813, pp. 22-23.

技巧"①，因此需要加强政府力量的集中监督管理，并控制差异性。不同的民族性格一方面造成两国经济治理文化的不同——德国强调经济运行的秩序、纪律、市场力量，法国注重活力、自由与国家责任;② 另一方面也使两国"相互之间……根深蒂固的敌意与不信任"③ 难被根除。此外从政治文化层面来看，德国历史上长期处于邦国林立、诸侯割据的状态，地方自治传统较强，"注重保持传统和维护社群"④，直到 1871 年才正式实现国家与民族统一，因此其近代政治文化的形成较晚、稳定性弱且缺少继承，二战结束后的德国主要从摒弃极端民族主义、巩固和建立民主制与联邦制、积极投身欧洲联合等方面重塑政治文化。⑤ 而较早形成民族国家的法国也较早具备了"政治民族"的特性与政治文化的"典型性"，这种典型性主要体现在热衷变革与反抗、中央集权与官僚主义传统深厚、民众力量强大、普世主义与大国荣光情怀等特点。⑥ 德法两国反向的话语体系与不同的政治文化，既为历史上两国的长期纷争埋下了种子，也造成双方此后在欧洲联合终极目标方面的异见，增加了双边妥协与联合领导的难度。

其二，政治经济体制与政策导向的差异。虽然历史上的法国屡经政体更迭和革命洗礼，但其中央集权式的政治体制有着持久的生命力:从查理大帝、墨洛温王朝到波旁王朝，再到法国大革命、拿破仑王国时期

① Cf. De Staël-Holstein, Anne Louise Germaine, *Of Germany*, translated from the French, London: C. Baldwin, 1813, p. 20.

② Cf. Fohrmann, Oliver "Nur keine Inflation Stabilitätskultur aus französischer und deutscher Sicht", in *Dokumente/Documents*, 2/2012, pp. 17–19.

③ 〔美〕理查德·尼克松:《领袖们》，施燕华等译，世界知识出版社，1983，第 180 页。

④ 马胜利:《德国政治文化:当代概观》，邝杨、马胜利主编《欧洲政治文化研究》，社会科学文献出版社，2012，第 113 页。

⑤ 马胜利:《德国政治文化:当代概观》，邝杨、马胜利主编《欧洲政治文化研究》，社会科学文献出版社，2012，第 206~207 页。

⑥ 马胜利:《德国政治文化:当代概观》，邝杨、马胜利主编《欧洲政治文化研究》，社会科学文献出版社，2012，第 95~145 页。

及此后的几次共和时期，集权制思想因其在战时调配资源的高效性而在得以延续，国民议会的权力远不及国家总统。特别是在二战期间，自由主义经济政策大大降低了法国战时调配资源的效率，使法国一度处于不利局面，由此"国有化被认为是改善经济结构和引导经济快速增长的有效手段"①。也正是基于此，法国民众的领袖情结较强，期待国家在经济政策的"需求侧"施加更多影响，对外贸易政策的保护主义倾向也更明显。相比之下，从神圣罗马帝国、德意志联邦，到一战后短暂的魏玛共和国及二战后延续至今的联邦共和国，德意志民族的统一之路异常艰辛，德国行政与立法之间的制衡明显，去中心化的联邦制是治理思想的核心。而纳粹十二年的独裁统治更使战后德国的精英阶层意识到中央集权统治的弊病，领袖情结随之被明显弱化，联邦制也由此被写入德国《基本法》②。在此基础上，德国的经济治理也以基于规则的社会福利市场经济为原则，倡导贸易自由、公平竞争与市场这一"看不见的手"③的力量。此外，魏玛共和国时期的恶性通货膨胀使德国此后始终将价格稳定而非经济增长作为货币政策的首要目标。

　　由此来看，历史沉淀下的文化理念与思维方式对立，在两国的政治经济体制与政策导向等方面的差异中得到了反映（见表2-1），而这也会使双方对特定情境与话语有认知偏差的定势，为协调两国的立场与利益偏好增加了难度。不过对于推进欧洲一体化的"德法轴心"而言，双边立场差异乃至对立并不总是坏事，因为这种对立可能在欧洲层面具有代表性，从而为德法实践欧盟内的联合领导力提供一定的便利。正如德国前外长菲舍尔所言："我们（德法）之间的关系赋予欧洲的生命力正是

---

① 李志祥、张应语、薄晓东：《法国国有企业的改革实践及成效》，《经济与管理研究》2007年第7期，第84页。

② Bundesministerium der Justiz und für Verbraucherschutz, "Art. 20 Abs. 2", *Grundgesetz für die Bundesrepublik Deutschland*, in https：//www. gesetze-im-internet. de/gg/art_20. html.

③ Smith, Adam, *Der Wohlstand der Nationen：Eine Untersuchung seiner Natur und seiner Ursachen*, München：C. H. Beck, 1974, p.371.

源自我们的差异。"①

表 2-1　德法政治经济的体制、结构与政策理念对比②

	德国	法国
政治体制	半主权的协商式民主	以总统领导力为核心的多数民主制
经济制度	社会市场经济，规制性资本主义	国家计划下的市场经济
经济政策学派	秩序自由主义	（新）凯恩斯主义
经济政策导向	供给导向：秩序政策+适度反周期政策	需求导向：国家结构政策+反周期政策
国家与经济/银行间的关系	国家是自由竞争的担保人和调控者，与银行协商合作	国家是领导者，政治优先于经济，银行处于政府控制与监管之下
经济增长模式	出口导向型增长；自由贸易	内需导向型增长；保护主义
产业结构	以制造业为主体的工业大国	农业与服务业较发达，制造业次之
货币政策导向	首要目标是维持货币稳定；紧缩性政策	优先目标是促进经济增长；扩张性政策

（二）互补的领导实力优势

随着马歇尔计划的实施和联邦德国经济实力的提升，德国在欧洲事务中的话语权开始显现，其追随法国的外交行为模式也有所转变。综合考虑经济、军事等硬实力要素，自 20 世纪 70 年代"德法轴心"的启动到 80 年代末，两国实力呈现出了最佳的互补状态：联邦德国是以制造业为主体、以德国马克为支柱的经济强国，法国是除英国外欧盟内唯一的核武器拥有国与联合国安理会常任理事国，也是享有农业和外交优势地位的政治军事大国。

而自冷战结束和两德统一以来，德国综合实力进一步提高、外交逐

---

① Fischer, Joschka, "Vorstellungen zu den bilateralen Beziehungen und zur Europapolitik", Paris, 20.01.1999.

② Cf. Krotz, Ulrich/Schild, Joachim, *Shaping Europe：France, Germany and Embedded Bilateralism from the Elysée Treaty to Twenty-First Century Politics*, New York：Oxford University Press, 2013, p.40.

步走向正常化，其在欧盟内的政治地位和话语权随之提升，而法国核大国地位的战略意义却有所减弱。在欧盟东扩以后，德国一跃成为欧盟中部的大国（Macht in der Mitte），并随其权力优势的扩大而不得不承担更多责任；① 法国不仅在欧盟的地缘政治优势被边缘化，其经济也自20世纪70年代中期开始面临增长低迷、失业率高企的长期困境。② 在欧债危机之前，法国的经济增长率仅在20世纪末小幅增长后又跌至1%~2%，在欧债危机过后仍是低位徘徊，而德国则成为欧盟经济的中流砥柱。法国经济短板效应凸显，近年来所谓"德强法弱"的现实甚至也有一定的民意基础，特别是在法国：2014年的民意调查数据显示，75%的法国人认为德法关系处于有利于德国的失衡状态，持有此观点的德国受访者也接近半数（47%）。③

　　不过，虽然法国经济实力的弱势不利于德法实力的均衡互补，但两邻国互为彼此在欧盟内最重要的贸易伙伴国，经贸领域的双边依赖关系仍会长期存在。而从领导实力来看，德国并非完美的领导力量，除了近年来不断面临的经济结构性问题外，联邦体制、历史记忆等因素决定了德国在领导权威上的先天不足与后天缺陷，并且使法国在领导权威方面更胜一筹。④ 因此长远来看，德法仍存在领导实力的互补，这种互补性主要体现在德国物质性资源与法国非物质性资源之间的互补。两国在欧洲事务中的深度利益捆绑关系更决定了双方在联合领导欧洲一体化事业中缺一不可。基于这种合作中有竞争的实力互补，两国会长期处于整合

---

① Cf. Münkler, Herfried, *Macht in der Mitte. Die neuen Aufgaben Deutschlands in Europa*, Hamburg：Körber-Stiftung, 2015, pp. 7-10.

② 1959~1974年，法国国内生产总值年均增速为5.7%，失业率在2.8%以内；1979年，法国经济增长率降至3.25%，到1992年甚至降为1.2%。

③ Das Kommitee des Deutsch-Französischen Journalistenpreises, "Binationale, repräsentative Meinungsumfrage zum deutsch-französischen Verhältnis", Pressemeldung, 02. 07. 2014, https：//dfjp. eu/wp-content/uploads/2017/05/pressemeldung-meinungsumfrage-dfjp-2014. pdf.

④ 参见熊炜《"借权威"与妥协的领导——德法合作的欧盟领导权模式》，《世界经济与政治》2018年第6期，第39页。

性制衡（integrative balancing）的状态。[1]

（三）高度机制化的政治与民间合作

"无人不成事，无制事难久。"[2] 对于政治、经济、外交文化各异，又曾饱受战争摧残的德法两国而言，条约和法律等制度性约束能确保德法双边和解与合作的稳定、持续。而《爱丽舍条约》对德法高层往来和民间、学界会晤频率做出的规定，确保了两国合作的高度机制化。此外，布勒斯海姆进程（Blaesheim-Prozess）等非正式对话机制也构成了双边合作的制度性框架。

1.《爱丽舍条约》框架下的政府间会晤机制

《爱丽舍条约》中关于组织（Organisation）的第一部分规定，两国政府与国家首脑应尽可能频繁联络，并确保至少每半年会晤一次。第二部分则对两国外交工作人员的会晤频度做出规定，其中外长应至少每三个月会晤一次，而负责两国政治、经济与文化事务的高级外交官员应每月会晤一次；对于关涉两国共同利益的所有外交事务，两国大使、领事及国际组织代表团均应保持联系协调，并尽可能形成一致立场。关于组织的第三部分规定两国防务部长至少每季度会晤一次，总参谋长至少每两个月会晤一次；两国在家庭与青年事务领域的首席负责人应每两个月会晤一次。第四部分建议成立德法部门间委员会（Interministerielle Kommission），以协调两国立场并商讨扩大两国的合作领域。[3]

而自《爱丽舍条约》签署以来，两国领导人也利用不同契机适时扩大或深化了现有的合作领域与磋商机制。一方面，参与政府高层磋商机制的人员不断扩大，各层级外交工作的协调性得以加强：在《爱丽舍条

① Krotz, Ulrich/Schild, Joachim, *Shaping Europe：France, Germany and Embedded Bilateralism from the Elysée Treaty to Twenty-First Century Politics*, New York：Oxford University Press, 2013, p.35.

② Cf. Monnet, Jean, *Memoirs*, Paris：Fayard, 1976, p.360.

③ Deutsch-französisches Internetportal, "Der Elysée-Vertrag im Wortlaut", http：// www.deutschland-frankreich.diplo.de/Elysee-Vertrag-22-Januar-1963, 347.html.

约》签署的最初几年，双边磋商的参与者仅限两国政府及国家首脑、相关事务部长及要员；在 1974 年第 24 次政府间磋商后，高层会晤的参与者已扩大到国务委员、外交司司长、政府发言人等外交决策建议者，共计百余人。

另一方面，双边合作议题涉及的领域不断扩大，合作进一步深化：1988 年，《爱丽舍条约》新增了防务安全与财政经济的两个附加议定书，规定安全、防务等部门的双边峰会至少每半年举行一次；2003 年，德法高层会晤机制正式升级为部长理事会机制，两国的政府间合作更成体系。随着难民、移民问题在欧洲的持续发酵，2016 年 4 月，两国部长理事会决议设立德法融入理事会（Deutsch-Französischer Integrationsrat），以便就移民与难民融入的经验定期深入交流，应对当前挑战；2017 年 11 月，德法融入理事会正式成立。此外，从默克尔-萨科齐时期开始，从高层决策者到负责具体事务的政府官员均可参与讨论对方国家的内阁会议及国民议会会议。

从最初的双方领导人会晤、外交和国防部长的定期协调，到全面的部长级会议、内阁联席会议、议会联会与不定期交换官员，德法政府间合作的机制化程度不断提高，并逐渐扩展到更多政策领域。

2. 非正式的政府间合作机制

就高层往来而言，与正式会晤机制相对应的还有一系列非正式合作机制。首先，两国领导人在 2001 年建立的布勒斯海姆进程对话机制。它规定两国政府首脑及外长每六至八周会晤一次，其目的一是将会晤范围缩小至两国高层领导人之间，从而避免媒体与公众过早涉入关键决策进程；二是增进两国在急需应对的事务上的交流，寻求更多双边理解。此外自 20 世纪 70 年代以来，两国领导人的非正式联络明显增多，其中主要包括电话会议、私人非正式会晤以及简短会面等形式。

其次，两国的政府间合作也丰富多样。一方面，对于两国的高级外交官及政府部门官员与公职人员而言，通过轮岗交流参与对象国的部分外交工作已逐渐成为合作常态；另一方面，德法也逐渐在其他国家设立了两国联合外交代表处、领事馆或服务机构①以及共同名誉领事。此外，两国政府部门会视不同契机举行会晤或相关活动（跨领域政要会议、军队联动等），学界与民间智库等非政府组织也自发发起多种双边对话机制，如一年一度的德法未来对话（Deutsch-französischer Zukunftsdialog）②。

最后，两国在签署《爱丽舍条约》40周年之际增设了用于增进彼此关系的双边特有职务：德法合作专员，由德国的国务部长以及法国的欧洲事务部长共同担任。除负责筹备、协调和参与双边部长理事会之外，德法合作专员也会在政府部门及相关决策人之间做好协调工作，负责组织和策划两国的共同活动。

3. 民间的机制化合作

除了德法政府间会晤机制（见表2-2）外，半机制化的民间往来也是德法机制性合作的一大亮点。民间合作既是促成两国政治和解与交流的先锋，也对政府间关系起到间接监督作用。早期的民间和解力量便已呈现出不同的组织形式，比如欧洲德法联合会、德法研究所、双边教科书对话等。此后的《爱丽舍条约》则对促进教学交流、青年交流、语言学习、互认学历等方面做出了更细化、更明确的规定，由此巩固了两国关系可持续发展的基础，使德法友谊进一步融入双边关系的基因中。

表2-2　德法政府间会晤机制

	1963~2000年	自2001年以来
政府与国家首脑	每年会晤至少两次	每六至八周会晤一次
外交部部长	每三个月会晤一次	约每月会晤一次
外交部高级官员	每月会晤一次	
防务与安全理事会	（自1988年起）每年会晤两次	
防务部长	（自1988年起）每年会晤至少四次	
经济与金融理事会	（自1988年起）每年会晤四次	
文化理事会	（自1988年起）每年会晤两次	
环境理事会	（自1989年起）每年会晤至少一次	
融入理事会	2017年11月成立，每年会晤至少一次	

---

① 目前在俄罗斯、澳大利亚、中国均有这一联合外交机构。
② 由德国外交政策协会、法国国际关系研究所及罗伯特·博世基金会共同发起。

德法青少年交流是民间往来的特色和重点，也是德法民间交流的一大支柱，相关组织机构主要包括：（1）德法青少年办公室（Deutsch-Französisches Jugendwerk，成立于 1963 年）：它每年会为 3～30 岁的两国人员提供 9000 余个校际交流、语言学习、实习培训等项目，以加强两国人员的联系与理解。自 1963 年以来，共有约 900 万的德法青少年参与了 36 万余场的交流项目，其中包括学生、运动员、艺术家、青年失业者等；①（2）德法高校预备部（Deutsch-Französisches Hochschulkolleg，成立于 1988 年）：它旨在促进两国高校学生及教授学者间的校际交流；（3）德法高校联盟（Deutsch-Französische Hochschule，成立于 1999 年）：在约 180 所德国和法国大学的共同参与下，德法高校联盟为双边的校际交流以及课程与学历设置提供诸多便利。

城镇/区域伙伴关系是德法民间交流的另一支柱，其初衷在于增进两国民间理解并迎合社会发展的新诉求。这些伙伴城市往往在经济、社会、文化等方面有着相似性或联结性，面临一定的共同挑战。自 1950 年德国的路德维希堡（Ludwigsburg）与法国的蒙贝利亚（Montbéliard）结为首对伙伴城市以来，如今两国已结成 2200 余对城镇伙伴关系，许多城镇的部分街道或广场也以其伙伴城市命名。缔结城镇伙伴关系的周年庆典往往会安排一系列继往开来的纪念活动，如针对老兵和原战俘开展的双边交流与慰问，以及在高校、体育俱乐部、文化协会之间进行的交流等。

此外，心怀德法友好情结并致力于研究两国关系、增进两国理解的学者与民间人士成为续写德法和解精神、开拓两国友谊的活字典。1945 年成立的德国跨国合作协会（Gesellschaft für übernationale Zusammenarbeit，Güz）及其"姐妹"组织——法国国际联络和文献办公室（Le Bureau International de Liaison et de Documentation，BILD），便以实现双边和解、增进彼此了解、促进两国青年交流及学术研讨为主要使命；而早在联邦

---

① Cf. DFJW, "Was ist das Deutsch-Französische Jugendwerk?", https://www.dfjw.org/institution.html.

德国很早便已成立的德法研究所，自 1970 年来逐步成为研究和记录当代德法关系进展、促进和引导两国在公共事务中互动的非营利性科研机构；1959 年成立的圣路易斯德法研究所（Deutsch-Französisches Forschungsinstitut Saint-Louis）则推动了两国在防务、安全技术，包括弹道学、电磁学、炸药和激光技术等领域的合作，由此引领整个欧洲在相关领域的发展；成立于 1984 年的德法协会联合会（Vereinigung Deutsch-Französischer Gesellschaften für Europa，VDFG）一方面为城市伙伴关系的重塑建言献策，另一方面也通过举办语言教学及学术研讨会、研讨课等促进了两国间的区域合作。

4.《爱丽舍条约》2.0——《亚琛条约》

值德法和解 55 周年之际，德法两国议会于 2018 年 1 月 22 日共同提交了旨在推出新版《爱丽舍条约》、加强议会间合作的意向声明。由于《爱丽舍条约》对双边合作机制的规定已较为具体，新条约将在原条约的基础上，改善议会层面的政策协调，重点深化两国在欧洲政策、安全防务等领域的双边合作，从而将欧洲问题与国际性挑战进一步融入双边合作战略中。具体来看，意向声明规定新条约的主要目标有：（1）促进两国及区域间经济、财政和社会福利政策的趋同；（2）继续深化民间交流，促进跨境地区合作；（3）加强两国在共同防务与安全政策中的合作协调，共同促进和维护地区安全、和平与发展；（4）共同应对多方面的全球性挑战，加强在环境、能源、人工智能及新技术领域的双边合作。[1] 2018 年 11 月 14 日，德法工作小组拟定了《德法议会合作协定》（Das Deutsch-Französische Parlamentsabkommen），从而将两国在议会层面的合作制度化。2019 年 1 月

---

① Cf. Bundesregierung, "Für einen neuen Élysée-Vertrag-Die Rolle der Parlamente in der deutsch-französischen Zusammenarbeit stärken", Gemeinsame Resolution von Assemblée nationale und Deutschem Bundestag zum 55. Jahrestag des élysée-Vertrags am 22. Januar 2018, 22.01.2018, https：//www.bundesregierung.de/resource/blob/997532/318980/a0aac9a1ba8b4ea2867ecb6e9faa1f35/2018－01－22－dt-frz-resolution-data.pdf？download＝1.

22 日，在两国签订《爱丽舍条约》56 周年之际，欧盟委员会主席兼欧元集团主席让-克劳德·容克（Jean-Claude Juncker）、欧洲理事会主席唐纳德·图斯克（Donald Tusk）以及欧盟轮值主席国罗马尼亚总统克劳斯·约翰尼斯（Klaus Johannis）共同见证了德法签署《亚琛条约》的时刻。

不过，与一年前意向声明所设定的目标相比，《亚琛条约》的实际内容有一定的缩水，仅将重点放在促进双边军事、安全及经济合作上，[①]但在很多方面仍有新意。譬如在会晤机制方面，《亚琛条约》规定两国应派一位政府官员每季度轮流参加一次对方国家的部长理事会会议，以进一步加强两国内政事务决策的关联协调。此后 2019 年 3 月 19 日，两国参议院就继续深化双边关系和参议院合作通过了有关声明；3 月 25 日，德法签署了议会合作声明，德法联合议会（Die Deutsch-Französische Parlamentarische Versammlung）正式成立。议会和参议院层面的合作机制化，为政府高层决策增加了参政议政的途径，提高了德法合作的双重民主合法性。总体来看，从政府到民间的机制化合作一方面增强了德法关系抵御内外不利变数的能力，另一方面进一步丰富了德法合作的理念性内涵。

（四）丰富的象征性外交仪式与实践

自《爱丽舍条约》签署以来，德法和解精神不断开拓创新，逐渐成为双边关系持续发展的历史与理念积淀。两国之间象征性的外交行动能在困难时期雪中送炭、顺利时期锦上添花，并向外界释放积极信号。这些象征性的外交仪式与实践主要体现在：特定情境下的象征性事件、专属于两国的外交例行公事、文化产品与联合行动。

第一，双边象征性事件：自阿登纳与戴高乐的私人会晤以及双边和解

---

① Bundesregierung, " Vertrag zwischen der Bundesrepublik Deutschland und der Französischen Republik über die deutsch-französische Zusammenarbeit und Integration", 19.01.2019, https：//www.bundesregierung.de/blueprint/servlet/resource/blob/997532/ 1570126/fe6f6dd0ab3f06740e9c693849b72077/2019-01-19-vertrag-von-aachen-data.pdf? download=1.

协定的签署等一系列促进两国友好的象征性事件，在日后的关键时间节点中也增添了新的光彩：1978 年 9 月，时任德国总理赫尔穆特·施密特（Helmut Schmidt）同时任法国总统瓦莱里·吉斯卡尔·德斯坦（Valéry Giscard d'Estaing）在查理曼大帝的皇冠前"握手"，随后德斯坦在两国政府磋商期间提出查理曼精神（Geist Karls des Großen）[①]，彰显同根同源的两国在诸多领域的共同利益和默契配合；1984 年 9 月，时任德国总理赫尔穆特·科尔（Helmut Kohl）同密特朗在凡尔登墓前"手拉手"，并进一步确立了两国在和平、理性和友好中紧密合作的路线图，由此升华了两国的和解成果；1994 年和 2003 年，德法军队在爱丽舍宫共同参加了阅兵仪式，为日后德法混合旅（Deutsch-Französische Brigade）及欧洲军团（Eurocorps）的创立做好了准备，其中 2003 年的两国阅兵仪式首次由德国将军引领受阅部队，这一举措即使是在冷战期间都是难以想象的。

第二，双边特有的外交例行公事，主要包括（1）纪念《爱丽舍条约》签署的周年庆典。《爱丽舍条约》周年纪念是德法两国人民的共同节日。而除了在逢整十年联合发行纪念邮票外，"逢十"或"逢五"的周年庆典常常也是创立合作新机制、扩大现有机制合作成果的契机——值《爱丽舍条约》签署 25 周年之际，两国于 1988 年正式启动德法金融与经济理事会、防务与安全理事会和环境理事会会晤机制；在条约签署 40 周年的纪念活动上，两国议会在凡尔赛首次召开联合议会会议；在条约签署 55 周年之际，德法议会共同通过了缔结新版《爱丽舍条约》的意向声明。而两国政界推出的相应举措也获得两国学界与民间的积极响应：各类出版物（报刊、学术期刊、政府公告、专家报告等）随之发行，以回溯双边合作历史并对当下的"德法轴心"合作予以评估。（2）以对方国家作为职后履新的首访对象国。无论是法国总统、德国总理还是两国的外交部部长与副部级官员，其上任后的首访国家几乎无一

---

① Bundesregierung, "Deutsch-französische Konsultationen. Am 14. Und 15. September 1978 in Aachen", in *Bulletin Nr.* 103, 21. 09. 1978, p. 953, https：//www.dfi.de/pdf-Dateien/D-F-Gipfel-70er/21-09-1978-Bulletin-PIB.pdf.

例外是对方国家，且多数是就职后闪电出访（Blitzvisit）。（3）在欧共体和欧盟召开重大会议前率先发表双边联合声明。为确保两国在欧盟会议上形成一致立场，德法首脑及部长等重大事务的决策者在欧盟会议召开前会举行双边磋商，这在施密特-德斯坦时期及以后日渐频繁并逐渐成为惯例。其中的欧盟会议既包括欧盟峰会、欧元区首脑峰会等周期性会晤机制，也包括欧元集团（Euro-Gruppe）及其他非正式的政府间会晤。

第三，两国共同参与创建的文化产品，主要包括（1）电视节目，如促进文化理解与社会交流的德法联合文化电视台（ARTE）等。（2）各类奖项。比如德法记者奖（Deutsch-Französischer Journalistenpreis）用以表彰为增进欧洲一体化发展和德法关系理解做出重要贡献的德籍与法籍人士；一年一度的戴高乐-阿登纳奖（De Gaulle-Adenauer Preis）以及两年一度的埃尔希-库恩-莱茨奖（Elsie-Kühn-Leitz-Preis）旨在表彰为促进德法合作、增进两国人民理解和友谊而取得成就的德法人士；两国还分别设立德译法的热拉尔·德·内瓦尔奖（Gérard de Nerval Preis）以及法译德的保罗·策兰奖（Paul Celan Preis），用以褒奖为两国文化做出贡献的译者。

第四，国际或地区事务中的联合行动：就国际性或地区事件发表联合声明、共同出席新闻发布会是"德法轴心"的惯例，所涉议题既包括气候变化、恐怖袭击等重大的全球政治安全议题，也包括国际妇女节、第一次世界大战及第二次世界大战结束周年纪念等国际节日、历史事件与其他重要议题。而在特定契机下，两国政要也会通过在主流媒体发表联合署名文章来声明双边立场：2019年2月，德法外长在《南德意志报》上联名撰文《舍我其谁?》，以坚决捍卫多边主义秩序和伊核协议等多边合作成果。①

综上所述，两国丰富的象征性外交仪式与实践，构成了两国冲突期的缓冲屏和蜜月期的动力阀。一系列不成文惯例的建构不仅使两国间的

---

① Cf. Le Drian, Jean-Yves/Maas, Heiko, "Wer, wenn nicht wir?", in *Süddeutscher Zeitung*, 14. 02. 2019, https://www.sueddeutsche.de/politik/gastbeitrag-wer-wenn-nicht-wir-1.4326103.

政治联系更为坚实，而且赋予德法关系更多的文化与社会意义。

（五） 默契的两国核心决策者合作

回顾半个多世纪以来的战后德法关系，欧洲一体化进程中的关键节点几乎都离不开德法领导人及相关决策者的密切磋商与亲力亲为，特别是在欧洲联合的危机时期和改革的瓶颈期，两国领导人之间的“化学反应”往往能在关键时刻扭转不利局面。

欧洲联合的启动与德法和解的实现，在很大程度上得益于阿登纳与戴高乐的远见卓识。阿登纳深信“法德之间的良好关系是任何一种欧洲联合的核心内容”①；戴高乐同样认为，“欧洲联合的实现尤其需要巴黎与波恩之间的合作”②。正是在这样的共同信念下，两位伟人在首次会晤后加强了彼此联系。从 1958 年秋到 1962 年中期，双方共会晤 15 次，通信 40 余次，会谈时间达 100 多个小时，很快加深了对彼此的信赖与欣赏。③ 两国首脑间的好感为德法和解打下了坚实基础。

此后，两国的多任首脑及外长在加强、深化和升级两国关系中积极作为，在联合推进欧洲一体化进程中不遗余力，特别是施密特-德斯坦和科尔-密特朗的领导人组合更取得了丰硕的合作成果——他们通过提出倡议、预先协调双边立场分歧等方式，在很大程度上克服了 20 世纪六七十年代的欧共体领导力赤字，④ 为欧洲联合的机制改革以及货币、防务等政策领域的一体化铺路。值得注意的是，德法关于欧洲问题的战略目标虽总体一致，但在具体事务中的立场常存分歧，这也使 21 世纪前后的德法关系风波不断：先是在 1999 年的柏林峰会上，德法围绕欧盟未

---

① 〔德〕康哈德·阿登纳：《阿登纳回忆录》，杨寿国等译，第三卷，上海人民出版社，2018，第 3 页。

② Gaulle, Charles de, *Memoiren der Hoffnung. Die Wiedergeburt 1958 – 1962*, Wien: Molden, 1971, p. 218.

③ 参见姚百慧《阿登纳戴高乐实现法德和解》，《环球时报》2007 年 3 月 26 日，第 13 版。

④ Cf. Pedersen, Thomas, *Germany, France and the Integration of Europe. A Realist Interpretation*, London & New York: Pinter, 1998, p. 84.

来的财政安排问题公开争执；此后在 2000 年的尼斯峰会上，两国为争夺在欧盟部长理事会中的表决权票数而几乎反目，更难有余力弥合其他成员国间的分歧，致使此次会议成为史上耗时最长的欧盟首脑峰会之一。不过，两国领导人往往能在关键时刻促成良性反转：在尼斯会议的最后时刻，施罗德与希拉克终于达成共识并挽救了峰会成果。

"政治家们不仅是决策者，而且是有影响力的观念制造者。"① 两国的领导人在搭档主导双边政治关系的同时，也赢得了广泛坚实的民间支持。根据德法两国电视台 2013 年的民意调查，有约四分之一的受访者高度重视阿登纳-戴高乐、施密特-德斯坦、科尔-密特朗等领导人组合对双边关系的重要意义，② 德法合作的人格化特征已然深入人心。而自2005 年默克尔担任德国总理以来，法国总统已迎来第三人，两国媒体对这样稳中有变的德法领导人组合予以高度关注，并分别冠之以"默科奇"（Merkozy，默克尔与萨科奇）、"默克朗德"（Merkollande，默克尔与奥朗德）和"默克龙"（Mercron，默克尔与马克龙）的称谓，以彰显两国首脑在欧洲事务中的形影不离。而除了为人津津乐道的领导人搭档外，其他决策者也多次在关键时刻出演两国关系或欧洲一体化中的灵魂人物，这其中甚至包括跨党派的合作搭档，如时任德法外长根舍-杜马斯、菲舍尔-韦德里纳等。可以说，德法的领导人组合已融入两国政治生活与机制理念的方方面面，是德法友谊之船的压舱石。

二　区域层面

从区域层面来看，"德法轴心"的特征主要表现在传统欧洲观的差异性和联合领导欧洲诉求的一致性上。因此，双方在理念及实践层面的

① 〔德〕贝娅特·科勒-科赫等：《欧洲一体化与欧盟治理》，顾俊礼等译，中国社会科学出版社，2004，第 18 页。

② ARD, Deutschlandradio, ARTE und Radio France, „ *Frankreich und wir? Ergebnisse der großen Umfrage*, *Frankreich*, *Deutschland und Sie?*' *zum fünfzigsten Jahrestag des Élysée-Vertrags*", 20. 01. 2013, http：//cdn. dradio. de/media/dlr/aktuell/umfrage_dt_frz. pdf.

差异性和在利益及战略层面的一致性，共同影响德法"双引擎"运转的模式与成效。

（一）两国早期的对立欧洲观

自德法合作重建欧洲之始，不同的战略文化与利益动机一方面导致了两国对于欧盟治理方式和欧洲一体化发展的设想有别，另一方面也使德法的欧洲政策及对欧盟身份的认知有明显分歧，这在阿登纳-戴高乐时期体现得尤为明显（见表2-3）。总体来看，两国早期欧洲观的核心对立点在于"国家的欧洲反对超国家的欧洲，欧洲人的欧洲反对大西洋的欧洲"①。

表 2-3 德法的传统欧洲观对比

	德国	法国
欧盟内部治理模式	联邦主义/超国家主义	邦联主义/政府间主义
欧洲政策导向	近大西洋主义	近戴高乐主义

第一，两国对于欧共体发展的设想迥异。早在联邦德国成立以前，阿登纳便将欧洲合众国（Vereinigte Staaten von Europa）②认定为欧洲联合的发展目标，强调通过让渡部分国家主权使欧洲在机构建设上走向联邦化，并加强超国家机构的独立性。相比之下，虽然法国承认超国家机构的必要性，但戴高乐倡导的"祖国的欧洲"（Europa der Vaterländer）③表明，法国强调欧洲联合应以民族国家为基础，避免国家主权在核心政策领域的丧失，因为"（欧洲层面）专制的中央集权总是由于反作用，引出

① 〔法〕皮埃尔·热尔贝：《欧洲统一的历史与现实》，丁一凡等译，社会科学文献出版社，1989，第215页。

② Vgl. Adenauer, Konrad, "24. März 1946: Rede in der Aula der Universität zu Köln", in *Schriftenreihe der Christlich Demokratischen Union des Rheinlandes. Heft 8. Köln o. J,* https://www.konrad-adenauer.de/dokumente/reden/1946-03-24-uni-koeln.

③ Cogan, Charles G., *Charles de Gaulle: A Brief Biography with Documents,* Boston: St. Martin's Press, 1996, p. 136.

有害的民族主义……统一的欧洲不可能让各民族合为一体，但它能够而且应当是出自各民族有组织的互相接近的结果……"① 为了在欧共体会议贯彻一票否决权，戴高乐通过长达半年的"空椅"政策予以施压②，最终使欧共体成员国达成了卢森堡妥协（Luxembourg Compromise）③，并得以在部长理事会贯彻"一致通过"原则。此后的几任法国总统也在欧洲层面推行政府间合作及相应政府间决策程序的落实，以最大限度地保障成员国利益。

第二，两国欧洲政策的导向有所不同，这背后其实是德法对于欧洲对外身份的不同认知立场。在以戴高乐为代表的法国领导者看来，欧洲秩序更应由法国领导的欧洲来主导，不能由美国等指手画脚，即应建立一个"以法国为中心的……欧洲人的欧洲"④，而维护独立主权始终是法国外交的基本传统之一⑤；联邦德国的决策人士虽不乏戴高乐的支持者，但鉴于美国对德国战后初期的经济援助、军事保护及此后两德统一的关键支持，跨大西洋伙伴关系始终是德国外交政策的重要支柱之一，一直

---

① 〔法〕夏尔·戴高乐：《希望回忆录》，《希望回忆录》翻译组译，中国人民大学出版社，2005，第 150 页。

② 为抵制德、意等国要求将"一致通过"改为"简单多数"决策机制的提议，在戴高乐的主导下，法国从 1965 年 7 月开始缺席欧共体会议，即所谓的"空椅"。直到 1966 年 1 月，欧共体及其成员国对法国做出妥协，同意继续实施"一致通过"原则。

③ Amt für amtliche Veröffentlichungen der Europäischen Gemeinschaften, "Schluß-kommuniqué der außerordentlichen Tagung des Ministerrats", Luxembourg, 29. 01. 1966, pp. 5–11, in *Bulletin der Europäischen Wirtschaftsgemeinschaft*, März 1966, n° 3, Luxembourg, March 1966, https：//www.cvce.eu/obj/schlu% DFkom-munique_der_au% DFerordentlichen_tagung_des_ministerrats_luxemburg_29_januar_1966-de-abe9e77d-9bf9-4e0a-90a9-b80cb48efb47. html.

④ 参见冯亮《法兰西战略文化》，社会科学文献出版社，2014 年第 1 版，第 62~63 页。

⑤ 参见张骥《开放的独立外交——2017 年法国总统大选与马克龙政府的外交政策》，《欧洲研究》2017 年第 5 期，第 113 页。

到特朗普就任美国总统前，美国始终被看作德国"基于共同价值的盟友"①。德国长期被美国视为忠实盟友。德法对美政策的不同侧重与趋向，既影响两国对欧美关系认知的共识性，也影响欧洲共同外交与安全政策相关措施与工具的具体设计。德法两国在批准英国加入欧共体以及后续欧盟东扩与南扩问题的不同立场和双边龃龉也使欧洲一体化进程历经波折。

但在两国对立的欧洲观之间则恰恰分布着其他成员国的欧洲观"光谱序列"。因此，两国在对立中形成的妥协也就具备了在欧洲层面的代表性，分化于两极的双边立场也成为德法领导欧洲联合的潜在合法性条件。此外，值得注意的是，随着欧债危机的爆发、特朗普就任美国总统及其他挑战的接踵而至，两国在欧盟治理、共同安全与防务政策等领域的传统理念分歧有所弱化；后危机时期，"德法轴心"在利益层面进行的务实选择，也往往难以与联邦或邦联的理念完全匹配，对此，本文将在下一节予以详述。

（二）联合领导欧洲的一致诉求

虽然两国的早期欧洲观不同，但两国一致认为，"建立一个超越单个民族国家的更大的欧洲民族国家即欧洲联邦，是解决欧洲一切问题的根本之所在"②，"只有一个有行动力的欧洲才能最大限度地实现其国家利益"③。因此，同呼吸共命运的德法以引领欧洲走向繁荣为共同使命，以维持欧洲均势、推进欧洲一体化、共塑欧盟团结为共同的战略目标，并以身作则将双边合作的范式和经验推广到欧洲层面，"德法轴心"成为欧洲联合的局部缩影。

---

① 郑春荣、范一杨：《特朗普执政以来德国对美政策的调整：背景、内容与特点》，《同济大学学报》（社会科学版）2018年第4期，第44页。

② 罗志刚、严双伍：《欧洲一体化进程中的政治建设——国家关系的新构建》，人民出版社，2009，第38页。

③ Cf. Bundesministerium der Verteidigung, *Weißbuch 2006 zur Sicherheitspolitik Deutschlands und zur Zukunft der Bundeswehr*, Berlin, 2006, p. 45.

从思想观念来看，德法是欧洲联合思想的重要发源地，欧洲联合思想的初期传播及后续发展正是基于德法两国先贤的智慧：以法国神父圣·皮埃尔（Charles-Irénée Castel de Saint-Pierre）的《争取欧洲永久和平方案》为始，卢梭、康德、黑格尔、雨果、马克思等思想家将欧洲联合的思想不断传承与发展。历史上，双方在民族复仇情绪的驱使下数次兵戎相见，而在经历两次世界大战之后，德法渴望和平重建的现实诉求更使欧洲联合思想得以开花、结果，战后的两国仁人志士深刻意识到调整地缘政治战略的必要性，即跳出争霸与复仇的怪圈，并以欧洲为中心实践在竞争中合作的可能。这一时期德法的欧洲联合代言人角色主要基于特定的历史地缘因素与互补的利益动机而形成。对法国而言，促进欧洲层面的合作是约束和控制德国权力、抵制美国霸权的最佳方式；而对德国而言，促进欧洲一体化是安抚邻邦、使德国尽早实现外交独立的最佳手段（"通过一体化实现主权"①）。除了地缘与历史因素的驱动，欧洲经济联合与内部市场的建设也符合两国的经济利益。正是基于以上考虑，两国在推进欧洲一体化的进程中携手同行，共同促进欧盟团结、共同引领欧洲未来的使命感鲜有动摇。

从具体实践来看，德法双边合作始终是欧洲区域一体化的先锋"试验场"。无论是在政策还是机制层面，新世纪的德法合作与欧洲一体化进程彼此关联、相互影响。在政策层面，从经济一体化领域的煤钢联营、欧洲货币体系（Europäische Währungssystem，EWS），到安全与防务领域的《申根条约》、欧洲军团，欧洲一体化的阶段性成果和关键节点多是德法双边合作"外溢"的结果；在机制层面，从 20 世纪 70 年代的欧洲理事会改革、欧洲议会直选，到八九十年代以来的枫丹白露首脑会晤、欧洲制宪会议，德法两国通过共同提出关键预案、管控决策进程的危机

---

① Schöllgen, Gregor, *Die Außenpolitik der Bundesrepublik Deutschland. Von den Anfängen bis zur Gegenwart*, Bonn: die Lizenzausgabe für die Bundeszentrale für Politische Bildung, 1999, pp. 18-41.

等路径推进了欧洲决策机制改革，帮助化解了欧洲一体化的"硬化症"（Eurosklerose）[1]。一方面，德法双边合作的机制化成果逐渐"外溢"到欧洲层面，并形成了对应的平行机制——1974 年欧洲理事会的机制化正是得益于施密特和德斯坦共同的倡议，且欧洲理事会沿用了德法首脑的会晤周期。另一方面，"德法轴心"也在努力使欧共体层面的决策程序向有利于维护本国利益的方向发展，这尤其体现在：（1）调整欧洲理事会中的决策权重，使其有利于或至少无损于大国成员国的利益；（2）扩大有效多数表决制的政策实施领域。可以说，促进德法和解是欧洲联合的缘起，而有效的德法双边合作更是推进欧盟政体改革和欧洲一体化差异性发展的发动机。

值得注意的是，在特定情境下，联合领导欧洲的一致诉求往往能减弱文化理念异质性导致的交流阻碍，有助于使两国在欧洲政策领域形成趋同立场。

第一，两国在构建欧洲政体、打造欧盟治理机制方面的理念有所趋同。在《单一欧洲法令》（*Einheitliche Europäische Akte*）获得通过后，法国外交政策的务实主义倾向开始显现，也能视情况接纳超国家层面的治理机制和决策程序，特别是对于引入理事会多数表决制、扩大欧洲议会权力、将司法事务纳入共同体框架、创立欧洲宪法等超国家性的关键政体改革都亮了绿灯。与此同时，德国也没有一刀切地将联邦式的决策机制贯彻到外交、安全防务等较敏感的政策领域，并致力于同法国一道逐步强化政府间主义的合作框架（特别是在共同外交与安全领域），在《里斯本条约》签署前不断为加强欧洲理事会的地位而努力。其间，两国也开始有意避免在"联邦"和"邦联"之间做出非黑即白的选择，而是更多借力"意愿联盟"等灵活的政府间合作形式，推进欧洲一体化的局部深化，欧元区和申根区的建立就是最好的佐证。

---

①　这是一种比喻。所谓的欧洲"硬化症"指的是，欧共体成员国在 1973～1984 年处于经济增长疲软和高失业率的危机，各国经济政策因此更具保护主义倾向，这导致欧洲经济一体化在内部市场建设方面出现停滞乃至局部倒退。

第二，近年来两国在塑造欧盟对外身份、形成对外政策方面的立场也有一定的趋同。某些特定事件的发生使欧美关系的冲突面开始凸显，"戴高乐主义"在一定程度上博得德国青睐——在美国发起伊拉克战争之初，不同于支持美国的波兰等"新欧洲"成员国，德国与法国联合俄罗斯组成"反战联盟"，使欧美关系在冷战后首次陷入危机。而自唐纳德·特朗普（Donald Trump）就任美国总统以来，其奉行的"美国优先"理念和孤立主义、贸易保护主义扩大了跨大西洋伙伴关系的裂痕，缩小了欧美的价值观与利益共识。在此背景下，德法在外贸与安全事务领域开始寻求更多的欧洲战略自主，并获得了欧盟外交和安全政策高级代表费代丽卡·莫盖里尼（Federica Mogherini）的支持——在安全与防务领域，默克尔于2018年11月13日在斯特拉斯堡欧洲议会上呼吁建立欧洲军队，作为北约军队的补充力量①，由此也对马克龙和容克的"欧洲军"设想表示了支持；而在外贸领域，为了规避美国对伊朗制裁而给欧洲企业带来的损失，德法两国的外长和财长于2018年8月共同提出建立独立于美国支付机制的计划。在与英国合作的基础上，支持伊朗贸易结算的新机制INSTEX（Instrument in Support of Trade Exchanges）于2019年1月31日正式建立，欧盟与伊朗之间的合法财务汇款进程得以简化。总体来看，虽然德法认为美国始终是欧洲安全与经济领域的重要合作伙伴，但基于欧美之间愈发凸显的价值观与利益分歧，如今欧美合作的战略性已很难重现冷战时期的盟友价值。

小结　当代德法双边主义的特殊性

自德法实现官方和解以来，两国关系在国际与区域体系重大变动的

---

① Bundesregierung, "Rede von Bundeskanzlerin Merkel vor dem Europäischen Parlament am 13. November 2018 in Straßburg, Straßburg", 13. 11. 2018, https：//www. bundeskanzlerin. de/bkin-de/aktuelles/rede-von-bundeskanzlerin-merkel-vor-dem-europaeischen-parlament-am-13-november-2018-in-strassburg-1549538.

洪流中历经高潮与低谷，但德法友谊在推动欧洲联合的进程中依旧坚韧，半个多世纪的战后欧洲一体化进程更离不开"德法轴心"的缔造，这主要得益于"德法轴心"的几重特性。

第一，高度机制化的政府间合作与半机制化的民间往来确保了德法合作的制度稳定性。基于《爱丽舍条约》与"布勒斯海姆进程"等机制形成的路径依赖，德法的政治关系得以抵御外部变数带来的不利影响；以准政府行为体、学术机构、主流媒体及民众为代表的两国民间使者的密切往来，不仅提高了双边关系的社会认同感，而且通过间接监督作用确保了德法友好的可持续性。合作始终是"德法轴心"的主旋律。

第二，双边丰富的象征性外交仪式与实践积淀了德法友好的规范底蕴。无论是双边独特的外交惯例，还是特定的标志性事件抑或是两国共创共享的文化产品，这些专属于德法的精神象征与实践，既发展成为外交行为规范的一部分，也构成民间审视双边关系质量的潜在标准。

第三，随着欧盟的扩大和一体化的深化，"德法轴心"在排他性的基础上提高了开放性。在两德统一之初，两国便已认识到德法双边主义的局限性以及对外开放的必要性。[1] 双方一方面侧重加强与各自传统盟友的关系，另一方面则围绕"德法轴心"推进灵活的次区域合作，英国脱欧前的"德法英"、脱欧后的"德法意"等"德法轴心（＋）"新型领导力组合已见雏形。

第四，求同存异、共促欧洲联合的德法精神是两国联合领导的思想之基。差异和分歧是德法关系中的恒定要素，但协调与联合则是德法合作中的不变逻辑。德法在差异性中强化和创造共性，共同实践在矛盾中

---

① Bundesregierung, "Rede des Bundesministers des Auswärtigen, Joschka Fischer, vor dem Deutschen Bundestag am 16. Januar 2003 in Berlin", in *Bulletin* 04-1, 16. 01. 2003, https://www. bundesregierung. de/breg-de/service/bulletin/rede-des-bundesministers-des-auswaertigen-joschka-fischer--789532.

相统一的欧盟领导力。

总体来看，德法关系在双边层面的制度、实力、文化和领导者特性，以及在区域层面与欧洲联合相融合的价值观与利益特性，确保了两国共同引领欧洲一体化的持续意愿，构成了两国共塑欧洲联合的物质与精神动力，奠定了"德法轴心"在欧盟内联合领导的基础。

第三章
欧洲经货联盟的历史沿革及其中的“德法轴心”

欧洲经济货币联盟的发展始于战后欧洲联邦主义者对欧洲经济一体化的探索。欧洲经济一体化愿景的提出不仅是为了使满目疮痍的欧洲尽快重现经济活力，而且是为了彻底终止各国争霸不断、战争频发的恶性循环，实现欧洲大陆的持久和平与稳定和繁荣。经过一代代欧洲一体化先驱的深谋远虑和身体力行，如今的欧盟已是全球经济一体化程度最高的地区，欧洲经济货币联盟则是欧洲经济一体化的主干。本章将对欧洲经济一体化的源起、初期实践以及德法两国在其中的领导力加以回顾和分析。

第一节 欧洲经济一体化的源起与初期实践

欧洲经济一体化的起步与发展以德法同其他欧洲国家的和解与合作为前提，以欧洲联合思想为理念基础，以关税同盟、最优货币区等经济一体化理论为指导。随着关税同盟的建立和欧洲内部市场的日渐成熟，欧洲经货联盟迎来了货币一体化的春天。在“德法轴心”的引领和多国的共同努力下，欧洲经货联盟结下了单一货币的硕果，并为财政与经济政策领域的协调发展播种。

一 经济一体化的理论发展

经济一体化或经济融合（Wirtschaftliche Integration）视情况可被理

解为一种过程或状态。过程上的经济一体化"旨在消除不同国家经济单位之间的歧视"[①]；经济一体化的状态则是"各国民经济单位之间不存在各种形式的歧视"[②]。二战结束后，欧洲经济一体化在政治压力的作用下加速前进。[③] 由于欧洲联合思想的历史遗产、西欧国家的文化共性，以及相关国家经济利益与政治意愿的驱动，战后欧洲成为得天独厚的一体化"实验场"。经济一体化的过程推动或状态实现本质源于生产力对于市场经济容量以及生产关系的推动作用。[④] 在自由政府间主义者看来，区域经济一体化将为经济发展水平接近的区域内国家带来更多净收益，是国家利益最大化的理性选择和目标[⑤]——根据大卫·李嘉图（David Ricardo）的比较优势理论，具备不同优势的国家间进行的劳动分工，将使参与国共同实现经济增长。[⑥] 从功能主义学派的视角来看，经济一体化本身不是目的，在溢出效应（Spill-Over-Effekt）下建立欧罗巴合众国、创建超国家政治联盟的基础和必经阶段才是目的[⑦]，而只有在超国家机构中合作才能确保和平的经济发展环境[⑧]。由此，经济利益和政治理念方面的双重考量共同构成欧洲经济一体化的理论合法性与实践动力，欧

①　〔英〕约翰·伊特威尔等主编《新帕尔格雷夫经济学大辞典》，"经济一体化词条"，经济科学出版社，1996，第 45 页。

②　同上。

③　Cf. Molle, Willem, *The Economics of European Integration* (*Theory, Practice, Policy*), Aldershot: Dartmouth Publishing Company Limited, 1990, p. 33.

④　王鹤：《欧盟经济概论》，社会科学文献出版社，2016，第 1 页。

⑤　Cf. Moravcsik, Andrew, "Taking Preferences Seriously: A Liberal Theory of International Politics", in *International Organization*, Vol. 51 (4), 1997, pp. 513-553; "Preferences and Power in the European Community. A liberal Intergouvernmentalist approach", in *Journal of Common Market Studies*, Vol. 31 (4), 1993, pp. 473-524.

⑥　Cf. Ricardo, David, *On the Principles of Political Economy and Taxation*, Kitchener: Batoche Books printed 2001, 1821, 3 ed, p. 273.

⑦　Cf. Haas, Ernst B., *The Uniting of Europe*; *Political, Social, and Economic Forces*, 1950-1957, Stanford: Stanford University Press, 1958.

⑧　〔德〕贝娅特·科勒-科赫等：《欧洲一体化与欧盟治理》，顾俊礼等译，中国社会科学出版社，2004，第 37 页。

洲经济一体化也因此带有经济和政治的双重属性。而无论是自由政府间主义还是功能主义的思路，欧洲经济一体化在发展到一定程度后均会在利益相关方之间形成路径依赖，从而难以逆转。①

根据一体化程度的不同，经济一体化可分为七个阶段，对应七种不同的组织形式：（1）特惠关税区：成员国相互给予第三国不能享受的减免关税特别优惠待遇；（2）自由贸易区：签署自由贸易协定的国家之间不存在商品贸易的关税，但成员国对非成员国仍按照各自标准征收关税；（3）关税联盟：在自由贸易区基础上附加对第三国的共同关税政策；（4）共同市场：在产出环节取消非关税壁垒；在投入环节实现货物、服务、资本和劳动者的自由流动；（5）经济联盟：在共同市场基础上协调甚至统一相关的产业部门政策；（6）经济与货币联盟：创建统一货币，实现财政政策趋同；（7）完全的经济一体化：建成彻底的货币联盟与近乎完全的财政联盟，这也是经济一体化的最终目标。② 在具体实践中，这些阶段未必按照以上顺序逐一呈现，而是存在跳跃式发展的可能。

在欧洲经济一体化的各领域里，货币联盟比经济联盟发展得更为成熟，这也得益于相关理论研究的前沿发展。加拿大经济学家罗伯特·蒙代尔（Robert Mundell）于 1961 年首次提出较为成熟的最优货币区理论（Theory of Optimum Currency），为欧洲货币一体化与单一货币区的建立提供了理论思路。蒙代尔认为，劳动力及资本等生产要素的充足流动性是货币区的最优标准，满足这一条件的成员国可以在放弃货币政策自主权的情况下，实现货币区整体利益的最大化。③ 此后，其他经济学家也对最优货币区的标准或建立条件加以补充：詹姆斯·C. 伊格拉姆

① 一般认为，欧洲一体化在完成共同市场的建设后便难以逆转。cf. Lorenz, Sebastian/Machil, Marcel（Hrsg.）, *Transatlantik: Transfer von Politik, Wirtschaft und Kultur*, Opöaden/Wiesbaden: Westdeutscher Verlag, 1999, p. 39.

② Cf. Balassa, Bela, *The Theory of Economic Integration（Routledge Revivals）*, London: Routledge, 2012, 1 ed.

③ Mundell, Robert, "A Theory of Optimum Currency Areas", in *The American Economic Review*, Vol. 51, No. 4, 1961, pp. 657–665.

（James C. Ingram）认为金融市场的一体化程度也应作为最优货币区的考察标准，因为足够的资本流可以对冲不对称冲击导致的收支失衡，而无须大幅调整汇率[①]；罗纳德·麦金农（Ronald I. McKinnon）进一步指出，贸易关系密切的经济开放国家更适合实行统一汇率并组成最优货币区[②]；彼得·凯南（Peter Kenen）认为，最优货币区主要有利于外贸及生产结构明显多样化的国家[③]。

与最优货币区理论相关，两个"三元悖论"成为指导欧洲货币一体化设计的重要准则。首先是货币不可能三角理论（Trilemma des Wechselkursregimes）：根据蒙代尔和约翰·马库斯·弗莱明（John Marcus Fleming）的研究，一国不可能同时实现固定汇率、资本自由流动和独立自主的货币政策这三个目标[④]，为实现汇率稳定，统一的货币政策是必然选择。由此引申出的金融不可能三角理论指出，在资本全球化的背景下，一国无法同时实现金融稳定、金融一体化和国家层面的金融政策这三个目标。[⑤] 因此，从欧洲层面实施金融政策比从国家层面实施金融政策更有利于维持欧元区金融体系的稳定，这成为欧洲货币与金融一体化得以发展的理论依据。

[①] Ohr, Renate, *Fit für die Prüfung：Europäische Integration：Lernbuch*, München：UTB, 2013, p. 153.

[②] McKinnon, Ronald I., "Optimum Currency Areas", in *The American Economic Review*, Vol. 53, 1963, pp. 717-724.

[③] Kenen, Peter, "The Theory of Optimum Currency Areas：An Eclectic View", p. 41, in R. Mundell, A. Swoboda（Hrsg.）, *Monetary Problems of the International Economy*, Chicago/London, 1969, pp. 41-59.

[④] Cf. Fleming, John Marcus, "Domestic Financial Policies under Fixed and Floating Exchange Rates", in *IMF Staff Papers* 9, 1962, pp. 369-379；Mundell, Robert, "Capital Mobility and Stabilization Policy under Fixed and Flexible Exchange Rates", in *Canadian Journal of Economic and Political Science*, Vol. 29, 1962, pp. 475-485.

[⑤] Cf. Schoenmaker, Dirk, "Central Banks and Financial Authorities in Europe：What Prospects?", in Masciandaro, Donato（eds.）, *Handbook of Central Banking and Financial Authorities in Europe：New Architectures in the Supervision of Financial Markets*, Cheltenham：Edward Elgar, 2005, pp. 398-456.

　　而相对于发展较快且较为深入的货币联盟，经济联盟虽然起步早，但进展缓慢，特别是其中的财政一体化更因理论争议和各方利益分歧而步履维艰。德国经济学家拉斯·P.菲尔德（Lars P. Feld）认为，在欧元区成员国放弃货币政策主权的情况下再使其失去财政和预算主权的做法并不可取，原因如下：第一，它与民主原则及建立欧元区的基本原则不符；第二，成员国政府财政主权的失去可能会引发新的道德风险。①

二　战后欧洲经济一体化的初期实践

　　二战结束后，欧洲经济一体化走的正是"关税同盟先行、共同市场跟进"的阶段性道路：1951 年 4 月 18 日欧洲煤钢共同体（Europäische Gemeinschaft für Kohle und Stahl，EGKS）的成立标志着欧洲自由贸易区形成，而欧洲经济共同体（Europäische Wirtschaftsgemeinschaft）的成立则为欧洲关税同盟打下开局。在实现成员国间的关税同盟后，1986 年 2 月的《单一欧洲法令》明确提出了最晚于 1993 年初建立欧洲内部大市场（Europäischer Binnenmarkt）的目标；"四个自由流动"② 的逐一实现，为后来货币一体化的推进打下基础。其中，欧洲经济一体化前期的阶段性节点几乎都离不开解决德国问题、实现和深化德法和解的初衷，在起步后也多得益于德法主导的双边妥协与合作。

　　值得注意的是，低地三国"比荷卢"（比利时、荷兰和卢森堡）是真正的经济一体化先行国：三国的关税同盟得以在六国组成的经济共同体中成功复制，并为以设立欧洲煤钢共同体为核心的舒曼计划的出台提供了重要参考。依照计划，法国、联邦德国、意大利、比利时、荷兰、卢森堡六国于 1951 年 4 月 18 日在巴黎签署了《欧洲煤钢共同体条约》

---

① Feld, Lars P., "Europa in der Welt von heute", in *Frankfurter Allgemeine Zeitung*, 16. 02. 2012, https://www.faz.net/aktuell/wirtschaft/schuldenkrise-europa-in-der-welt-von-heute-11651722.html.

② 即商品、服务、资本和人员流动自由。

（*EGKS-Vertrag*），成立了欧洲煤钢共同体并赋予其如下权力：废除并禁止成员国间关税，实行有条件的竞争和价格限定并发放补助，确保成员国间外交政策的一致性，制定对外统一的煤钢生产税率。[1] 欧洲煤钢共同体成立后，让·莫内（Jean Monnet）于 1953 年联合其他同僚积极筹备欧洲原子能共同体；与此同时，时任比利时首相保罗-亨利·斯巴克（Paul-Henri Spaak）与荷兰外长约翰·威廉·贝恩（Johan Willem Beyen）与莫内协商决定，将比利时和荷兰的双边市场计划扩展到更多国家。

在 1955 年 6 月召开的墨西拿（Messina）会议上，欧洲煤钢共同体六国外长一致认为成员国间的合作应继续扩大，并支持成立内容更为丰富的欧洲经济共同体。不过德法对于经济共同体的设想却十分不同：德国更倾向于建立完全的共同市场，但法国担心德国已然恢复的经济实力会在出口贸易中进一步提升，因此仅希望适度加强国民经济单位间的合作；德国认为应实现对所有核能领域的欧洲化监管，法国更希望将原子能共同体限制在民用领域。[2] 在斯巴克的主导下，六国于 1957 年签署的《罗马条约》（*Römische Verträge*）则中和了德法发展经济共同体的优先目标：消除贸易壁垒、建立共同市场，方便货物、资本和人口的自由流动；建立欧洲投资基金、协调社会及就业政策，并在 12 年的过渡期后完成消除关税壁垒的目标。[3]

按照欧洲经济一体化的发展逻辑，完全的共同市场与货币一体化将

---

[1] Cf. Der Bundesminister der Justiz, "Vertrag über die Gründung der Europäischen Gemeinschaft für Kohle und Stahl", in *Bundesgesetzblatt* 1952 Ⅱ, Bonn: Bundesanzeiger Verlagsgesellschaft, pp. 448 – 475, https://www.cvce.eu/obj/vertrag_uber_die_grundung_der_europaischen_gemeinschaft_fur_kohle_und_stahl_paris_18_april_1951-de-11a21305-941e-49d7-a171-ed5be548cd58.html.

[2] Weidenfeld, Werner, "Die Bilanz der Europäischen Integration 2017", in Weidenfeld, Werner/Wessels, Wolfgang (Hrsg.), *Jahrbuch der Europäischen Integration* 2017, Baden-Baden: Nomos Verlag, 2017, p. 16.

[3] Cf. EUR-Lex, *Vertrag zur Gründung der Europäischen Gemeinschaft*, Rom, 25. 03. 1957, https://eur-lex.europa.eu/legal-content/DE/TXT/PDF/? uri = CELEX: 11957E/TXT&from = EN.

成为经济一体化的下一个阶段性目标。正如法国货币专家雅克·吕夫（Jacques Rueff）所言："欧洲将在货币上崛起，否则它就根本不会崛起。"[①] 此后，1979 年欧洲货币体系的诞生、1985 年《申根条约》（*Schengener Abkommen I*）和 1986 年《单一欧洲法令》的签署以及欧洲技术标准（Europäische Normen）的确立，为基于"四大自由流动"的统一大市场的建立奠定了成熟条件。与此同时，欧洲经货联盟的目标也随之被确定下来，以欧共体委员会主席雅克·德洛尔（Jacques Delors）为领导的委员会获得了拟定欧洲经货联盟建设规划的授权——1989 年 4 月，《德洛尔报告》（*Delors-Bericht*）出台，该报告提出了三阶段建立欧洲经济货币联盟的计划；1992 年 2 月签署的《欧洲联盟条约》（*Vertrag über die Europäische Union*，EUV）正式确立了建立欧洲经货联盟和政治联盟的目标，欧洲经货联盟的建设之路自此开启。在"施密特-德斯坦""科尔-密特朗"等德法领导人组合的努力下，欧元这一区域货币最终在世纪之交诞生，欧洲经济一体化进程在货币联盟领域完成了关键创举。

第二节　危机中兴起的欧洲经货联盟

一　维尔纳计划的失利与欧洲货币体系的诞生

战后欧洲经货联盟的萌芽来自汇率与货币合作。为促进和便利欧洲各国之间的贸易往来，欧洲经济合作组织的 14 个成员国于 1950 年 7 月成立了欧洲支付联盟（Europäische Zahlungsunion），从而统一了贸易结算的计量单位。此后在 20 世纪 50 年代末，国家间贸易对于外汇往来的自由化有了更高要求，支付联盟由此被《欧洲货币协定》（*Europäisches Währungsabkommen*）所取代。自此，欧洲层面的货币联合进程启动，这也为欧洲经货联盟进入欧共体的政治议程埋下了伏笔。

---

① Jochimsen, Reimut, *Perspektiven der Europäischen Wirtschafts-und Währungsunion*, Köln, 1994, p. 41.

1962 年，欧共体委员会在制定关税同盟第二阶段的发展计划中首次提出了建立经济与货币联盟的建议，但这一建议并未在成员国间引起足够反响。[1] 直到 20 世纪 60 年代末布雷顿森林货币体系（Bretton-Woods-System）受到冲击、以美元为中心的世界货币体系出现危机之时，各成员国才意识到在欧共体内协调汇率机制、防范外部风险的必要性。欧共体委员会于 1968 年率先出台了巴尔计划（Barre Plan），提议设立欧洲准备金基金并加强成员国在汇率调整中的预先协调。[2] 此后在法国总统蓬皮杜的积极倡议下，欧共体六国于 1969 年 12 月在海牙政府首脑会议上做出了成立欧洲经济货币联盟的原则性决定，即建立共同体的独立财政资源体制，并委托时任卢森堡首相皮埃尔·维尔纳（Pierre Werner）组织专家委员会制订具体计划。

对于欧洲经货联盟的具体实施步骤，以德国（以及荷兰、意大利）为代表的经济学派与以法国（以及比利时、卢森堡）为代表的货币学派产生了严重分歧。首先，德国认为货币联盟需要以各国经济政策的协调为前提，并认为货币一体化的首要目标在于维持区域内币值稳定，这一目标需要在独立的欧洲中央银行的监管下完成；而在法国看来，货币合作不仅不需以严格的经济趋同为前提条件，反而是经济趋同得以强化的原因，货币一体化应该先行并首要服务于汇率稳定的目标，而国家应继

---

[1]　Cf. Communauté économique européenne-Commission，"Mémorandum de la Commission sur le programme d'action de la Communauté pendant la deuxième étape"，Bruxelles：Service des publications des Communautés européennes，1962，https：//www. cvce. eu/obj/memorandum_de_la_commission_24_octobre_1962-fr-4bf24e3a-80ca-4886-b8dd-1a4d0a92d411. html.

[2]　Amt für amtliche Veröffentlichungen der Europäischen Gemeinschaften，"Memorandum der Kommission an den Rat über die Koordinierung der Wirtschaftspolitik und die Zusammenarbeit in Währungsfragen innerhalb der Gemeinschaft"，in *Bulletin der Europäischen Wirtschaftsgemeinschaft*，n° Sonderbeilage 3/1969，Luxemburg，1969，pp. 3-16，https：//www. cvce. eu/obj/memorandum_uber_die_koordinierung_der_wirtschaftspolitik_und_die_zusammenarbeit_in_wahrungsfragen_innerhalb_der_gemeinschaft_12_februar_1969-de-0c6bb32d-10d3-4d61-bf4a-3f4883c6921b. html.

续享有对财政和货币政策的主权。① 基于此，1970 年 10 月出台的维尔纳计划（Werner-Plan）避开了对核心争议点的清晰表述，力求平衡德法的两条思路，同时得到更多的德国领导人的支持。依此计划，欧洲经货联盟应在十年内分三阶段完成：1. 在协调经济与财政政策后逐渐缩小汇率的浮动幅度；2. 在统一的央行体系下，确定成员国间的统一汇率以及对第三国的固定汇率；3. 由欧洲央行确立统一的货币政策以及对第三国的共同货币政策，实现单一货币流通。② 1971 年 3 月 22 日，欧共体理事会批准了该计划，并决定将布雷顿森林体系的汇率浮动幅度由上下 1.5% 缩小为 1.2%，统一货币由此迈出了第一步。

然而，正待发芽的经货联盟计划却遭遇了国际货币政策环境的寒冬，疲于应对美元危机和石油危机冲击的德法两国也纷争不断：为规避本国进口通胀的风险，德国经济部部长卡尔·希勒（Karl Schiller）坚持要求德国马克自由浮动，这使法郎因此受到升值压力，法国对此极度不满。1971 年 8 月，美国尼克松政府单方面宣布美元与黄金脱钩，以布雷顿森林体系为基础、以单一货币为导向的国际货币秩序受到严重冲击，鉴于德法分歧未解，各国不得不临时决定任本国货币对美元汇率自由浮动，维尔纳计划由此搁浅。为继续捍卫货币一体化的大目标，时任德国总理维利·勃兰特（Willy Brandt）与法国积极商讨对策，最终就对美元浮动的汇率达成一致。

1972 年 3 月 21 日，欧共体的部长理事会决议建立欧洲汇率联合浮动机制（Europäischer Wechselkursverbund，EWKV），以巩固整个欧共体在世界经济中的地位。该机制规定欧共体各国货币对布雷顿森林体系下的美元在 ±2.25% 以内浮动，各成员国货币之间的波动幅度也应在 ±2.25%

---

① Cf. Krotz, Ulrich/Schild, Joachim, *Shaping Europe：France, Germany and Embedded Bilateralism from the Elysée Treaty to Twenty-First Century Politics*, Oxford：Oxford University Press, 2013, p. 185.

② Cf. Werner, Pierre, *Report to the Council and the Commission on the realization by stages of economic and monetary union in the Community*, Luxembourg, 08. 10. 1970, http：//ec. europa. eu/archives/emu_history/documentation/chapter5/19701008en72 realisationbystage. pdf.

以内，这样的机制也被称为"货币蛇"（Währungsschlange）。[1] 同年 5 月 1 日，英国、爱尔兰、丹麦三国也加入了 EWKV。然而，石油危机导致的美元贬值以及各国间经济发展水平的差异使这一机制难以维系。1972 年 6 月，处于通胀和货币危机压力之下的英国、爱尔兰宣布退出 EWKV，意大利也在 1973 年 2 月退出。法郎也因通胀压力难以继续停留在货币"蛇洞"中——法国虽然在 1974 年 1 月退出 EWKV 后又于次年重新加入，但在 1976 年 3 月再次退出了这一机制。仅剩下以德国马克为核心的硬通货构成的联合浮动机制事实上已名存实亡。

与此同时，欧共体内部贸易的扩大对区域内经济体对抗外部汇率变动风险的能力提出了更高要求。美元的持续疲软、布雷顿森林体系的解体更使欧共体国家认识到使欧洲货币与美元汇率脱钩的必要性。在此背景下，时任德国总理施密特与法国总统德斯坦于 1978 年 4 月在欧共体首脑峰会上联合提出了建立欧洲货币体系的倡议。"两国国家与政府元首在参照少数专家意见的基础上，自行设想并推行政治提议的做法，在历史上尚属首次。"[2] 在 1978 年 7 月召开的不来梅首脑会议上，除英国的抵制外，"德法双边提议的几乎全部内容获得了与会者的广泛认可"[3]。

1979 年 3 月 13 日，除英国外的欧共体八国[4]正式加入 EWS，该机制旨在确保成员国的商品、服务和资本往来不受汇率风险的明显影响，其核心在于创建一个可调整的固定汇率机制，具体包括以下三个体系。

第一，货币篮体系（Basket Parity System）——创设欧洲货币（计

---

[1]　Kleinheyer, Norbert, *Die Weiterentwicklung des Europäischen Währungssystems*, Berlin: Duncker & Humblot, 1987, p. 24.

[2]　Hellmann, Rainer, *Das Europäische Währungssystem*, Baden-Baden: Nomos Verlag, 1979, p. 11.

[3]　Simonian, Haig, *The Privileged Partnership: Franco-German Relations in the European Community*, 1969-1984, New York: Clarendon Press of Oxford University Press, 1985, p. 282.

[4]　包括爱尔兰、比利时、丹麦、德国、法国、荷兰、卢森堡和意大利。

算）单位埃居（Ecu），它是各成员国[①]货币加权构成的一揽子货币，各国货币比重基本匹配该国的经济实力，一般每五年调整一次。埃居的主要功能是作为中心汇率和波动幅度的标准、记账单位及储备资产。

第二，平价网体系（Grid Parity System）——以埃居定出的中心汇率为基础，稳定的欧洲汇率机制（European Exchange Rate Mechanism，ERM）得以建立。其中，成员国间汇率应在±2.25%的范围内波动，并共同对美元浮动。

第三，信贷干预体系——建立并扩大欧洲货币基金，以便为需要干预外汇市场的成员国中央银行换得埃居。而由于德国马克长期作为欧洲货币中的最硬通货，因此各国央行往往视本国货币与德国马克之间的汇率波动幅度而决定是否干预。

EWS的建立标志着货币区域合作正式走向一体化。与维尔纳计划的超前性和理想性相比，EWS更巧妙地解决了主权、趋同性以及平衡这三个问题之间的关系，避开了让渡货币政策主权的棘手争议，因此更能为法国所接受[②]，也更符合欧洲货币合作的实际情况，从而较好地抵御外部汇率风险。EWS促进了欧共体国家的经贸发展，西班牙、英国等六个欧洲国家也相继参与ERM，欧洲货币单位也迅速跃升至全球第三大储备货币，为欧洲货币一体化的继续深化创造了良好基础。

不过，该体系并没有从根源上消除因成员国之间发展差距扩大而可能导致的货币风险。一方面，EWS并未向预期的平衡模式发展，而是通过德国马克作为"锚货币"来发挥核心作用。从20世纪80年代末到90年代初，德国马克兑美元汇率的走高导致马克在埃居中的分量更大，这为经济发展状况不佳的成员国带来不小的压力。但德国联邦银行为克服

---

① 当时英国虽未加入EWS，但英镑也被纳入欧洲货币单位（由马克、英镑等12种货币加权组成）中。

② Krotz, Ulrich/Schild, Joachim, *Shaping Europe: France, Germany and Embedded Bilateralism from the Elysée Treaty to Twenty-First Century Politics*, Oxford: Oxford University Press, 2013, p. 189.

在两德统一之初的通胀风险，非但没有实行降息，反而提高了贴现率，加上乔治·索罗斯（George Soros）等市场投机者对英镑、里拉等疲软货币的做空操作，外汇市场开始抢购德国马克、抛售英镑和里拉，直接导致随后 ERM 危机的爆发及货币体系的名存实亡。国家间经济发展水平的失衡以及货币政策的不协调，使货币一体化之路波折不断，更成为阻碍欧洲经货联盟持续发展的弊病。

二　从欧洲货币合作走向货币一体化

EWS 得以暂时克服布雷顿森林体系解体带来的冲击，促进了各成员国经贸发展。在此基础上，1981 年 11 月，德国外长根舍与意大利外长埃米利奥·科隆博（Emilio Colombo）联合倡议各国签署《欧洲法案》（*Europäische Akte*），旨在建立欧洲政治合作的同时继续推进经济一体化，并于 1993 年 1 月 1 日前完成内部统一大市场的建设。[1] 根舍-科隆博倡议获得了与会各国赞同，并最终发展成为欧洲层面的《单一欧洲法令》。

德意双边倡议的提出为法国在货币联盟事务中积极施加影响力带来了压力。而 20 世纪 80 年代初的法国则因急剧扩大的公共开支、贸易逆差和资本外流处于再通胀（Reflation）困境。随着经济全球化的深入，国家间贸易的相互依赖度和国际资本市场的一体化程度加深，一味坚持货币政策主权的想法越来越不现实。鉴于此，密特朗自 1983 年起实施"降低通胀、提高竞争力、保障法郎和马克之间形成稳定平价"的竞争性通缩（Competitive Disinflation）政策。[2] 这一政策确实见效，法国的通胀率也开始逐年下降并与德国接近，但与此同时，这种参照德国联邦银行政策的调整路径也引起了法国警惕。为避免对德国形成政策依赖，密特朗开始考虑通过让渡货币政策的国家主权，来换取法国在欧洲事务中的绝对影响力。

---

①　Cf. Genscher, Hans-Dietrich, *Erinnerungen*. Berlin：Siedler, 1995, pp. 362-366.

②　Cf. Genscher, Hans-Dietrich, *Erinnerungen*. Berlin：Siedler, 1995, p. 190.

于是在《欧洲法案》谈判期间，法国连同意大利率先提出改革欧洲货币体系、进一步发展货币联盟的要求。但德、英、荷三国财长认为，继续深化货币一体化的条件尚不具备。为了争取在经济与货币政策事务上的主动权，法国开始率先行动。首先，时任法国总理雅克·勒内·希拉克（Jacques René Chirac）提议成立法德金融与经济事务委员会，以加强双边的政策沟通；此后在 1988 年 1 月 8 日，法国政府内阁推出了《巴拉迪尔备忘录》（Balladur Memorandum），阐明了反对一国货币霸权的核心立场，并提出了设立单一货币区以及共同的中央机构与各成员国联邦银行的"双轨"方案。[1] 时任德国联邦银行行长卡尔·奥托·波尔（Karl Otto Pöhl）对此强烈反对，他认为协调成员国的经济政策才是先行步骤，而使用共同货币和建立中央银行应是欧洲一体化进程的最后一步；[2] 德国财长格哈德·施托尔滕贝格（Gerhard Stoltenberg）也对《巴拉迪尔备忘录》持保留意见，[3] 德法就此僵持不下。不过，德国外长根舍对此方案的支持使德国立场首次出现转机。据此，根舍于 1988 年 2 月 26 日提出了《创建欧洲货币区及欧洲中央银行备忘录》[4] 以响应《巴拉迪尔备忘录》，并建议设立由欧盟委员会主席德洛尔领导的专家委员会，以研究建设欧洲经济货币联盟的具体步骤。

1988 年 5 月，成功连任总统的密特朗决心进一步推进并完成货币联盟的建设，并与其老友德国总理科尔多次会晤讨论巴拉迪尔和根舍的建议，就建设货币联盟的步骤达成了一致立场。科尔、根舍与密特朗的欧洲大局观暂时化解了德法在继续推进货币联盟领域的核心分歧。1988 年

---

[1] Balladur, Edouard, "Mémorandum sur la construction monétaire européenne", *Ecu, revue trimestrielle* 3, 1988, pp. 17-20.

[2] Deutsche Bundesbank, "Bundesbankpräsident im Pressegespräch nach der Sitzung des Zentralbankrates am 21.01.1988", *AAPA*, 5/1988, 1988, p. 3.

[3] Cf. Stoltenberg, Gerhard, "Zur weiteren Entwicklung der währungspolitischen Zusammenarbeit in Europa", abgedruckt in: Krägenau/Wetter, 1993, p. 310.

[4] Cf. Genscher, Hans-Dietrich, "Memorandum für die Schaffung eines europäischen Währungsraumes und einer Europäischen Zentralbank", *Europäische Zeitung*, 1988.

6 月的汉诺威欧洲理事会会议通过了根舍的提议，在此基础上，《德洛尔报告》于 1989 年 6 月的马德里首脑会议上获得原则性通过，它与维尔纳计划一脉相承，提出了分三阶段建立欧洲经货联盟的设想，并继承了德国货币政策与制度的要义。

第一，从 1990 年 7 月 1 日起，实现资本完全自由流通以及埃居的自由使用，加强成员国间的经济趋同以及央行合作。

第二，从 1994 年 1 月 1 日起，建立欧洲货币管理局（Europäisches Währungsinstitut，EWI），加强各国在货币政策领域的协调与经济趋同，适当汇聚各国外汇储备并建立一个基于各成员国央行之上的欧洲中央银行体系（Europäisches System der Zentralbanken），以逐步取代各国央行制定的货币政策。

第三，从 1999 年 1 月 1 日起，确定各国间货币的最终转换汇率，以欧洲共同体货币取代各国货币为目标，并由欧洲中央银行实施共同货币政策。[1]

同样，鉴于德法的立场分歧，《德洛尔报告》对于财政与经济政策战略目标的表述较为笼统，仅表示要加强经济与货币政策协调、推进结构政策与地区政策的实施、增加对落后地区的资金援助以缩小成员国之间的发展差距等。随着统一市场的进一步完善，旨在提高预算储备、扩大结构基金、新建聚合基金的德洛尔计划第二版于 1992 年出台。不过，仅靠结构基金等转移支付的手段来平衡各国间的经济发展差距是"治标不治本"的，其作用极其有限。成员国在经济实力、宏观经济政策方针和体制上的"软硬差异"，决定了各国对欧洲经货联盟的差异性设想，这成为制约《马斯特里赫特条约》后续谈判进程及条约落实情况的关键因素。

三　欧洲经济货币联盟的正式启动

为了使《德洛尔报告》的核心内容尽快落实到欧共体法律层面，

---

[1]　Cf. Europäische Zentralbank，"Die Stufen der WWU"，https：//www. ecb. europa. eu/ecb/history/emu/html/index. de. html.

1991 年 12 月 10 日，欧共体十二国的政府首脑在马斯特里赫特通过了由《政治联盟条约》和《关于欧洲经济货币联盟的马斯特里赫特条约》组成的《欧洲联盟条约》，又称《马斯特里赫特条约》（简称《马约》），并在两个月后正式获得签署。除了《德洛尔报告》的核心内容外，《马约》在经货联盟领域的最大亮点在于确定了统一货币（欧元）和欧洲央行创立的最后期限为 1999 年 1 月 1 日，[①] 这是密特朗和意大利总理朱利奥·安德莱奥蒂（Giulio Andreotti）共同努力的结果，[②] 以避免德国因难以割舍德国马克的优势而在日后变卦；作为交换条件，密特朗向科尔承诺将严格依照趋同标准考察一国加入货币联盟的条件，不符合标准的国家暂不允加入。由此，欧洲经货联盟自建立伊始便走上了差异性一体化之路。

不过，《马约》在签署国的批准进程却较为艰难。随着德国马克在两德统一后的发行量加大，德国联邦银行的提息政策以及市场投机者的做空操作加剧了金融市场恐慌，使较受通胀问题困扰的英国和意大利经济雪上加霜。英镑和里拉先后退出 ERM，为 1992~1993 年的欧洲汇率机制危机的爆发拉开了序幕，ERM 中各国货币间的汇率浮动范围随之扩大为 ±15%[③]。这一方面使以德法为代表的成员国认识到，只有单一货币才能规避汇率浮动带来的额外成本并稳定市场预期；另一方面，除德国以外的多数成员国认为，货币一体化是长期削弱德国联邦银行影响力的最佳方案。1992~1993 年的汇率机制危机以及德国央行强势货币政策的影响下，《马约》最终在 1993 年 11 月获得了所有签署国批准。

按照德国的要求，除了建设经货联盟的阶段性计划外，《马约》规定了采用统一货币的成员国需要满足的条件，其核心内容是五大趋同标

---

① Cf. EUR-Lex, "Vertrag über die Europäische Union, unterzeichnet zu Maastricht am 7. Februar 1992", *Amtsblatt der Europäischen Gemeinschaften*, C 191, 29. July 1992, https://eur-lex.europa.eu/legal-content/DE/TXT/PDF/? uri = OJ：C：1992：191：FULL&from＝DE.

② Cf. Gerbet, Pierre, *La construction de l'Europe*, Paris：Imprimerie nationale, 1999, 3ʳᵈ edn, p. 459.

③ 不包括德国马克与荷兰盾。

准，它对于构建经货联盟具有里程碑意义①。五大趋同标准如下：

1. 物价：通胀率不得超过三个通胀率最低成员国平均值的 1.5%；

2. 利率：长期利率不得超过三个利率最低成员国平均值的 2%；

3. 赤字：政府年度预算赤字不得超过国内生产总值（Gross Domestic Product，GDP）的 3%；

4. 债务：公共债务不得超过 GDP 的 60%，或者公共债务呈下降趋势并趋近 60%；

5. 汇率：该国加入欧洲货币体系至少两年，且汇率在此期间保持基本稳定。

这五项标准的核心在于促进成员国之间的经济发展与财政政策趋同，实质旨在打下经济联盟的基础，进而使放弃马克的德国聊以慰藉。不过，虽然引入单一货币欧元的日期已经确定，但签署《马约》的多数成员国不能完全满足上述趋同标准，这引起德国民间与政界的担忧。为安抚民心，德国财长特奥·魏格尔（Theo Waigel）于 1995 年提出，引入统一货币的成员国还应签订一项附带惩罚机制的《稳定公约》（Stabilitätspakt）：预算赤字率超过 3% 的成员国将自动受罚，需支付占 GDP 0.25% 的稳定用途存款，由此确保统一货币的成员国能在国与国之间的监督下实行严格的财政和预算纪律。② 这一设想首先引起赤字率已然超标的法国的强烈不满。为了不使欧洲货币一体化的成果前功尽弃，科尔在法国的压力下做出妥协：第一，两国首脑一致同意将《稳定公约》更名为《稳定与增长公约》（Stabilitäts-und Wachstumspakt），并取消其附带的自动惩罚机制；③ 第

---

① Cf. EUR-Lex, "Vertrag über die Europäische Union, unterzeichnet zu Maastricht am 7. Februar 1992", in *Amtsblatt der Europäischen Gemeinschaften*, C 191, 29. Juli 1992, https：//eur-lex. europa. eu/legal-content/DE/TXT/PDF/？ uri = OJ：C：1992：191：FULL&from = DE.

② Europe Dokumente, "Bundesfinanzministers Theo Waigels 'Stabilitätspakt' für Europa", Brüssel：n° 1962, 24. 11. 1995, pp. 1-3.

③ Schwarz, Hans-Peter, *Helmut Kohl. Eine politische Biographie*, München：Deutsche Verlagsanstalt, 2012, Teil V, Abschnitt "Euro-Fighter".

二，法国对独立运作的欧洲中央银行始终心存芥蒂，因此希望成立一个政府间机构与之相制衡，德国做出让步并同意成立欧元集团，以事先协调成员国的经济政策及其他相关事务。在德法双边妥协的基础上，欧盟成员国于 1997 年 6 月通过了《稳定与增长公约》。据此，1999 年以后财政赤字超过 GDP 3%的国家应按期调整，否则需向欧洲央行缴纳一定比例的无息储备金；若在两年内仍不达标，则该储备金将以罚款形式被没收，罚款比例从 GDP 的 0.2%起步，其中赤字每超过 3%标准的一个百分点，罚金比例将增加 GDP 的 0.1%，最高可罚 0.5%。① 1997 年 6 月，欧盟 15 国在阿姆斯特丹峰会上正式批准通过了《稳定与增长公约》《欧元的法律地位》和《货币汇率机制》三份条约，从不同维度为欧元的启动保驾护航。

1998 年 5 月，除希腊尚未达标，英国、丹麦、瑞典自愿未加入外，其他 11 个达标成员国如期加入了货币联盟；1998 年 6 月 1 日，欧洲理事会任命了欧洲央行行长、副行长及执行董事会的四位成员，欧洲央行正式成立；欧洲货币协定也随之做出调整，泛欧实时全额自动清算体系（TARGET）正式建立。此外，欧元集团首次会晤也于 1998 年 6 月 4 日在卢森堡举行。作为一个非正式的对话与政治协商机制，它通常在欧盟经济与金融事务理事会（Der Rat "Wirtschaft und Finanzen"，ECOFIN）会议召开前夕举行预备会议，负责欧元区内国家间的经济政策协调，监督各国《稳定与增长公约》的执行情况，促进区域内的经济增长。②

1999 年 1 月 1 日，欧元正式启动并在银行、外汇交易和公共债券方面正式使用，欧洲经货联盟的第三阶段宣告完成。在引入欧元的过渡期结束后，2002 年 1 月 1 日，欧元现金投入市场流通并正式取代十二国货币；2002 年 7 月 1 日，成员国本国货币全部退出流通。以德国模式为范

① Cf. Hentschelmann, Kai, *Der Stabilitäts-und Wachstumspakt*, Baden-Baden: Nomos Verlagsgesellschaft, 2009.
② Cf. Europäischer Rat, "Die Euro-Gruppe", https://www.consilium.europa.eu/de/council-eu/eurogroup/.

本建立的欧元区在日后的发展中，不仅帮助成员国抵御了美元霸权带来的冲击，而且使欧元一跃成为仅次于美元的第二大国际货币，欧元区也成为世界上第二大股票市场。与此同时，快马加鞭的货币一体化却也开始暴露问题。

第一，在法国的支持、德国的默许和高盛集团的帮助下，希腊通过造假其经济发展数据"符合"了《马约》的趋同标准，并于 2001 年 1 月 1 日正式加入了欧元区。此后，希腊依然未采取有效措施向趋同标准靠拢，预算赤字不断升高，为此后主权债务危机的爆发埋下伏笔。

第二，作为欧元共同创始国的德法两国罔顾欧洲利益大局，双双成为《稳定与增长公约》的违约者。[①] 欧盟委员会早在 2003 年末就建议欧盟财长理事会对德法按规定实施惩罚，然而两国则认为本国的高额财政赤字"在某种程度上是为欧元区做出的牺牲"[②]，并成功联合意大利、卢森堡和葡萄牙达成有效多数的反对票，从而避免过度赤字程序（Excessive Deficits Procedures）的启动并免于受罚。随后，欧盟委员会就此向欧洲法院提出申诉，但并未获得符合预期的裁决结果，这也为德法此后依照符合两国利益的方式重修公约埋下伏笔。欧盟机构及其他欧盟成员国，特别是遵守《稳定与增长公约》的奥地利、荷兰等小国虽不满德法的这一举动，但又无法通过现有决策机制对抗大国意志，且多数成员国也认为《稳定与增长公约》及《马约》的趋同标准过于苛刻，脱离欧盟法框架和共同体方法的政府间条约因缺乏足够约束力而面临执行力困境。在"德法轴心"的主导和意大利、英国等国的支持下，《稳定与增长公约》的改革方案于 2005 年 3 月获得了通过。方案对惩罚程序的启动条件解读得更灵活："特殊情况下暂时的赤字超标可被允许；启动过度赤字程序之前应考虑该国的经济发展等情况；宽限相关

---

① 德国在 2002~2005 年、法国在 2002~2004 年均违反了《稳定与增长公约》规定。
② 张健雄：《从〈稳定与增长公约〉的执行危机看欧元体制的缺陷》，《中国金融》2005 年第 11 期，第 65 页。

国家的减赤期限。"① 要求各国协调财政与经济政策并据此进行改革的规定，在执行中缺少有效监督，《稳定与增长公约》的约束力大打折扣。

小结　欧债危机前的欧洲经货联盟及其中的德法领导

一　欧债危机前的欧洲经货联盟

从确立各国经济与货币合作的意向到统一货币的诞生，欧洲经货联盟取得了一步步进展，并推进其他相关领域的立法与机制进程。

首先，随着《罗马条约》《单一欧洲法令》《马斯特里赫特条约》等重要条约签订，欧洲经货联盟在关税同盟、货币一体化及内部市场建设等领域取得了关键成果。一方面，统一货币区的建立为成员国提供了切实好处。在欧债危机爆发前，欧元正式流通已五年有余，在带动欧元区经济繁荣的同时也为欧元区此后的扩大进程奠定了基础：自2007年起，斯洛文尼亚、塞浦路斯等七国先后加入了欧元区。另一方面，以德国联邦银行为范本、负责统一货币区金融与货币政策的欧洲中央银行在权能上日趋完善，它以维持物价稳定为最高目标，基本实现了与成员国央行在政策目标、政策任务、政策工具、组织形式和法律法规方面的整合，并享有机构、人事、职能和财务的多重独立性。而在财政一体化领域，预算纪律及经济政策的趋同缓步推进，其中最大的成果在于《稳定与增长公约》的签署与修订。

随着货币联盟的深入发展，欧洲超国家与政府间机构的权能也大致呈现双螺旋式上升，这主要反映在欧盟机构的设置及决策程序的调整。最初，相比于《欧洲煤钢共同体条约》，包括三个共同体在内的《罗马条约》限制了超国家机构的权能——高层理事会被更名为管理委员会，

---

① Hausner, Karl H., "Der neue Stabilitäts-und Wachstumspakt und die deutsche Staatsverschuldung", *Wirtschaftsdienst* 2005·4, pp. 238-243.

仅享有立法动议权；由企业代表、工会等组成的经济与社会委员会仅用以提供咨询建议；而政府间性质的部长级会议则下设了欧盟成员国常驻代表委员会（Comité des représentants permanents，COREPER），它由成员国行政机构的外交官员与专家组成，享有最终决策权。此后，1974 年欧洲理事会机制的建立虽强化了成员国政府首脑参与欧盟事务的直接影响力，但欧洲议会的直选程序、参与立法权的确立以及欧盟委员会的体制改革也提高了欧盟超国家机构的话语权与决策效率。而在货币政策领域，享有最高独立性的欧洲央行也间接受到成员国政府的压力，而政府间的欧元集团机制则为欧盟的 ECOFIN 会晤奠定基本基调。

此外，欧洲共同体或欧盟的主要决策机制也在不断调整：1966～1986 年，卢森堡妥协使"一致通过"原则成为欧洲共同体的重要决策原则；此后，超国家机构与政府间机制的权能在竞争中互有扩大，在对外贸易等次敏感领域，有利于超国家机构的"有效多数表决制"是主导；在货币政策领域，欧洲央行享有绝对的决策独立性与话语权；但在欧洲的经济政策、社会福利及外交安全等各国的核心关切领域，"一致通过"原则仍然适用。总体来看，在关键问题上发挥最终决定作用的往往是政府间机构或决策机制。

与此同时，欧债危机爆发前的欧洲经货联盟也暴露出一系列制度性问题，这集中表现在三个方面：第一，货币一体化与财政一体化的不均衡发展；第二，财政监督和金融监管机制的缺位；第三，与惩罚程序相对应的激励机制以及危机预防机制的缺位。三方面的制度性问题造成了欧洲经货联盟初期发展阶段的一系列问题。

首先，欧元区成员国的经济发展水平各异且差距有扩大趋势，而欧元则成为激发"富国"与"穷国"之间矛盾的潜在引信。德国是欧元和欧洲经济一体化的最大受益者之一，引入币值低于德国马克的欧元，既限制了其他欧元区成员国通过调节汇率政策而提升其产业竞争力的可能性，又为德国的商品出口提供了便利，使其长期持有高额贸易顺差。据统计，德国的贸易顺差有一半来自欧盟内部市场。在欧元引入后，此前可以保持对德顺差的成员国，均构成了对德逆差；而德国对欧盟成员国的贸易盈余则出现跳跃式增长，其比重在金融危机之前一度达到峰值（60%），2005~2009年的德国贸易盈余甚至超过了欧盟的盈余总量。①法国在欧元区内的顺差优势虽不及德国，但也是欧洲经济一体化的较大受益者和欧元区的主要出资国。

其次，各国在协调经济政策方面的难度较大、成效不佳，《稳定与增长公约》的财政标准成为空中楼阁。扩大后的欧盟虽然实现了较高程度的货币一体化，但各成员国在预算政策及财政状况方面差异明显、无法统一，欧元区的改革与深化之路目标不明，经济一体化甚至出现了局部倒退，譬如，新版《稳定与增长公约》取消了自动惩罚机制，是否惩处则视具体情况而定，因为"至少在一些情况下，我们发现这些规则太过严格，回旋余地太小"②。在特殊情况下，欧元区成员国的财政赤字可高于本国GDP的3%，各国可适当采取经济刺激性措施以促进经济增长。新版《稳定与增长公约》在执行上更具灵活性，这也意味着此前的严格财政纪律退化为形式上的约束，经济趋同的目标实质被束之高阁。基于"经济联盟短板、货币联盟快进"而形成的不平衡，既制约了欧洲经货联盟的发展，更为后续欧洲主权债务危机及银行业危机的爆发埋下了伏笔。

最后，欧洲经货联盟的机制与法律缺陷为以"德法轴心"为代表的欧盟大国掌握话语权提供了便利，但这对于德法联合领导力的实践也产生了负面影响。从《稳定与增长公约》的执行情况来看，不仅成员国之间意见不一，欧盟相关机构也时常因此龃龉：针对德法的违约问题，作为公约执行情况监督方的欧盟委员会认为应按规处罚，而欧盟财长理事

---

① 参见中华人民共和国商务部《浅析德国从欧洲一体化获益情况》，2017年11月15日，http://www.mofcom.gov.cn/article/i/dxfw/jlyd/201711/20171102671005.shtml。

② 董书慧：《欧盟〈稳定与增长公约〉及财政政策多元化的协调》，《河南省政法管理干部学院学报》2007年第3期，第162页。

会则在德法的影响下支持暂缓处罚，并最终得以贯彻这一立场。作为《稳定与增长公约》倡议国的德法先后自行拆台，在损害公约约束力的同时，也使其联合领导的威信受损。

二　欧洲经货联盟前期阶段的德法联合领导力

从建立欧洲经济共同体、创建欧洲货币体系，到创立欧元这一共同货币、贯彻统一的财政纪律，德法两国通过联合欧盟机构及其他成员国，既在相关的政策与机制领域促成了欧洲货币一体化的创新与深入发展，更在危机时刻救欧洲经货联盟于水火，使欧共体有效抵御外部风险。

德法联合领导力的职能优势集中体现在把控欧洲一体化目标、参与并影响欧洲政治议程、克服危机及集体行动困境等方面，并主要通过做出关键决策和提出倡议这两种领导路径来实现。通过双边的妥协磋商及以此为基础在欧洲层面提出的愿景与革新，两国实现了交易型与变革型领导力的结合。就德法在欧洲经货联盟中的角色来看，自 20 世纪 60 年代后期欧洲货币合作起步以来，德国和法国在欧洲货币一体化、构建经济和财政政策协调的制度框架中扮演了核心的首倡者角色。不过，德法基于强大的经济实力，成功干预了违约惩罚程序的启动，这既破坏了条约的公信力，也损害了两国联合领导的权威。

在欧元诞生前欧洲经货联盟发展的初期阶段，"德法轴心"的联合领导力较为有效，这主要源于双边的联合领导力资源优势以及情境要素的积极催化作用：一方面，20 世纪 60 年代后期，德法在欧共体中始终具备物质性领导力要素的绝对优势，特别是在经济体量上——德法分别长期稳居欧元区经济体的第一和第二位。另一方面，在欧共体扩大前盛行的"简单多数表决制"是德法等人口大国在欧洲层面施加决策影响力的最佳路径；欧洲理事会及部长理事会等政府间机制以及其他非正式首脑会晤，为强国主导和参与议程设置及规则制定创造了有利的制度条件。再者，国际与地区性的危机事件等情境要素也加速了德法倡议的产出：布雷顿森林体系的解体和美元币值的下跌，使两国暂时搁置了内部核心分歧，转而携手应对外部危机，从而加快了欧洲货币体系的建立；而两德统一进程的加速推进，为科尔、根舍和密特朗以不同初衷推进货币联盟提供了有效动力，推动了兼具政治和经济属性的欧元货币的诞生。

但在欧元诞生、欧元区扩大、欧盟东扩以后，"德法轴心"的外部环境与内部格局均有所变化，这既影响了双边联合领导力的主导作用，也改变了两国联合领导的路径与类型。在欧盟层面，自《尼斯条约》生效以来，"有效多数表决制"的适用范围被进一步扩大，人口小国借此获得更多话语权；与此同时，欧盟委员会的委员组成规模也受到限制，欧洲议会享有进一步的共决权，德法共有的制度性领导力资源优势在政府间和超国家层面双向收缩，这为两国双边倡议的欧洲化增加了难度。此外，德法联合起来反对违约惩处、弱化两国曾经共同推出的《稳定与增长公约》约束力的做法，则表明德法在国家利益面前善于"打江山"却难以"稳坐江山"的现实。

在双边层面，自20世纪70年代以来，德国相对于法国的领导力资源优势逐渐显现，二战结束初期由法国主导的"法德轴心"也随着两德统一、欧盟扩大而有向德国主导的"德法轴心"转变的趋势。得益于马歇尔计划及社会市场经济体制的建立，联邦德国从1951年起始终是欧共体的第一大经济体，法国则长期居于德国之后。在货币及金融事务中，联邦德国的经济实力逐渐转化为更多的政治领导力，对法国的外交影响力日渐构成挑战。也正是基于此，法国才更有决心和动力推出单一货币，以期扭转德国领导实力的优势局面。然而事与愿违，联邦德国成为欧元的最大受益者，一度面临经济增长困境的法国也开始吸取更多的德国元素：法国经济政策的促增长导向有所弱化，欧洲央行的德国联邦银行模式和总部驻地也被认为是德国在货币一体化中领导力优势与影响力的佐证，法国在其中则缺乏"存在感"。然而，经济实力上的"德强法弱"，虽不必然导致在欧洲经货联盟中领导力的"德强法弱"，但意味着"德法轴心"急需调整合作领导的路径模式，才能真正推进欧洲经货联盟取得实质性进展。

第四章

欧债危机以来"德法轴心"在欧洲经货联盟中的联合领导力

2006 年美国次贷危机的发酵及其引发的 2008 年国际金融危机,使全球经济遭受较大冲击,市场对美元信心骤减。一些市场投机者将其看作欧元崛起的大好时机:随着欧元汇率的一路走高,有关欧元挑战美元的声音不绝于耳。① 然而好景不长,欧洲也未能幸免于国际金融危机风暴:流动性危机造成的举债链断裂,使原本就不佳的希腊财政状况进一步恶化,希腊主权债务危机爆发并波及葡萄牙、意大利等重债国,整个欧元区经济受到冲击。

除了危机本身造成的直接经济损失外,欧债危机也反映出欧盟在危机治理机制、实体经济结构、财政与预算协调以及金融监管与救市等领域的一系列漏洞,它们成为欧洲经货联盟良性和深入发展的不利因素。为此,欧盟面临的主要任务是:1. 重振经济和就业,提高核心产业竞争力,为推进后续改革打稳"地基";2. 建立长效的危机管理机制,为欧洲经货联盟的建设搭建"救助网";3. 推进财政一体化,解决欧盟货币与财政政策分离的制度性缺陷;4. 深化银行业联盟,加强对银行监管,切断主权债务与银行之间的过度依赖。而自欧元诞生以来,近乎沉寂的"德法轴心"在欧债危机爆发后终于屡次"出山",在危机治理、财政一体化、金融一体化等领域发挥相应的领导作用。本章将阐释"德法轴

---

① 驻欧盟使团经商参处:"欧盟货币政策",2016 年 1 月 8 日,http://eu.mofcom. gov.cn/article/ddfg/d/201601/20160101230194.shtml。

心"在欧洲经货联盟不同领域中的联合领导力，并就联合领导的模式、职能、路径及成效得出结论。

第一节　欧洲主权债务危机治理

2009 年 10 月 16 日，希腊新政府财长乔治·帕帕康斯坦丁努（George Papaconstantinou）对外宣布，将前任政府公布的 6% 的造假赤字率订正为 10% 以上，并在几天后将这一数值上调至 15%，希腊主权债务危机爆发。市场对此反应强烈，希腊国债收益率飙升，全球三大信用评级机构先后降低对希腊主权债券的信用评级。同年，希腊向国际货币基金组织（International Monetary Fund，IMF）请求援助但遭到拒绝。[1] 2010 年初，债务赤字告急的希腊向欧盟请求支援。而根据《欧洲联盟运行条约》的第 123 条和第 125 条"不救助条款"（No-Bail-Out-Klausel），无论是联盟、成员国还是欧洲央行或成员国中央银行，均不可向其他成员国的政府、地区及地方机构直接提供债务担保或信贷透支业务，[2] 因此各方对希腊的财政赤字仍爱莫能助。随着希腊债务问题愈演愈烈及其外延影响的扩大，各成员国开始认识到解决重债国再融资成本过高问题的紧迫性与必要性，并认为应尽快做出以下抉择：1. 是否摒弃"不救助条款"；2. 如何设计新的危机救助与融资工具；3. 是否请求国际性组织参与援助。对于这三方面抉择，德国和法国的初步想法虽然不同，但在不断协商中也能"化分歧为共识"，并为欧元区成员国及相应决策者所采纳。

一　关于援助希腊问题的德法之争

希腊债务情况持续恶化，而对此是否以及如何从欧洲层面加以应对，

---

[1] Ioannou，Theo，"Strauss-Kahn：Papandreou asked for IMF in 2009"，in *The TOC*，17.05.2014，http：//www.thetoc.gr/eng/news/article/strauss-kahn-papandreou-asked-for-imf-in-2009.

[2] 参见程卫东、李靖堃译《欧洲联盟基础条约：经〈里斯本条约〉修订》，社会科学文献出版社，2010，第 94~95 页。

各方意见不一，其中尤以德法之间的对立立场为代表。双方的核心分歧在于是否摒弃"不救助条款"，对希腊"开闸放水"——以法国为代表的行为体（意大利、西班牙、葡萄牙及欧盟委员会）认为应尽快向希腊及其他财政困难国施以援手，以防止危机蔓延，并由欧盟委员会筹备无须经成员国议会批准的救助基金；而在以德国为代表的行为体（包括荷兰、芬兰、欧元集团及欧洲央行）看来，"不救助条款"是欧洲经货联盟的原则性规定，理应被遵守；而财政吃紧国家的第一要务在于整固财政、推进结构性改革，不应通过无条件地获取救助而影响财政政策的可持续性。①

在危机的倒逼压力之下，德法互有一定让步，但仅达成了笼统意向。在此基础上，欧元区领导人于 2010 年 2 月 11 日对外发表声明称，欧盟会在必要时采取协调性的措施以确保欧元区的稳定。而在外界看来，这一声明不过是为了缓解市场的紧张情绪，而并没有表现出承诺救助的诚意。② 此后危机的继续蔓延使德国意识到为希腊提供资金救助的必要性。德法最终于 3 月底达成妥协，同意在 IMF 的参与下，欧盟成员国可自愿向希腊提供双边贷款，援助希腊的核心障碍由此被解除。而在欧盟法层面，为确保援助希腊措施的有法可依，欧盟委员会援引了《欧洲联盟基础条约》第 122 条的例外情况："当一国因自然灾害或其他意外事件而陷入困境时，联盟可为其提供资金援助。"③ 据此，希腊于 2010 年 4 月底正式向欧盟提出援助申请，欧元区财长会议在 2010 年 5 月 2 日紧急决

---

① Schnells, Sinah, *Deutschland und Frankreich im Krisenmanagement der Eurozone Kompromisse trotz unterschiedlicher Präferenzen?* Dissertation zur Erlangung des akademischen Grades Doktor der Politikwissenschaft, 19.10.2016, p.54, in https: //refubium. fu-berlin. de/bitstream/handle/fub188/11540/Schnells _ Sinah _ Dissertation. pdf? sequence=1.

② Leparmentier, Arnaud/Ricard, Philippe, "L'Europe se contente d'un soutien politique à la Grèce", in *Le Monde*, Nr. 20235, 13.02.2010, p.9.

③ 参见程卫东、李靖堃译《欧洲联盟基础条约：经〈里斯本条约〉修订》，社会科学文献出版社，2010，第 94 页。

定向希腊提供 3 年期的 1100 亿欧元救助，其中 800 亿欧元由欧元区国家承担，另外 300 亿欧元则由 IMF 负责。[1] 在德国的坚持下，希腊应确保通过减税降薪等改革措施，在 3 年内减少 300 亿欧元的财政赤字，以达到规定的 3% 的赤字率标准；[2] 同时，法国也同意德国的要求，允许私人部门自愿参与对希腊的救助计划。[3]

首轮希腊救助计划的达成使与会各方暂时舒了一口气。由于首轮希腊救助计划仍不足以解决问题，2012 年 2 月和 2015 年 11 月，欧元区财长峰会分别通过了第二轮、第三轮希腊救助计划。除了 IMF 的参与外，各成员国依据其在欧洲央行的出资比例共同购买希腊国债，欧洲央行和各成员国央行也同意将持有的希腊国债利润交还希腊。不过，希腊在几次救助计划中的改革实施情况并不尽如人意。一方面，希腊政府认为紧缩财政政策的条件过于苛刻，甚至在 2012 年 6 月重新大选前提出要对附带紧缩方案的救助计划实施全民公决，威胁退出欧元区（Grexit）；另一方面，援助条件的可行性和计划的成效也引起多方质疑，[4] 特别是引起以德国为首的债权国的反对之声，德国财长沃尔夫冈·朔伊布勒（Wolfgang Schäuble）甚至在 2015 年提出了使希腊暂时退出欧元区 5 年的建议，并要求希腊在这 5 年间实现债务重组，向持续性的增长模式转型。[5] 不过，希腊为获得资助也不得不临时对改革条件予以妥协，负责危机治理的"三驾马车"[6]

---

[1] Europäischer Rat, "Statement by the Eurogroup", Brussels, 02.05.2010, https://www.consilium.europa.eu/media/25673/20100502-eurogroup_statement_greece.pdf.

[2] Ricard, Philippe, "Une aide sans précédent pour sauver la Grèce et l'euro", in *Le Monde*, Nr. 20302, 04.05.2010, p. 12.

[3] Schlötzer, Christiane/Brössler, Daniel/Hulverscheidt, Claus, "Merkel und Sarkozy streiten über Euro-Rettung", *Süddeutsche Zeitung*, Nr. 138, 17.06.2011, p. 1.

[4] 参见〔德〕阿尔伯特·施魏因贝格尔《欧债危机：一个德国视角的评估》，孙彦红译，《欧洲研究》2012 年第 3 期，第 148~149 页。

[5] Schäuble, Wolfgang, "Anmerkungen zu den jüngsten griechischen Vorschlägen", in *Handelsblatt*, 07.12.2015, https://www.handelsblatt.com/politik/international/schaeubles-griechenland-papier-im-wortlaut-anmerkungen-zu-den-juengsten-griechischen-vorschlaegen/12044368.html.

[6] 即欧盟委员会、欧洲中央银行和国际货币基金组织这三家机构。

最终顺利地推出援助希腊的系列计划，化解了希腊的"退欧元区"危机。

二 德法主导下临时性危机救助机制的启动与改革

在希腊财政告急的同时，债务危机已然波及西班牙、葡萄牙、爱尔兰等欧元区国家，其国债利率不断攀升，这些国家愈发难以在金融市场上融资。在这种情况下，萨科齐首先提出创建欧洲层面的救助机制，以应对愈演愈烈的债务危机并防止其蔓延。① 默克尔对这一提议表示有条件的支持，其条件是：除受援国必须履行的改革义务外，IMF 也必须参与救助，且这一危机救助机制应是临时性的，并以政府间协商的方式获得通过；而法国却希望建立长效的、无 IMF 参与的救助机制，并为受援国在必要时实施宽松的景气政策提供可能性。②

不过，萨科齐在与默克尔会晤后接受了德国的核心立场。在德法妥协的基础上，欧盟财长峰会于 2010 年 5 月 9 日决议启动共计 7500 亿欧元的救助基金，并设立临时的欧洲金融稳定机制（Europäischer Finanzstabilisierungsmechanismus，EFSM）和相应的欧洲金融稳定基金（Europäische Finanzstabilisierungsfazilität，EFSF），到 2013 年 6 月二者将共同构成临时性的"欧元保护伞"（Euro-Rettungsschirm）。③ 在这笔救助中，IMF 提供 2500 亿欧元，另有 4400 亿欧元来自 EFSF，600 亿欧元来自 EFSM。依照德国的建议，申请国必须在"三驾马车"的共同监督下满足严格条件（Konditionalität）方可获取救助。这套以改革为条件的临

---

① Busse, Nikolas, "Gnadenlos mit allen Mitteln", in *Frankfurter Allgemeine Zeitung*, Nr. 107, 09. 05. 2010, p. 6.

② Cf. Schnells, Sinah, *Deutschland und Frankreich im Krisenmanagement der Eurozone Kompromisse trotz unterschiedlicher Präferenzen*? Dissertation zur Erlangung des akademischen Grades Doktor der Politikwissenschaft, 19. 10. 2016, p. 56, https://refubium. fu-berlin. de/bitstream/handle/fub188/11540/Schnells_Sinah_Dissertation. pdf? sequence = 1&isAllowed = y.

③ 其中 EFSM 对所有欧盟成员国开放，而 EFSF 只针对欧元区国家。

时性危机救助机制成为危机救助体系的重要支柱。

具体来看，总部设于卢森堡的 EFSF 以各国政府担保作为资金来源，成员国的出资份额按照各国央行认购欧洲央行的资本比例来分配。此外，该基金也可在一级和二级债券市场进行干预并提供贷款。为保证该基金的评级达到 A 级水平，信用等级高的国家在 EFSF 的投资份额要高于其在欧洲央行的资本份额，因此德法便成为 EFSF 的主要出资国。相比之下，以欧盟委员会收入作为抵押且针对性低的 EFSM 的规模则小得多，象征意义明显。

经过在临时性危机救助机制建设中的退让之后，法国开始再度寻找在危机治理中掌握主动权的机会。由于 EFSF 的实际可供贷款额度仅有 2500 亿欧元，[①] 是否增加对 EFSF 的资金投入成为德法的争执点。一些英美人士曾认为，临时性危机救助资金的当前规模不足以安抚金融市场，如果考虑意大利、西班牙等大国的资金需求，1 万亿欧元是最低规模。[②] 基于此，法国开始提出应为 EFSF 增加资金，并认为这是增强市场信心、维持欧元区稳定运行的必要措施。而在德国财政部长朔伊布勒看来，"防火墙的规模无论有多大，都不是长期的危机解决方案"[③]。作为 EFSF 的最大出资国，德国显然不希望掏更多腰包为债务风险国买单，但考虑到欧元区解体会给德国带来更大损失，默克尔在与萨科齐会谈后勉强同意加固"危机防火墙"，不再排除提高 EFSF 贷款能力的可能性，但不同意直接给 EFSF 增加资金。在德国主导、德法协调的基础上，2011 年 3 月 24~25 日，欧洲理事会决定将 EFSF 的贷款额度提升至 4400 亿欧元。[④]

由此可见，德国主导下的"德法轴心"再次成为欧盟特别是欧洲理

① 其余资金则用于确保基金的信用评级维持在高位。
② 〔德〕阿尔伯特·施魏因贝格尔：《欧债危机：一个德国视角的评估》，孙彦红译，《欧洲研究》2012 年第 3 期，第 136 页。
③ 同上。
④ Europäischer Rat, "Schlussfolgerungen des Europäischen Rates vom 24./25. März 2011", Brüssel, 20. 04. 2011, https：//www. consilium. europa. eu/uedocs/cms _ data/docs/pressdata/de/ec/120313. pdf.

事会决策的核心，然而这一决议仍不足以稳定金融市场、提振投资者信心。鉴于此，法国提议扩大 EFSF 职能，使 EFSF 可在二级市场购买债务国国债，德国对此坚决反对。两国一时间僵持不下，最后不得不与时任欧洲央行行长特里谢（Jean-Claude Trichet）举行三边会晤，商讨合适对策。最后，三方立场综合了德法两国意见，并在 2011 年 7 月 21 日的欧元区首脑峰会上获得通过：只有在整个货币联盟面临危险且欧元区成员国一致表决同意的情况下，EFSF 及日后的欧洲稳定机制（Europäischer Stabilitätsmechanismus，ESM）才可在二级市场购买债务国国债。[1] 此外，欧洲央行于 2012 年决定为欧洲银行业注入约 1 万亿欧元的流动性资金。这种为欧元区兜底的方式吸引了更多投资者和银行购买主权债务，大大缓解了市场的信心危机。

三　多维尔会晤与建立欧洲稳定机制中的德法博弈

欧洲央行在短期内采取的急救措施，对身陷债务危机的希腊无疑是雪中送炭，但主权债务危机并未因此得到及时缓解，爱尔兰、葡萄牙的财政状况相继告急。而 EFSF 在 2013 年 6 月到期，且其规模难以满足有所上升的救助需求，建立长效的危机救助机制的需求呼之欲出。为确保欧元区金融市场的长期稳定，法国再次重申建立永久救助机制，并认为这是克服当前债务危机的必要条件。[2]

这一提议获得欧盟委员会的认可，德国对此虽不全然反对，但仍有几方面不同意见。第一，在程序方面，德国认为永久救助机制违反了欧盟法的相关法规，因此需修改欧盟法；而法国则倾向于采取政府间灵活合作的形式，避免超国家决策程序带来的阻碍和时滞。第二，德国认为

---

[1]　Rat der Europäischen Union, "Erklärung der Staats-und Regierungschefs des Euro-Währungsgebiets und der EU-Organe, Brüssel", 21. 07. 2011, http: //www. consilium. europa. eu/uedocs/cms_data/docs/pressdata/de/ec/124011. pdf.

[2]　Cf. Ricard, Philippe, "Les Européens franchissent un cap pour stabiliser la zone euro", in *Le Monde*, Nr. 20333, 09. 06. 2010, p. 10.

应要求受援国严格履行整固财政等改革义务，并对未能按期达标的国家自动惩罚，由此才更有助于推进相关国家的削债减赤进程；而以法国为代表的多数欧元区国家极力反对德国这一立场，认为不应采取自动惩罚机制，且过于严苛的紧缩政策会限制刺激经济发展的有效投资，进而加重债务国的危机。第三，德国希望使私人债权方参与危机救助，法国则坚决反对使私人部门蒙受损失的操作。

默克尔的严苛条件难获多数国家认可，[①] 一时被孤立的德国开始寻求法国支持，准备与萨科齐协调妥协方案。2010 年 10 月 18 日，默克尔与萨科齐在诺曼底的海边小镇多维尔（Deauville）紧急会面，双方最后互有让步，而这次德国做出的妥协更多。根据两国首脑发表的联合声明，德国同意以希腊承诺实施财政与社会福利改革[②]为条件来援助希腊，放弃实施自动惩罚机制，并减少了对主权债务违约程序的细节规定，同意由欧盟财长通过有效多数表决制决定是否启动惩罚程序；作为交换，法国同意开启修改《里斯本条约》的二次谈判，支持德国提议的预防性与纠正性惩罚机制并举的措施，允许私人部门适度参与危机救助。由此，希腊的举债及支出规模便部分处于市场的约束之下。[③]

德法围绕危机救助核心问题达成的《多维尔协议》，为救助机制的长效化操作做了一定准备。2010 年 10 月 28~29 日，欧洲理事会通过了建立欧洲稳定机制的决议，该机制于 2013 年中旬接续届时到期的 EFSF，并在新的政府间条约框架下运行。不过，出于对稳定金融市场的考虑，欧盟理事会暂时排除了私人部门自动参与债务重组的可能性。建立 ESM 的决议一经发布，市场反应明显，特别是西班牙和意大利的国债收益率

---

① 默克尔的一意孤行不仅招致希腊等重债国的批评，而且引起欧盟机构的不满，自动惩罚机制在其北欧盟友中也仅有荷兰与芬兰表示了明确支持。

② 比如缩减预算、打击偷税漏税行为、裁撤行政冗员、清算坏账银行等。

③ Bundesregierung, " Deutsch-Französische Erklärung zur wirtschaftspolitischen Zusammenarbeit in der EU ", 18. 10. 2010, in http：//ec. europa. eu/dorie/fileDownload. do；jsessionid = BR0pTlYVytDKyQxS5lP9ppvbXhTP5zgKzW4kfF4hKdQ TQFfzlzdl！675767060？docId = 889488&cardId = 889487.

出现了明显下降（见图 4-1）。2010 年 12 月 16~17 日，欧元集团政府首脑同意为《欧洲联盟运行条约》第 136 条增加第 3 款规定："以欧元为货币的成员国可以建立一个稳定机制，它将在为维护欧元区整体稳定的必要情况下被启动。该机制下的援助资金发放都需满足严格条件。"① 这是自《里斯本条约》生效以来欧盟首次采用简单修约程序。该决议于 2011 年 3 月在欧洲理事会的春季峰会上获得通过，并在 2013 年 5 月 1 日正式生效，ESM 自此有了法律依据。②

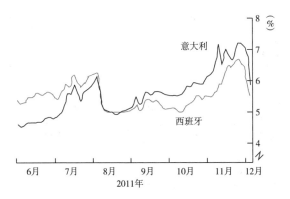

图 4-1　2011 年 6 月~12 月意大利与西班牙 10 年期国债收益率③

借着多维尔会晤的机会，尝到部分甜头的萨科齐开始更积极地参与和主导欧洲的危机治理。2011 年上半年，萨科齐试图说服德国彻底放弃

① EUR-Lex，"Beschluss des Europäischen Rates vom 25. März 2011 zur Änderung des Artikels 136 des Vertrags über die Arbeitsweise der Europäischen Union hinsichtlich eines Stabilitätsmechanismus für die Mitgliedstaaten，deren Währung der Euro ist"，in *Amtsblatt der Europäischen Union L* 91/1，06. 04. 2011，https：//eur-lex. europa. eu/legal-content/DE/TXT/PDF/? uri＝CELEX：32011D0199&from＝EL.

② Berschens，Ruth，"EU-Gipfel：Merkel und Sarkozy dringen auf Wirtschaftsregierung"，in *Handelsblatt*，17. 12. 2010，http：//www. handelsblatt. com/politik/deutschland/eu-gipfel-merkel-und-sarkozy-dringen-auf-wirtschaftsregierung/3740956. html.

③ "Scaling the summit-The Economist Europe's Sovereign-debt Crisis"，*The Economist*，10. 12. 2011，https：//www. economist. com/finance-and-economics/2011/12/10/scaling-the-summit.

私人部门参与，并希望能使 EFSF 直接为危机银行融资，而不再通过政府部门提供救助。而德国不但继续坚持市场监督的原则，甚至细化了对私人部门参与债务重组的要求——希腊债务减记的 50% 将由私人部门承担，而且反对 EFSF 直接为银行融资。由于德法再次难达妥协，萨科齐积极斡旋并主导开展小规模闭门会议——在萨科齐的组织下，时任德国总理默克尔、法国总统萨科齐、欧元集团主席容克、IMF 总裁拉加德、欧洲央行行长特里谢及其继任者马里奥·德拉吉（Mario Draghi）、欧洲理事会主席赫尔曼·范龙佩（Herman Van Rompuy）和欧盟委员会主席若泽·曼努埃尔·巴罗佐（José Manuel Barroso）于 2011 年 10 月 19 日在法兰克福的老戏剧院会晤，商讨应对债务危机的长效对策。这一在欧元集团内形成的非正式高层领导人会晤机制被称为"法兰克福回合"（Frankfurter Runde）。不过，"法兰克福回合"的首轮会晤未能称萨科齐的心意，欧元区国家最终同意由私人债权人承担希腊债务减记的 50%。①

　　此后在 10 月 23 日和 27 日，部分"法兰克福回合"的成员分别在布鲁塞尔和戛纳举行会面。鉴于有关 ESM 的具体细节尚未确定，法国开始积极争取制定规则的机会。一方面，法国希望排除私人部门参与 ESM 的可能性；另一方面，法国希望提早启动 ESM。德国逐渐采纳了法国的第二种意见，但仍希望私人部门参与救助。在此基础上，2011 年 12 月 9 日，欧洲理事会决议于 2012 年 7 月中旬提前启动 ESM，同时表示私人部门参与的情况仅限于救助希腊这一特例。② 依计划，ESM 的实际最高放贷能力将达 5000 亿欧元，资金总规模为 7000 亿欧元。其中 800 亿欧元为实

---

① Schnells, Sinah, *Deutschland und Frankreich im Krisenmanagement der Eurozone Kompromisse trotz unterschiedlicher Präferenzen?* Dissertation zur Erlangung des akademischen Grades Doktor der Politikwissenschaft, 19. 10. 2016, p. 59, https://refubium. fu-berlin. de/bitstream/handle/fub188/11540/Schnells_Sinah_Dissertation. pdf? sequence = 1.

② Europäischer Rat, "Erklärung der Staats-und Regierungschefs des Euro-Währungsgebiets", Brüssel, 09. 12. 2011, http://www. consilium. europa. eu/uedocs/cms_data/docs/pressdata/de/ec/126678. pdf.

收资本,剩余 6200 亿欧元为承诺可随时支取的资本。各国的出资比例由其在欧洲央行的份额及本国经济规模决定,德国为最大出资国,出资比例约为 27.1%;其次是法国,出资比例约为 20.4%;意大利和西班牙的出资比例分别约为 17.9% 和 11.9%。ESM 可在二级市场有条件购买债务国国债,以提供良性救助。2012 年 10 月 8 日,容克宣布 ESM 正式启动。总体来看,与 ESM 相配套的政策工具融合了德法两国的经济理念,实现了增长与改革相结合的原则,为成员国的"保纪律"与"促增长"构筑了一道双保险。

2012 年 12 月 3 日,ESM 正式批准向西班牙发放 395 亿欧元的银行业救助贷款,这是该机制启动后的首笔援助款。此后,葡萄牙、爱尔兰、意大利也相继获得救助,受援国国债收益率走低,债务危机的最艰难时期随之过去。不过,债务国的财政与预算状况依然堪忧,许多国家在承诺执行降低福利等改革措施的同时,放松了在减少预算支出方面的努力,意大利债务及赤字率的再度攀升便是一例:2018 年末,欧盟委员会对意大利上交的预算计划提出异议,敦促其重新制定削减计划。而由于意大利牵涉的债务规模较大,即使是 ESM 也很难承担对意大利的资金支援,如何维持危机管理在供给与需求之间的平衡成为主要难题。据此,以德法为代表的欧元区各国以及欧盟委员会对 ESM 的功能有着不同设想,特别是对该机制的基金规模更存在较大分歧:法国认为现有的基金规模不足以防范债务危机风险,德国则认为 ESM 的核心功能在于代替欧盟委员会监督各成员国执行财政纪律,而资金援助无法解决根本问题,仅能起到暂时缓解问题的作用。[1]

不过,德国最终对扩充 ESM 职能予以支持。2018 年 6 月 19 日,德法在梅泽贝格宫发表《重塑欧洲对安全与繁荣的承诺》(*Erklärung von Meseberg*)联合声明[2],同意加强救助机制的资金链,并就将 ESM 进一步

---

① Yoshida, Kenichiro, *The Plan to Create "a European IMF"*, MHRI Brief, Mizuho Research Institute, 29. 09. 2017, https://www.mizuho-ri.co.jp/publication/research/pdf/mb/MB171016.pdf.

② 《重塑欧洲对安全与繁荣的承诺》联合声明又称《梅泽贝格声明》。

发展为欧洲货币基金（Europäischer Währungsfonds，EWF）达成共识，[①]从而为整个欧元区输入金融稳定性，使被救助国在有限时间内尽早实现债务纾困。但一方面，若将目前的 ESM 转化为 EWF，便意味着非欧元区的欧盟国家也能在新的救助机制中参与决策；另一方面，若将 EWF 用于对深陷危机银行的"再保险"，将减少银行和监管机构清理坏账的动力。

相对于此前的 ESM，EWF 仅限于为非债务问题导致的经济危机实施有限期援助，且申请援助的国家务必以推行严格的财政改革措施为前提，在刺激就业、恢复增长的同时提升经济发展质量。不过，《梅泽贝格声明》并未对基金规模进行具体设定，由此搁置了德法对基金规模的关键分歧。

四 多元的危机治理行为体

在债务危机治理领域，一边是国家行为体的核心话语权，一边是欧洲央行、欧盟委员会、欧元集团、欧洲理事会、国际货币基金组织等超国家机构享有的财力资源与政策主导权，二者缺一不可。一方面，德法联合决策的落实及双边倡议的实施，需要"三驾马车"的参与和支持；而另一方面，当"德法轴心"难以有效发挥领导作用时，超国家机构也会在不同程度上弥补德法的领导力不足。

（一）欧洲中央银行

在希腊债务危机的初期，各方对于欧洲央行是否应采取救市行动立场不一：萨科齐主导的"南欧派"支持欧洲央行大规模购买债务国国债，以帮助受困国重新赢回市场信任；默克尔反对通过购债计划使债务承担的责任欧洲化，但同时表示尊重欧洲央行的独立性。[②] 在德法意见不一、市场继续动荡、重债国国债收益率持续攀升的危急时刻，欧洲央

---

① Bundesregierung，"Erklärung von Meseberg，Das Versprechen Europas für Sicherheit und Wohlstand erneuern"，Pressemitteilung 214，19. 06. 2018，https：//www. bundesregierung. de/breg-de/aktuelles/erklaerung-von-meseberg-1140536.

② 参见张丹红《从查理大帝到欧元——欧洲的统一梦》，长江文艺出版社，2017，第 285 页。

行开始逐步放手采取救市措施。鉴于 EFSF 的筹备与组织需要时间，2010 年 5 月 10 日，欧洲央行紧急推出证券市场计划（Securities Markets Programme，SMP）。通过在二级市场购买希腊、意大利、西班牙等外围国家国债及企业债券，欧洲央行向市场注入流动性，稳定欧元区主权债券市场，并确保实现价格稳定性的中期目标；而为确保货币政策传导机制的有效性，欧洲央行的债券购入只针对实施财政改革的国家。不过，这一举措并未很好地稳定金融市场，为进一步平复市场的不稳定情绪，履新不久的欧洲央行行长德拉吉于 2012 年 7 月 26 日发表重要讲话称"要不惜一切代价"（Whatever it takes）保护欧元，[①] 由此向市场释放出重要的稳定信号。自此，欧洲央行开始实行更灵活、更大胆的货币政策，多管齐下并取得了明显成效。[②]

其一，流动性操作。欧洲央行先后恢复了六个月和一年期的再融资操作，特别是在 2011 年 11 月和 2012 年 2 月，欧洲央行以 1% 的固定利率，分两批向银行业提供了合计 10185 亿欧元的 3 年期贷款，即 3 年期长期再融资操作（Longer-Term Refinancing Operations，LTROs）。2011 年 9 月，欧洲央行与美国联邦储备系统、英国央行、日本央行和瑞士央行联手向市场提供超过 500 亿美元的流动性，帮助改善了欧洲金融市场美元流动性不足的局面。2014 年 6 月，欧洲央行推出为期 4 年、总额 4000 亿欧元的定向长期再融资操作（Targeted Longer-Term Refinancing Operations，TLTROs）。一系列力度不断加大的流动性操作及时缓解了市场的紧张情绪。

其二，加大购买重债国国债的力度。2012 年 9 月初，欧洲央行将 SMP 计划调整为力度更大、更具针对性的直接货币交易业务（Outright Monetary Transactions，OMT），调整后的计划旨在通过在二级市场购买欧

---

① Europäische Zentralbank，"Speech by Mario Draghi，President of the European Central Bank at the Global Investment Conference in London"，26 July 2012，https：//www.ecb.europa.eu/press/key/date/2012/html/sp120726.en.html.

② Cf. European Central Bank，"Monetary Policy Decisions"，in https：//www.ecb.europa.eu/mopo/decisions/html/index.en.html；"The Eurosystem's instruments"，in https：//www.ecb.europa.eu/mopo/implement/html/index.en.html.

元区国家无数量上限、无收益率目标的债券，降低问题国家的主权债务收益率，其中投资者被承诺可无限制延长债券购买。截至 2018 年 9 月，虽然尚未有成员国提出进行直接货币交易的申请，但出台这一计划本身就已向市场传递了积极信号，即欧元区内负债将实现重组，所有成员国将共同承担危机国家债务。由此，市场得以恢复平静，投资者也恢复了对债券市场特别是对购买南欧国家公债的信心。

其三，降息与购债相结合的量化宽松政策。从 2015 年起，欧洲央行开始实行量化宽松政策，先后四次降息以刺激欧元区的经济增长，取得了成效。

欧洲央行的系列"非常规"政策举措，受到法国及其他重债国的欢迎。而德国业界人士则立场不一：德国联邦银行行长魏德曼（Jens Weidmann）是反对 OMT 计划的唯一欧洲央行理事会代表。在他看来，OMT 计划将给各国的纳税人带来风险。[1] "欧洲央行的购债措施应到此为止，不能以牺牲货币政策的独立性来换取财政政策方面的利好。"[2] 但鉴于德国立场在欧元区国家中不受欢迎，默克尔表示尊重拥有决策独立性的欧洲央行。由此在欧洲货币政策领域，欧洲央行享有优先的话语权与领导力资源。

（二）国际货币基金组织

早在 2009 年，IMF 就曾向匈牙利和拉脱维亚实施救助，从而避免了债务风险在欧元区的初步蔓延。2010 年 3 月 16 日，德国在 ECOFIN 会议召开期间表示支持 IMF 参与危机救助。[3] 这一方面是因为 IMF 拥有丰富的救助经验，所以可以提高应对债务问题的专业性与效率；另一方面，

---

① Braunberger, Gerald/Ruhkamp, Stefan, "Bundesbank kritisiert Beschluss offen", in *faz*, 06.09.2012, https://www.faz.net/aktuell/wirtschaft/wirtschaftspolitik/ezb-staatsanleihekaeufe-bundesbank-kritisiert-beschluss-offen-11881725.html.

② Black, Jeff/Buergin, Rainer, "Weidmann Says ECB Council Skepticism About Bond Buys Growing", 15.12.2011, https://www.bloomberg.com/news/articles/2011-12-14/weidmann-says-ecb-council-growing-more-skeptical-about-bond-buys.

③ 时任德国财长朔伊布勒对国际货币基金组织的态度经历了从怀疑到支持的转变。

IMF 的参与也可减少欧盟机构在行政决策中的政治干扰作用，减少了道德风险，从而更能赢得成员国信任。不过，法国则更担心 IMF 这样的"第三者"的参与会有损欧洲声望，给外界造成欧洲应对危机能力不足的印象；加上时任 IMF 总裁多米尼克·斯特劳斯－卡恩（Dominique Strauss-Kahn）是萨科齐 2012 年总统竞选的竞争对手，因此萨科齐不希望卡恩因为在危机救助中发挥的关键作用而增加大选人气。从这个角度来看，欧洲央行与法国都希望"欧元区的问题由欧元区成员国自行处理"。不过，鉴于法德均对欧盟机构缺乏信任，两国最终达成了更接近德国立场的双边妥协，并获得了欧元区领导人的一致认可。欧元区首脑峰会于 2010 年 3 月 25 日决议，希腊在紧急情况下应首先向 IMF 求援，同时，欧元区国家可自愿为希腊提供双边贷款。① 自 2010 年 5 月以来，欧盟和 IMF 联手先后对希腊、爱尔兰、葡萄牙实施救助，由此为欧盟以外的机构救助欧元区国家创下先例。除此以外，IMF 还参与了 EFSF 以及后续的希腊救助计划，其中，IMF 在 EFSF 中的出资比例高达 33%。

而对于 IMF 这一美国主导的行为体的参与，法国始终耿耿于怀。马克龙就任法国总统之初便提出了深化欧元区改革的一系列提议，其中就包括为 ESM 增资、设立独立的欧元区预算等议题。在疑欧和反欧力量势头正劲之时，为了对马克龙改革欧元区的姿态予以积极回应，德国开始有限度地迎合法国的部分立场，尤其强烈支持建立欧洲自给自足的救助机制。2017 年 4 月 20 日，德国财长朔伊布勒建议将欧洲稳定机制转型为"欧洲版"的国际货币基金，将危机治理机制彻底长效化，并使 IMF 不再参与针对欧元区国家的新援助计划中。② 德国这一态度的转变，既是

---

① Europäischer Rat, "Erklärung der Staats-und Regierungschefs der Mitgliedstaaten des Euro-Währungsgebiets", Brüssel, 25. 03. 2010, https：//www. consilium. europa. eu/uedocs/cms_data/docs/pressdata/de/ec/113566. pdf.

② "Germany's Schaeuble：ESM could turn into European monetary fund", *Reuters*, 20. 04. 2017, https：//www. reuters. com/article/us-imf-g20-germany-eurozone/germanys-schaeuble-esm-could-turn-into-european-monetary-fund-idUSKBN17M1RT? il = 0.

出于对维持德法团结和欧盟凝聚力的需要，也是因为 IMF 提出的希腊债务重组和减免方案不符合德国的利益立场。此外，时任西班牙首相何塞·路易斯·罗德里格斯·萨帕特罗（José Luis Rodríguez Zapatero）也对 IMF 的参与表示不满。① 在这种情况下，"默克龙"于 2018 年 6 月在梅泽贝格宫达成关键决议，同意使 ESM 作为欧盟内的 IMF 来发挥作用，② 从而加强欧盟在债务与危机治理的自主应对能力。

第二节 欧洲财政一体化

统一财政政策支柱在欧洲经货联盟中的缺失，加剧了债务危机国家的财政困境。这是因为经济欠发达国家在危机时期难以自由地借助货币贬值、减税、增加支出等货币政策手段，通过反周期措施有效抵御危机；而在"不救助条款"的约束下，危机国家只有动用举债等财政手段方可自救，这也进一步加剧了债务国与债权国的财政状况分化，扩大了成员国间的经济发展差距。而根据最优货币区理论，跛脚的财政联盟会限制货币联盟的发展，不利于欧元区的稳定运行。因此从长远来看，实现在财政纪律、预算以及税收层面的统一协调，进而推进欧洲财政一体化，才是有效抵御危机的长久之计和实现欧洲经货联盟良性发展的长效方案。

一 关于发行欧元债券的德法分歧与默契

债务危机的风起云涌使欧洲财政一体化首先在债务一体化上发展起来。2010 年 12 月 5 日，欧元集团主席容克与意大利财长朱利奥·特雷蒙蒂（Giulio Tremonti）在《金融时报》上共同撰文，呼吁成立欧洲债务署

---

① Cf. Bastasin, Carlo, *Saving Europe*, Washington D. C.： Brookings, 2012, pp. 166 - 167.

② Bundesregierung, "Erklärung von Meseberg. Das Versprechen Europas für Sicherheit und Wohlstand erneuern", Pressemitteilung 214, 19. 06. 2018, https：//www. bundesregierung. de/breg-de/aktuelles/erklaerung-von-meseberg-1140536.

（Europäische Schuldenagentur）来发行欧元主权债券（Euro-Staatsanleihe/Eurobonds，简称欧元债券），并借此建立一个流动性良好的欧洲债券市场，以代替 EFSF 的职能。此外，欧元主权债券将在超国家和成员国两个层级分别发行，而且这两级债券在一定条件下可相互转换。① 由此，所有欧元区成员国将共担债务违约风险，在特定情况下无法在金融市场融资的债务国可借助欧洲债券市场这一新通道来满足融资需求。

对此，以德国、"比荷卢"三国、奥地利和芬兰为代表的债权国坚决反对这一使个别国家债务"共同体化"（Vergemeinschaftung）的做法。德国认为这不仅违反"不救助条款"以及《稳定与增长公约》的基本精神，而且无法从根本上解决债务问题，并且以拖累债权国经济、提升借贷融资成本为代价。② 有媒体估算，一旦发行这一共同债券，德国每年将多支付近 500 亿欧元的利息。以法国为代表的南欧国家则强调为了不使欧元区陷入危机，富裕国家应承担更多责任，实现欧元区内国家的双赢。

不过，鉴于发行欧元债券也会提高法国的借贷成本，并且为了维护德法团结和欧元区金融与债券市场稳定，萨科齐对外表示对默克尔的认同和支持。2010 年 12 月 10 日，"默科奇"在弗莱堡会晤期间一致反对在当下发行欧元债券，强调应加强各国在税收等领域的经济政策协调。③ 不过，法国的部分盟友国及一些欧盟机构对德法的联合立场并不买账，原有的双边争议演变为德法与其他成员国及欧盟机构之间的分歧——时

---

① Juncker, Jean-Claude/Tremonti, Giulio, "E-bonds Would End the Crisis", in *Financial Times*, Montagsausgabe, 05.12.2010, http://www.astrid-online.it/static/upload/protected/Junc/Juncker-Tremonti.pdf.

② Afhüppe, Sven/Berschens, Ruth, "Berlin gegen Euro-Bonds", in *Handelsblatt*, 06.12.2010, https://www.handelsblatt.com/politik/international/schuldenkrise-berlin-gegen-euro-bonds/3656574.html.

③ Cf. Bundesregierung, "Pressestatements von Bundeskanzlerin Merkel und Staatspräsident Sarkozy", in Freiburg im Breisgau, 10.12.2010, https://www.bundeskanzlerin.de/bkin-de/suche/pressestatements-von-bundeskanzlerin-merkel-und-staatspraesident-sarkozy-842630.

任意大利财长特雷蒙蒂就坚持认为，联合发行欧元债券是债务危机的主要解决方案；欧元集团主席容克更指责默克尔自私且缺乏欧洲精神。[1]萨科齐对这一指责予以驳斥，认为"不应将为危机国做出最大贡献的两国批评为利己主义者"[2]。萨科齐在欧洲问题上的妥协促成了实质有利于债权国的德法联合立场。此后，欧元债券的倡议虽被多次提及，但至今仍停留在纸面上。

二 《稳定与增长公约》的后续——《欧元附加公约》与"六部立法"

"默科奇"的多维尔会晤尽管打破了德法在援助希腊方面的分歧僵局，但两国首脑达成的一系列主张引起欧盟及一些成员国的非议，政界和民间对于德法"强加于人"（Diktat）的做法不吝批评：首先，欧洲央行负责人认为《多维尔协议》将使市场失去对政府债券的信心——果不其然，市场对多维尔会晤精神的敏感捕捉使外围国家债券收益率上升；而随着市场的进一步反应，意大利和西班牙的债券利率逐渐偏离德国利率，法国的债券市场随后也受到较大压力，德国的利率水平成为市场风向的核心参照标准。与此同时，英国首相戴维·卡梅伦（David Cameron）强烈反对德法修改《里斯本条约》的计划，甚至以发起全民公投相威胁；以荷兰为代表的北欧国家则对德国放弃对自动惩罚机制的坚持极为不满，认为由欧盟财长裁决是否惩罚的做法更有助于政治交易；欧盟委员会中的一位主管事务委员也表示，"默科奇"对自动惩罚机制启动程序的变更，实际上是"对《稳定与增长公约》的再次削弱"[3]。

---

[1] "Merkel und Sarkozy bekräftigen ihren Euro-Kurs", *Tagesschau*, 10. 12. 2010, https://www.tagesschau.de/wirtschaft/merkelsarkozy186.html.

[2] Ibid.

[3] "Das Merkel-Sarkozy-Diktat", *Voxeurop*, 20. 10. 2010, https://voxeurop.eu/de/content/article/366361-das-merkel-sarkozy-diktat.

为了回应诸多成员国的疑虑或不满，"默科奇"积极配合，从两个维度另辟蹊径：双方一方面提出采取新措施缓解经济与金融领域发展的不平衡，并在默克尔的提议下于 2011 年 2 月推出了《竞争力公约》（*Pakt für Wettbewerbsfähigkeit*）草案，提出了取消刚性工资增长机制、使劳动力市场更具弹性的要求，并激励参与国加强在养老金、税收、薪资政策等领域的协调；另一方面，德法欢迎欧盟所有成员国加入这一公约，但以成员国的自愿参与为原则，从而为公约的批准生效减少障碍。[1] 尽管欧元区领导人峰会未对这一草案的细节加以讨论，但"比荷卢"、意大利、爱尔兰、斯洛伐克等国对德法的这一倡议提出了异议。不过，由于德国将各国参与《竞争力公约》作为德国为"欧元保护伞"增资的隐形条件，因此成员国并不完全掌握签约与否的自由意志，[2] 欧元区 17 个成员国最终签署了该公约。

以《竞争力公约》的基本内容为基础，2011 年 3 月 11 日，在欧盟理事会主席范龙佩的主持下，欧元区 17 国以及保加利亚、丹麦、拉脱维亚、立陶宛、波兰和罗马尼亚 6 国一致同意签署《欧元附加公约》（*The Euro Plus Pact*，以下简称《公约》）。《公约》旨在提高欧元区各经济体发展的趋同性，并主要以各国的单位劳动成本等宏观经济指标作为评判各国经济政策协调成效的依据。依照《公约》，参与国应承诺把有利于扶持竞争力和促进趋同的政策领域作为发展的优先项，同时参与完善欧洲的单一市场；此外，《公约》重申应坚持欧盟现有的经济治理规范，其中包括"欧洲 2020 战略"、欧洲学

---

[1]　Gallen, Claire/Jaigu, Charles, "Euro: le pacte franco-allemand discuté en mars", in *Le Figaro*, Nr. 20687, 05. 02. 2011, p. 22; Kafsack, Hendrik/Stabenow, Michael, "Euro-Staaten schließen Wirtschaftspakt", in *Frankfurter Allgemeine Zeitung*, Nr. 30, 05. 02. 2011, pp. 1 und 11.

[2]　"Pakt für Wettbewerbsfähigkeit-Berlin rudert zurück", *Euractiv*, 09. 02. 2011, https://www.euractiv.de/section/wahlen-und-macht/news/pakt-fur-wettbewerbsfahigkeit-berlin-rudert-zuruck/205057/.

期（Europa-Semester）①、《稳定与增长公约》以及宏观经济监管框架。②
由此，《公约》不仅是对欧元区现行危机治理机制成果的巩固，而且是
对欧盟财政纪律法制成果的补充，对于增强欧盟和欧元区的竞争力具有
重要意义。

　　而与此前相关条约不同的是，此次《公约》是参与国首次通过开放
式协调（Offene Methode der Koordinierung，OMK）③ 签署的政治协议，
不具有国际法或欧盟法效力。因此成员国议会及法院不直接参与监管
《公约》，《公约》内容可依照各国意愿的变动而被灵活调整。这种新决
策机制以成员国的自愿参与和灵活协调为特征，实质是差异性一体化现
实下的较优选择。

　　在德法积极行动的压力下，欧盟委员会和部长理事会也开始借机
发挥决策力，在财政预算及纪律监督中执掌有利的话语权，着手实施
更严厉、约束性更强的法规，并从欧盟法层面强化《稳定与增长公
约》。早在 2010 年 9 月，欧盟经济与货币事务委员奥利·雷恩（Olli
Rehn）就发布过一个更为严格的财政纪律草案，其核心在于由欧盟委
员会裁决违反《稳定与增长公约》的国家，且违约国应缴纳占 GDP
0.2%的罚款，除非有效多数的欧盟成员国在欧洲议会表决反对，即依照
"反向有效多数投票程序"（Umgekehrte Qualifizierte Mehrheit）④ 做出惩
罚决策。这一草案获得德国认可，而法国则反对欧盟委员会对各国财政

---

① 每年春季，成员国需将其财政预算计划在其成员国议会通过之前提交到欧盟委
员会审核，以预警可能出现的财政预算问题。

② Europäischer Rat，"Schlussfolgerungen des Europäischen Rates vom 24./25. März
2011, Anlage I Der Euro-Plus-Pakt"，Brüssel，20.04.2011，p.13，https：//
www.consilium.europa.eu/uedocs/cms_data/docs/pressdata/de/ec/120313.pdf.

③ Europäische Kommission，*Europäisches Regieren-ein Weißbuch*，2001/C 287/01，
2001，p.28，https：//eur-lex.europa.eu/legal-content/DE/TXT/PDF/? uri = COM：
2001：0428：FIN.

④ Traynor, Ian，"France and Germany hijack strict new eurozone budget regime"，in
The Guardian，19.10.2010，https：//www.theguardian.com/business/2010/oct/
19/france-and-german-hijack-euro-budget-rules.

预算施加过多影响。

在以德国为首的债权国的支持下，欧盟委员会开始积极推行草案的实施——"六部立法"（Six Pack）于2011年12月获得欧洲议会通过并于12月13日正式生效，它包括五部条例和一部指令，其核心内容在于完成对《稳定与增长公约》的几方面调整，以加强经济政策的趋同和预算控制：1. 不再"重赤字、轻债务"，而是将财政监管的重点由考察政府赤字与GDP之比改为考察公共债务与GDP之比（不应高于60%，且应逐年削减5%）；2. 通过宏观经济失衡程序（MIP）及其中的"记分牌"（scoreboard）等工具，加强欧盟对宏观经济的预先纠正功能；3. 欧盟委员会享有启动自动惩罚机制的判定权，若违约国在一定期限内未能按照理事会建议开始行动，需按照本国GDP 0.2%的比例缴纳罚金，该罚金将首先作为带息保证金存入一个封闭账户，如果违约国仍未采取措施，欧盟委员会将提议理事会用反向投票机制做出裁决，如果特定多数成员国不认可该国的改革举措，则带息保证金将转为不可收回的罚金；4. 对于成员国造假或美化统计数字的行为，一经发现，予以罚款。[①] 由于"六部立法"具备欧盟法属性，由欧盟委员会和欧洲议会负责监督各国实施情况并适时启动惩罚程序，因此《稳定与增长公约》的约束力有所加强，成员国无法施加绝对的影响力。但毋庸置疑的是，有着雄厚财力的德国也在此番行动中进一步确立了其在欧洲财政一体化中的主导地位——德式财政纪律随着欧盟立法进程的推进而更深入人心，欧元区也在如默克尔所期望的，向一个有负责监管统一预算政策的财政联盟的方向发展。[②]

与"六部立法"相得益彰的除了此前生效的欧洲学期外，还有欧盟

---

① OIDE, "Hungarian Presidency of the Council of the European Union: 'Package of six legislative proposals'", April 2011.

② Bundesregierung, "Neujahrsansprache von Bundeskanzlerin Angela Merkel zum Jahreswechsel 2011/2012", 31.12.2011, Berlin, https://archiv.bundesregierung.de/archiv-de/neujahrsansprache-der-bundeskanzlerin-textversion-749652.

委员会于 2011 年 11 月 23 日推出的"两部立法"（Two-Pack）①。它于 2013 年 5 月 30 日正式生效，其核心内容是在欧元区内引入更严格的预算监管程序，尤其是有财政困难或赤字问题的欧元区国家将受到以欧盟委员会为首的欧盟机构的强化监管，以及时纠正过度赤字问题。由此，欧盟机构的预算监管职能以及《稳定与增长公约》的事前防御机制均得以加强。

三 财政联盟法制化建设的深入与德法博弈

（一）"默科奇"促成德国主导的《财政契约》

随着德国在危机治理中的主导作用日益凸显，法国不断感到压力并积极寻求与德国共同发挥领导作用的机会。此时，德国提出进一步加强《稳定与增长公约》效力的要求，甚至建议剥夺长期违反预算规定的成员国的投票权。② 然而这些立场受到欧盟及各成员国的排挤，德国深感单枪匹马推进财政一体化和建构欧洲财政秩序的难处。在战略上互有所需的情况下，德法决心携手推进财政联盟法制化的深入建设。为此，"默科奇"在几乎所有欧盟理事会及欧元区峰会召开前均会预先协调并统一立场，再积极在欧盟层面形成联合倡议，《财政契约》（*Europäischer Fiskalpakt*）便是"默科奇"梅开二度的重要成果。

---

① 即《加强在维持其欧元区内金融稳定性方面遭受严重困难的成员国经济与预算监管规定草案》（*Proposal for a Regulation of the European Parliament and of the Council on the Strengthening of Economic and Budgetary Surveillance of Member States Experiencing or Threatened with Serious Difficulties with Respect to Their Financial Stability in the Euro Area*）和《监管和评估预算计划草案的共同规定以及确保纠正欧元区成员国过度赤字的草案》（*Proposal for a Regulation of the European Parliament and of the Council on Common Provisions for Monitoring and Assessing Draft Budgetary Plans and Ensuring the Correction of Excessive Deficit of the Member States in the Euro Area*）。

② Docquiert, Jacques/Counis, Alexandre, " L'Europe veut se doter d'un fonds d'assistance financière pour rassurer les marchés", in *Les Echos*, Nr. 20674, 10. 05. 2010, p. 2.

在 2011 年 8 月的德法首脑会晤中,"默科奇"为促成欧洲财政一体化各有让步,德国支持法国的欧元区经济政府倡议,而法国更是就一系列问题做出妥协:1. 支持德国建立财政稳定联盟的提议,以强化各国的财政责任意识;2. 支持按照"六部立法"改革治理欧元区的规则;3. 推出增强对各国财政监管的财政契约,并将签署该契约与是否动用 ESM 资金挂钩。2011 年 8 月 16 日,德法领导人联名致信范龙佩并呼吁增强欧元区内的财政政策协调,使所有欧元区国家在 2012 年秋季前将"债务刹车"条款(Schuldenbremse)落实到各国法律层面,从而对各国负债规模形成法律约束,以符合《稳定与增长公约》中的相关规定。① 欧盟委员会主席巴罗佐和欧盟经济与货币事务委员雷恩对这项德法建议表示欢迎,认为这是欧元区两国政治领导人做出的重要政治贡献,并表示欧盟委员会将尽快就此进行提议。② 11 月 9 日,欧元区成员国及其他 8 个非欧元区欧盟国家在布鲁塞尔峰会上决议,将欧洲经货联盟发展为抗风险能力更强的经济联盟。为达到这一目标,各国需分别从长期和短期方面采取行动:一是签署新的财政政策契约,以改善经济政策的协调、严格执行财政纪律;二是继续开发新的稳定性工具以应对短期风险与挑战。③

其间,德法就如何加强《稳定与增长公约》效力的具体措施持有不同意见。其一,两国对于普及"债务刹车"条款的法律程序存在分歧。德国认为应再次通过修改欧盟条约实现"债务刹车"条款的法制化;而

---

① Cf. Bundesregierung, "Gemeinsamer Deutsch-Französischer Brief an EU-Ratspräsident Herman Van Rompuy", Pressemitteilung Nr. 291, 17. 08. 2011, http：//www. france-allemagne. fr/IMG/pdf/Gemeinsamer _ Deutsch-Franzosischer _ Brief _ an _ EU-Ratsprasident_Herman_Van_Rompuy. pdf.

② Europäische Kommission, "Statement by President Barroso and Commissioner Rehn on today's proposals by President Sarkozy and Chancelor Merkel", MEMO/11/557, Brüssel, 16. 08. 2011, http：//europa. eu/rapid/press-release _ MEMO − 11 − 557 _ en. htm.

③ Europäischer Rat, "Erklärung der Staats-und Regierungschefs des Euro-Währungsgebiets", Brüssel, 09. 12. 2011, https：//www. consilium. europa. eu/uedocs/cms_data/docs/pressdata/de/ec/126678. pdf.

法国则认为修约没有必要。① 其二，德国希望增强欧盟委员会对《稳定与增长公约》的监管权力，并能在成员国违约时由欧盟委员会启动自动惩罚机制（即惩罚机制的“半自动化”），而法国则反对赋予欧盟委员会过多权力，并希望自动惩罚机制的启动由欧洲理事会通过有效多数来决定。不过最后，“默科奇”就修改欧盟法使财政政策契约成为欧盟一级立法的操作达成一致。

然而英国的一票否决使德法不得不另辟蹊径，寻求签署欧盟法以外的国际法性质条约。2012 年 3 月 2 日，除英国和捷克以外的欧盟 25 国在春季峰会上签署了《经济货币联盟稳定、协调与治理条约》（*Vertrag über Stabilität, Koordinierung und Steuerung in der Wirtschafts-und Währungsunion*，简称《财政契约》）。这一政府间性质的条约规定，成员国应确保结构性赤字不得超过 GDP 的 0.5%，且各国应将“债务刹车”条款写入国家宪法或具同等效力的相关法律中，引入自动惩罚机制，由欧洲法院监督，违约国将支付最高占 GDP 0.1%的罚金，以支持 ESM 的资金储备。此外，ESM 将提前一年启动，并在必要时期向签约国家提供贷款。② 2013 年 1 月 1 日，《财政契约》正式生效，它强化了自动惩罚机制的运行程序，并实现了“债务刹车”条款的“宪法化”，提升了条约的惩戒力度，因此被视为欧洲经货联盟成立以来最重要的改革成果之一。同时，它是又一个德国主导的德法联合领导成果。

不过，不具备欧盟法效力的政府间《财政契约》的约束力仍然有限。2015 年，西班牙和葡萄牙的预算赤字分别高达 GDP 的 5.1%和 4.4%，超出条约规定。随后，两国为此据理力争并要求取消惩罚，欧盟

① Kafsack, Hendrik, "Frankreich gegen schärferen Stabilitätspakt", in *Frankfurter Allgemeine Zeitung*, Nr. 205, 03. 09. 2011, p. 14.

② Bundesministerium der Finanzen, "Vertragstext zum Europäischen Fiskalpakt ("SKS-Vertrag") ", 19. 04. 2013, http://www. bundesfinanzministerium. de/Content/DE/ Downloads/2013- 04 - 19 - fiskalvertrag-deutsche-fassung. pdf? _ _ blob = publication-File&v = 3.

委员会也对两国的改革努力表示支持并建议欧盟理事会取消对两国的惩处。① 可见，财政一体化的这一法律成果实质仍是政治官僚特性优先，缺乏有效的监督者和约束力。

（二） 奥朗德主推形式化的《就业与增长契约》

德国财政纪律在欧元区的贯彻使法国对自身财政话语权的缺失感到焦虑和不满。2012 年 1 月 9 日，萨科齐在与默克尔的会晤中再次提议实践更积极的增长与就业政策，② 但并未得到德国的积极回应。如何应对德国的财政紧缩政策并贯彻法式促增长方针，成为法国 2012 年总统竞选的核心议题之一，也在一定程度上加剧了法国政党之间的对立和法国经济与社会的发展矛盾。2012 年 5 月，社会党人奥朗德当选新一任法国总统。奥朗德在竞选期间便注重打造更独立的法国角色，同时间接表示对德国利己主义的不满。不同于萨科齐希望"法德轴心"共同扮演欧盟的领导角色，奥朗德不再刻意维护德法关系的特殊性，而是强调法国是欧洲南部与北部之间的桥梁，③ 并致力于与其他伙伴国建立或改善友好关系。默克尔对这样一位社会党人同样没有好感，她除了在法国总统竞选期间公开支持萨科齐外，在奥朗德当选总统后也未在第一时间表示祝贺。

进入"默克朗德"时期的德法关系初期有所降温，德法联合领导力中的竞争元素也随之凸显。奥朗德开始积极兑现自己的竞选诺言——重新谈判和修订"默科奇"达成的《财政契约》，以增强欧盟财政政策中的法国特色。对这样的修约要求，默克尔第一时间提出反对，但对实施

① Smith-Meyer, Bjarke, "Brussels Decides against Fining Portugal, Spain", in *POLITICO*, 27. 07. 2016, https：//www. politico. eu/article/no-fines-for-portugal-spain-over-budget-failures-european-commission-deficit/.

② Gammelin, Cerstin, "Genug gespart, Kanzlerin", in *Süddeutsche Zeitung*, Nr. 6, 09. 01. 2012, S. 2.

③ Chrisafis, Angelique, "François Hollande：Look Past Austerity or Risk Falling out of Love with Europe", in *The Guardian*, 17. 10. 2012, https：//www. theguardian. com/world/2012/oct/17/francois-hollande-interview-eu-france.

有条件的促增长措施持开放态度。[1] 具体来看，奥朗德致力于设立共同规则以保障欧洲的团结与责任共担，而这一规则的本质在于财政刺激政策。2012 年 6 月 14 日，奥朗德向意大利、西班牙等国递交了《欧洲增长契约》（*Europäischer Wachstumspakt*）草案及其附带的 1200 亿欧元经济刺激计划，该契约的重点在于征收统一的金融交易税、加大对高新技术以及重要基础设施等领域的投资、促进年轻人就业。[2] 该计划获得以意大利和西班牙为首的南欧国家的支持。此后在欧元区首脑峰会召开前，德法两国出乎意料地未进行双边磋商，而是在奥朗德的安排下于 6 月 22 日与意大利和西班牙举行四国会晤，就《欧洲增长契约》提出进一步意见。

基于四国首脑的立场协调，各国在 2012 年 6 月 28 ~ 29 日的欧元区首脑峰会上同意签署《就业与增长契约》（*Pakt für Wachstum und Beschäftigung*），并决定动用欧盟经济总量的 1%（约为 1300 亿欧元）用于刺激经济增长。《就业与增长契约》强调成员国应奉行有差别的、增长友好型的财政紧缩政策，将促进就业作为优先目标；确保研发、教育和能源领域的公共投入以及在基础设施领域的投资，重新分配欧盟的结构性资金，以促进欧盟经济协调增长；进一步加强经济协调，保持欧元区金融稳定，解决根深蒂固的发展不平衡问题并深化财政改革等。[3] 不过，所谓的经济刺激计划并未增加欧盟的预算支出，而仅是对现行结构性基金的再分配。此外根据规定，所谓的促增长措施只有在成员国遵守

---

[1] Cf. Saint-Paul, Patrick, "Entre Merkel et Hollande, des désaccords de fond", in *Le Figaro*, Nr. 21077, 08. 05. 2012, p. 9.

[2] 这一计划的出资方有三个：由欧盟结构基金提供 550 亿欧元，由欧洲投资银行从金融市场融资 600 亿欧元，再通过发行欧元区共同债券（欧元债券），从金融市场融资 45 亿欧元。cf. Volkery, Carsten, "EU-Wachstumsrhetorik. Der Mogelpakt", in *Spiegel Online*, 27. 06. 2012, http: //www. spiegel. de/wirtschaft/soziales/eu-wachstumspakt-von-merkel-und-hollande-ist-eine-mogelpackung-a-841040. html.

[3] Europäischer Rat, "Tagung des Europäischen Rates 28/29. Juni 2012, Schlussfolgerungen", EUCO 76/2/12 REV 2 (de, es, sl), Brüssel, 20. 07. 2012, p. 7, http: //www. consilium. europa. eu/uedocs/cms _ data/docs/pressdata/de/ec/131398. pdf.

《稳定与增长公约》的预算规定时才可实施。[1] 同时,《就业与增长契约》的其他规定多是意向性或愿景性条款,避开了德法核心分歧。德法两国通过倡导签订新的政府间条约,避免赤字率和债务率标准在欧盟层面的法制化,为成员国违约以及政治斡旋的操作提供了机会。由此,由法国主导达成的《就业与增长契约》更像是被包装过的"面子工程",其象征意义远大于实质约束力。

但与此同时,德法的先后行动也为欧盟机构制定战略规划与措施提供了思路和启示。2012 年 6 月 26 日,欧洲理事会主席范龙佩发布了《走向真正的经济货币联盟之路》的报告,并为欧洲经货联盟的建设确立了四大基石:一体化金融框架、一体化预算框架、一体化经济政策框架以及更强的民主合法性与民主问责。[2] 在此基础上,欧盟委员会于 2012 年 11 月 30 日拟定了《关于一个深入和真正的欧洲经货联盟的蓝图:发起欧洲辩论》,并于 12 月 13~14 日由欧洲理事会决议通过。

四 德法在预算一体化中的争议与共同行动

(一) 后欧债危机时期:欧元区预算计划的出台与难产

主权债务危机的治理进程表明从成员国层面协调预算、从欧盟层面统筹救助的必要性。而为了从资金和监管层面形成应对危机和风险的持久保障,"德法轴心"支持在欧盟层面设立针对性的统一预算(也称预算一体化),马克龙更是在就任总统后不久便提出了创新性的欧元区预算方案。不过,两国对于统一预算的规模、功能等却有着不同设想。统

---

[1] Europäischer Rat, "Tagung des Europäischen Rates 28/29. Juni 2012, Schlussfolgerungen", EUCO 76/2/12 REV 2 (de, es, sl), Brüssel, 20. 07. 2012, p. 8, http://www.consilium.europa.eu/uedocs/cms _ data/docs/pressdata/de/ec/131398. pdf.

[2] Europäischer Rat, "Auf dem Weg zu einer echten Wirtschafts-und Währungsunion. Bericht des Präsidenten des Europäischen Rates Herman Van Rompuy", EUCO 120/12, Brüssel, 26. 06. 2012, https://www.consilium.europa.eu/media/21554/131294. pdf.

一财政监管与统筹转移支付之间的矛盾，始终是德法围绕欧洲统一预算博弈的核心，而两国在统一预算中的初期争执，也为欧盟行为体从中协调提供了机会。

2017 年 9 月，马克龙在巴黎索邦大学发表演讲并提出了设立独立欧元区预算以及欧元区财长的改革倡议。[①] 然而，这一倡议屡遭南欧以外的欧元区成员国及欧盟机构的抵制，以荷兰为代表的北欧国家对此强烈反对，德国也对设立单独的欧元区预算持有保留意见——默克尔不仅担心法国借此再次推行债务集体化，而且忧虑该倡议会加剧欧元区与非欧元区之间的精神隔阂与发展差距，影响欧洲经货联盟的发展和欧盟团结。

具体来看，德法围绕统一预算的分歧之一在于预算的核心功能。德国认为，设立统一预算的主要目的应在于实行统一的财政监管，并为情况特殊的成员国在实施财政紧缩措施期间提供短期的资金支持；只有从超国家层面监管各成员国的财政预算计划并严格实施财政纪律，才可从源头上避免债务风险。但在马克龙看来，统一预算的核心功能在于再分配以及弥补现有救助机制的资金短缺；转移支付联盟是财政联盟的重要组成，从欧元区层面统筹计划并协调分配各国的预算需求，可以更及时高效地为资金需求国提供针对性补贴，从而将债务危机扼杀在摇篮里。

德法围绕统一预算的分歧之二在于预算资金的规模和组成。在德国看来，若设立统一预算，则预算规模应为数百亿欧元，并可在欧盟预算框架内设立针对欧元区的投资预算（Investivhaushalt）和失业者再保险（Arbeitslosen-Rückversicherung）等作为配套政策措施，[②] 其中后者只有在

---

① Französische Botschaft in Berlin, "Rede von Staatspräsident Macron an der Sorbonne Initiative für Europa", Paris, 26.09.2017, p. 12, https：//de. ambafrance. org/Initiative-fur-Europa-Die-Rede-von-Staatsprasident-Macron-im-Wortlaut.

② Cf. Berschens, Ruth/Hildebrand, Jan/Hanke, Thomas, "Deutschland und Frankreich nähern sich bei der Reform der Euro-Zone an", in *Handelsblatt*, 13.06.2018, https：//www. handelsblatt. com/politik/international/europaeische-union-deutschland-und-frankreich-naehern-sich-bei-der-reform-der-euro-zone-an/22680442. html? ticket = ST-2141873-khrG1b4RAAABCESDo3vw-ap2.

成员国的失业保险支付能力遭遇瓶颈时才可启动。而法国则认为共同预算的实质在于转移支付，因此预算规模不应过低。此前在欧共体时期，欧共体委员会发布的《马克杜嘉尔报告》（*The MacDougall Report*）称，共同预算机制的规模至少要占欧共体国家 GDP 总和的 7.5%～10%，在初期阶段也至少要占 GDP 的 2.5%～3%。① 按照这一标准，马克龙倡议的数千亿欧元的额度能更好地承担共同预算的职能。不过，德国始终坚决反对将预算用于大规模的转移支付，认为预算应以有去有回的贷款形式提供给需求国，法国则认为欧元区预算应包括无偿补贴，并希望欧盟另设共同基金，为欧盟境内的基础设施、交通运输和就业等领域的共同项目提供资金。

尽管德法在统一预算的功能上存在核心争议，但面对社会各界对“德法轴心”的积极期待，两国决策者经数夜洽谈最终各有让步并形成了战略性共识：根据德法 2018 年 6 月达成的《梅泽贝格声明》，欧元区应在 2021 年前设立统一预算，以改善欧元区的竞争环境。② 但依照德国的意见，该预算资金一方面应保留在欧盟预算框架内，以成员国会费、税收及欧盟的累积基金为基础；另一方面，法国同意设立有额度限制、不具有转移支付功能的欧元区预算，紧急情况下该预算可用于提供有偿贷款。③ 此外，马克龙建议改革 ESM 并扩大其资金规模，将其纳入欧元区预算中。对此，德法领导人表示，未来希望能将 5000 亿欧元的欧元区

① Commission of the European Communities，"Report of the Study Group on the Role of Public Finance in European Integration"，Volume I & II，Brussels，April 1977，http：//ec. europa. eu/archives/emu_history/documentation/chapter8/19770401en73macdougallrepvol1. pdf；https：//www. cvce. eu/obj/the_macdougall_report_volume_ii_brussels_april_1977-en-91882415-8b25-4f01-b18c-4b6123a597f3. html.

② Bundesregierung，"Erklärung von Meseberg，Das Versprechen Europas für Sicherheit und Wohlstand erneuern"，Pressemitteilung 214，19. 06. 2018，https：//www. bundesregierung. de/breg-de/aktuelles/erklaerung-von-meseberg-1140536.

③ Hanke，Thomas，"Asylstreit in der Union macht Macron nervös"，in *Handelsblatt*，14. 06. 2018，https：//www. handelsblatt. com/meinung/kommentare/kommentar-asylstreit-in-der-union-macht-macron-nervoes/22683162. html？ ticket = ST-133991-heyCLjVgVGZQvD4D91mt-ap2.

救助基金转变成永久救助基金，为财力紧张的欧元区国家提供贷款援助。

德法关于设立欧元区预算的倡议得到欧盟高级官员的肯定。欧盟委员会主席容克表示，德法双边倡议的预算计划非常平衡且能够促进欧洲发展。欧洲央行行长德拉吉也对此表示支持，但呼吁确定倡议的更多细节。相比之下，成员国层面的差异化设想却对德法在统一预算中的主导作用构成不小的障碍。其中，欧元区中的 12 国对这一倡议表示反对，这些国家既包括"比荷卢"传统的财政紧缩派，也包括爱尔兰、马耳他以及波罗的海三国（爱沙尼西、拉脱维亚、立陶宛）等欧元区非核心国家。以荷兰财长沃普克·霍金斯塔（Wopke Hoekstra）为首的新汉莎同盟①向欧元集团主席致联名信，质疑德法倡议声称的财政中立；而非欧元区国家波兰也对"默克龙"的倡议持反对意见，称欧元区预算若需要非欧元区国家分担，则欧盟难以实现可持续发展。对于这些异议，德法表示其双边预算倡议仅是意向而非确凿之事，是可以与各方通过谈判讨论加以调整的。至此，此前一向坚决反对德法预算倡议的荷兰才在表态上有所缓和。

2019 年 6 月 14 日，欧元区财长会议同意设立欧元区统一预算机制，该机制被命名为促进竞争力和趋同性预算工具（Budgetary Instrument for Convergence and Competitiveness，BICC）。作为欧洲学期等现有机制的补充，它属于欧盟预算框架的一部分，全部属于拨款性质，但由欧元区首脑峰会和欧元集团提供战略性的指导。② 经过几次会议讨论，最终协定的 BICC 预算规模为 170 亿欧元，远低于马克龙预期的数千亿欧元。有人指出："在成员国数量减少的情况下仍要提高欧盟预算是完全错误的。"③

---

① 指的是欧元区内以财政紧缩和财政纪律为导向的 8 个国家，其立场包括要求欧元区国家各自承担相应的国家责任。

② European Council，"Term Sheet on the Budgetary Instrument for Convergence and Competitiveness"，14. 06. 2019，https：//www. consilium. europa. eu/en/press/press-releases/2019/06/14/term-sheet-on-the-budgetary-instrument-for-convergence-and-competitiveness/.

③ Rettman, Andrew，"Germany and France Lead EU Budget Concerns"，Brussels，03. 05. 2018，in *EUobserver*，https：//euobserver. com/economic/141740.

该预算从 2021 年起，由 19 个欧元区国家分 7 年注入。此外，这笔预算的功能未像马克龙期许的那样用于促增长，而是仅用于欧盟批准后的投资和结构性改革项目。在 6 月 28 日的欧盟首脑峰会上，"2021～2027 年多年期预算"及其框架下的 BICC 正式获得通过。其中欧盟共同预算旨在促进欧元区内的经济融合，改善欧元区的竞争环境；80% 以上的 BICC 资金按人均 GDP 的倒数和人口向成员国分配，剩余 20% 则视情况应对一些国家的特定挑战。[①] 该计划也获得了欧盟委员会和欧洲央行的认可。

然而，决定欧元区预算能否发挥实质维稳作用的是资金规模，"迷你版"欧元区预算是欧元区较大发展差距与法国改革雄心相妥协的结果，象征意义大于实质意义。但反过来看，即使各方能协议通过马克龙的欧元区预算方案，能否达到预算的目标规模也是个问号：就法国而言，随着马克龙宣布减税和提高最低工资，持续且大规模的抗议示威活动阻碍了法国对欧盟的进一步财政支出；中美经贸摩擦、新冠肺炎疫情等外围的经济安全风险给包括欧洲在内的全球市场带来较大冲击，特别是 2020 年以来，欧元区采购经理指数（PMI）持续下滑，市场情绪受到持续抑制，经济增长动能下行，预算资金的储备令人担忧。

（二）新冠肺炎疫情以来，财政刺激计划的"顺产"马拉松

从 2018 年下半年起，欧元区经济的增长就有所疲软；[②] 新冠肺炎疫情的暴发对于欧元区和欧盟的经济社会发展更是雪上加霜。自 2020 年 2 月下旬起，疫情已然给欧盟带来不小的经济和社会损失，意大利、西班牙和法国相继成为受创最严重的欧盟成员国。根据欧洲统计局公布的数据，欧元区 2020 年第一季度 GDP 同比下降 3.1%，其中德国同比下降 2.3%，法国甚至同比下降 5%；欧元区 2020 年第一季度就业率也比上一

---

① European Council, "Explainer on the euro area budgetary instrument", 03. 04. 2020, https：//www. consilium. europa. eu/en/policies/emu-deepening/bicc-faq/.

② "Growth of the real gross domestic product（GDP）in the Euro area from 4th quarter 2017 to 4th quarter 2019", *Statista*, https：//www. statista. com/statistics/226122/ gdp-growth-in-the-eu-and-the-euro-area-compared-to-same-quarter-previous-year/.

季度下降了 0.2 个百分点；① 4 月份的 PMI 为 33.4，达到了 11 年来的新低。② 在 2020 年 3 月 26 日的欧盟首脑峰会上，各国一致认为应采取一切必要措施，从防止病毒扩散、筹备医疗物资、促进科学研究、减少对社会经济产生的不利影响、管理本国在外居民等方面共同行动。③

在各方围绕财政援助计划讨论期间，疫情对欧元区产生的经济冲击也在加重。为此欧洲央行新任行长克里斯汀·拉加德（Christine Lagarde）表示，将采取一切必要措施来恢复经济。2020 年从 3 月开始，欧洲央行就开始采取一系列的"新量宽"措施来提高通胀率：在 3 月 18 日启动 7500 亿欧元的紧急抗疫购债计划（Pandemic Emergency Purchase Programme，PEPP），在 2020 年 6 月又将购债规模提高到 1.35 万亿欧元，计划持续期从 2020 年底延至 2021 年 6 月；扩大企业债购买计划（Corporate Sector Purchase Programme，CSPP）的合格资产范围，放宽抵押品标准；继续放松第三轮定向长期再融资操作（TLTRO）的条件，使其利率能够低于存款基准利率 50 个基点，期限为 2020 年 6 月至 2021 年 6 月，同时维持三大政策利率不变④。

然而货币政策只有与财政手段相搭配，才能实现最佳的经济复苏效果，进一步调整财政刺激性措施并使其与货币政策相适应的要求呼之欲出。受疫情影响严重的意大利、西班牙等国提议设立"新冠债券"

---

① "Quarterly national accounts-GDP and employment", *Eurostat*, 20.07.2020, https：//ec. europa. eu/eurostat/statistics-explained/index. php？title = Quarterly _ national _ accounts _ – _ GDP _ and _ employment, https：//ec. europa. eu/eurostat/statistics-explained/index. php？title = Quarterly _ national _ accounts _ – _ GDP _ and _ employment#GDP_growth_by_Member_State.

② "Euro Area Manufacturing PMI", *Trading Economics*, https：//tradingeconomics. com/euro-area/manufacturing-pmi.

③ Europäischer Rat, "Gemeinsame Erklärung der Mitglieder des Europäischen Rates", Brüssel, 26.03.2020, https：//www. consilium. europa. eu/media/43085/26-vc-euco-statement-de. pdf.

④ European Central Bank, "Meeting of 29–30 April 2020", 22.05.2020, https：//www. ecb. europa. eu/press/accounts/2020/html/ecb. mg200522~f0355619ae. en. html.

（Corona-Bonds），希望欧元区成员国在金融市场上共同借债和担保，帮助受困国获得更便捷实惠的融资渠道；此外，"新冠债券"计划一旦落实，于内于外都将释放欧盟团结的积极信号，有利于整个欧盟的经济复苏。然而，这项新提议实际是装在了债券一体化的旧瓶里，与此前欧元债券的设想不无二致，因此受到了法国、卢森堡及南欧国家的欢迎，但遭到了以德国、荷兰为代表的北方债权国的反对，欧盟委员会主席乌尔苏拉·冯德莱恩（Ursula von der Leyen）也对此持保留意见，并更希望借助 2021~2027 年的欧盟财政预算，用当代马歇尔计划来缓解疫情危机。[①] 为了尽快形成可行方案、平复市场情绪、减少欧盟不团结和反德[②]的声音，德国外长马斯和财长奥尔夫·朔尔茨（Olaf Scholz）在 2020 年 4 月 6 日联合发表了署名文章《团结应对欧洲的新冠肺炎疫情危机》。文章首先坦承欧洲在新冠肺炎疫情危机初期未能做好准备，但能以团结的精神来渡过危机；具体来看，两位部长认为可通过 ESM、泛欧担保基金[③]、紧急情况失业风险援助金（SURE)[④] 来应对疫情带来的挑战，这一思路最后获得了法国认可。[⑤]

在 2020 年 4 月 9 日的欧元集团财长视频会议上，各国在"德法轴心"的协调下初步达成了共计 5400 亿欧元的援助计划（Hilfspaket），其资金应在同年 6 月 1 日前到位，其核心内容是与德国提出的三方面措施相吻合的

---

① "EU-Gipfel：Von der Leyen verspricht weitere Corona-Milliarden-Merkel legt nach"，*Merkur. de*，09. 07. 2020，https：//www. merkur. de/politik/corona-bonds-merkel-merz-italien-deutschland-eurobonds-krise-pandemie-coronavirus-conte-zr-13640 500. html.

② "Anti-Deutschen-Stimmung in Italien：Immer noch gnadenlos arrogant"，*Tagesschau*，02. 04. 2020，https：//www. tagesschau. de/ausland/anti-deutschen-simmung-italien-101. html.

③ 由欧洲投资银行管理，重点为中小企业提供流动性。

④ 即 Support to mitigate Unemployment Risks in an Emergency。欧盟委员会于 2020 年 4 月 2 日推出这一措施，计划通过 1000 亿欧元的风险援助金来资助成员国的工资补贴。

⑤ Cf. Bundesfinanzministerium，"Eine solidarische Antwort auf die Corona-Krise in Europa"，06. 04. 2020，https：//www. bundesfinanzministerium. de/Content/DE/Reden/2020/2020-04-06-Maas-Scholz. html.

"三大安全网"，主要包括：（1）2000 亿欧元的泛欧担保基金；（2）多年度财政框架（Multiannual Financial Framework，MFF）下的 1000 亿欧元就业再保险方案；（3）ESM 框架下不超过 2400 亿欧元的信贷额度。[①] 除此之外，会议声明还提出了设立临时性的复苏基金、调整欧盟 MFF 等措施，但各方对复苏资金的发放方式、使用领域、期限等细节仍存在较大争议。

2020 年 4 月 23 日，欧盟领导人峰会正式通过了"三大安全网"措施。不过，以西班牙、意大利、法国为代表的南欧国家认为，欧元集团达成的三方面措施仍然不够，西班牙首相佩德罗·桑切斯·佩雷斯-卡斯特洪（Pedro Sánchez Pérez-Castejón）希望设立总额为 1.5 万亿欧元的欧洲复苏基金（European Recovery Fund，ERF），以欧盟委员会的名义借债并通过欧盟预算来偿还。这种高额转移支付的方案最初引起了德国、荷兰等债权国的反对，但鉴于疫情给欧元区和欧盟造成的严重损失，默克尔一改此前在希腊债务危机时期的态度，为这一"曲线举债"的方案开了绿灯，不过她认为该基金规模应缩减至 5000 亿欧元，同时应以采取经济结构性改革为条件。2020 年 5 月 18 日，"德法轴心"提出了《促进欧洲从新冠危机中复苏》的德法倡议，其核心是"四支柱模式"：一是建立和发展欧盟的健康主权，如提高欧盟在卫生领域的科研投入、统筹医疗资源、协调数据标准等；二是设立欧盟预算框架下 5000 亿欧元的欧洲复苏基金，用以提振最受疫情影响的产业；三是加快向绿色与数字化经济的过渡；四是进一步完善欧盟内部市场。[②] 在这一系列倡议中，设立欧洲复苏基金是关键也

---

① Eurogroup, "Report on the comprehensive economic policy response to the COVID-19 pandemic ", Brussels, 09.04.2020, https://www.bundesfinanzministerium.de/ Content/DE/Standardartikel/Themen/Schlaglichter/Corona-Schutzschild/Eurogruppe-Rat-Bericht. pdf? __blob = publicationFile&v = 3.

② Cf. France Diplomacy, "European Union-French-German initiative for the European recovery from the coronavirus crisis", Paris, 18.05.2020, https://www.diplomatie. gouv. fr/en/coming-to-france/coronavirus-advice-for-foreign-nationals-in-france/ coronavirus-statements/article/european-union-french-german-initiative-for-the-european-recovery-from-the.

是各方争执颇多且较为急迫的一项措施。德国的传统立场转变与战略考量是此次法德倡议得以出台的关键，也为后续欧盟方案的最终达成埋下伏笔。

各成员国对设立 ERF 的提议总体支持，但对于计划的实施细节则意见分化、褒贬不一。以法国、意大利为代表的南欧国家以及比利时均欢迎该计划。但以荷兰为代表的"节俭四国"①则在 2020 年 5 月 23 日联合提出反对议案，主要围绕以下争议：其一，ERF 首先应通过贷款的方式提供给需求国，且要设立期限为两年；其二，欧盟不应通过增加预算来承接 ERF 的规模；其三，资助要在应用领域上有所侧重，用有限的资金来满足关键需求；其四，资助要以财政纪律和结构性改革为条件。②此外，"维谢格拉德集团"（The Visegrád Group）③中的捷克和匈牙利也对德法倡议有所不满：作为净出资国的捷克和匈牙利认为计划不够公平，对经济更发达的南欧能获得更多救助资金而感到不满。④

在此背景下，欧盟委员会基于德法倡议在同年 5 月 27 日出台了支持欧洲复苏计划的欧盟预算方案。除了此前提到的 5400 亿欧元援助计划外，该方案新增了"双层设计"：一是加强版的 2021~2027 年欧盟长期预算计划，计划资金为 1.1 万亿欧元；二是基于德法提议的 ERF，欧盟委员会提出了"下一代欧盟"计划（Next Generation EU），计划资金规模增至 7500 亿欧元，将被列入欧盟 2021~2027 年欧盟长期预算计划中，偿还起始年份为 2028 年；其中的 5000 亿欧元将以赠款方式分配，另外

①　即奥地利、丹麦、荷兰和瑞典。它们因长期遵循财政纪律原则，反对债务的共同体化而被媒体称为"节俭四国"。

②　"EU-Staaten legen Gegenentwurf zu Merkel-Macron-Plan vor"，*Der Tagesspiegel*，23. 05. 2020，https：//www.tagesspiegel.de/politik/sparsame-vier-fuer-kredite-statt-zuschuesse-eu-staaten-legen-gegenentwurf-zu-merkel-macron-plan-vor/25854110.html.

③　它是由匈牙利、波兰、捷克和斯洛伐克组成的政治与文化组织，以匈牙利的城市维谢格拉德命名。

④　"Spezial：Die Reaktionen der EU-Staaten auf den Recovery Fund der Kommission"，*EURACTIV Network*，28. 05. 2020，https：//www.euractiv.de/section/eu-innenpolitik/news/spezial-die-reaktionen-der-eu-staaten-auf-den-recovery-fund-der-kommission/.

2500 亿欧元通过低息贷款发放。最后，复苏基金应优先用于数字经济、绿色产业、可持续发展等领域，由此可为创新价值供应链、减少对外依赖、促进经济转型、主导绿色经济等提高经济战略自主性的措施提供必要的资金支持。①

这一“改良版”的欧洲复苏基金计划获得了“德法轴心”的积极响应，但为了使其他成员国也能尽快接受这一方案，马克龙于 2020 年 6 月 29 日出访德国，这也是自疫情暴发以来默克尔与马克龙的首次线下会晤。会后两国在记者招待会上进一步呼吁，疫情面前没有成员国能独善其身，各国应联合出力、共克时艰，希望“德法轴心”的一致声音能积极推动 ERF 和 MFF。② 同年 7 月 8 日，默克尔在布鲁塞尔陈述了德国作为轮值主席国的施政方案，并与欧盟委员会主席、欧洲理事会主席和欧洲议会主席进行了会晤。会后的四方声明指出，抗击疫情、复苏经济是欧盟当前的重中之重，促成各方达成有关 7500 亿欧元欧洲复苏基金和 2021~2027 年欧盟长期预算计划的协议则是首要任务。默克尔表示，当务之急是使各方尽快达成一致，指出：“毫不夸张地说，当前欧洲正面临最大的经济挑战，因此关键问题不是何时行动，而是尽快行动。”③

为了平衡各国的立场分歧、使预算决议在 2020 年 7 月下旬欧盟峰会获得通过，默克尔开始了有重点的游说外交和交易型领导：7 月 9 日，荷兰首相马克·吕特（Mark Rutte）访德并提出，欧洲复苏基金的发放需要以实施结构性改革为条件；7 月 13 日，意大利总理朱塞佩·孔特

---

① Cf. European Commission, "The EU budget powering the Recovery Plan for Europe", 27. 05. 2020, https：//ec. europa. eu/info/sites/info/files/factsheet_1_en. pdf.

② Cf. Presse-und Informationsamt der Bundesregierung, "Pressekonferenz von Bundeskanzlerin Merkel und dem französischen Präsidenten Macron", Meseberg, 29. 06. 2020, https：//www. bundeskanzlerin. de/bkin-de/aktuelles/pressekonferenz-von-bundeskanzlerin-merkel-und-dem-franzoesischen-praesidenten-macron-1764982.

③ "Corona-Krise：Nach Beratung über Milliarden-Hilfspaket-Merkel spricht von, größer wirtschaftlicher Herausforderung", *Merkur. de*, 09. 07. 2020, https：//www. merkur. de/politik/angela-merkel-coronavirus-krise-eu-aufbauprogramm-konjunktur-rezession-italien-spanien-milliarden-von-leyen-zr-13803915. html.

(Giuseppe Conte) 在访德期间承诺会为获得救助资金进行改革；7月14日，西班牙首相桑切斯访德并同样做出了改革承诺。与此同时，欧洲理事会主席夏尔·米歇尔（Charles Michel）① 也决定对欧盟委员会在5月提出的复兴计划进行如下修改：建议将欧洲长期预算计划的资金降至1.074万亿欧元，对气候变化领域的相关支出比例提升到30%，将偿还债务的起始时间提至2026年，尽快落实增加欧盟收入的计划②，预留50亿欧元作为应对英国脱欧的专项基金。

2020年7月17日，欧盟领导人峰会正式开幕，各方重点围绕基金数额、筹措方式、分配方式、附加条件等问题进行协商。荷兰、奥地利、丹麦、瑞典等净出资国认为应将赠款减至3500亿欧元，并附带社会福利改革等约束性条件，芬兰随后也加入了这一反对阵营；而"德法轴心"和南欧国家则认为赠款至少应达4000亿欧元；"维谢格拉德集团"则希望在基金的分配比例及条件方面能被公平对待，各方分歧难解、谈判陷入僵持，原定两天的会议也因此继续延长。

在这样的情况下，欧洲理事会主席米歇尔提出了新的折中方案：使赠款数量降到3900亿欧元，同时每年向"节俭四国"提供一定比例的费用返还。"德法轴心"及欧盟领导人晓之以理、动之以情，经过91个小时的马拉松谈判，各方终于在7月21日就共担财政风险进一步达成一致，新的经济刺激计划正式获得通过，这份计划可供使用的预算金额高达1.82万亿欧元，其中：欧盟长期预算计划总额为1.074万亿欧元；7500亿欧元的新冠救助基金（Corona-Rettungsfonds）总额维持不变，并由欧盟委员会发债筹集，通过欧盟预算逐步偿还；赠款由原计划的5000亿欧元减至3900亿欧元，其中的70%将在2021~2022年发放，并根据各国在2015~2019年的平均失业率等指标进行分配，剩余部分在2023年发放，并根据前两年各成员国GDP的降幅来分配；另有3600亿欧元通过

---

① 夏尔·米歇尔自2019年12月1日起担任欧洲理事会主席。

② 主要通过征收数字税、环保税等。参见 http：//news. cri. cn/20200710/d084f546-1f37-2427-22ac-c9db73b8b94e. html。

贷款形式发放。① 而关于实行财政和法治改革等获得救助的条件，协定也仅一带而过。在"德法轴心"的积极倡议、米歇尔的努力协调下，欧盟再次彰显了团结精神，达成了欧盟历史上首个大规模的财政互助刺激计划，极大地提振了市场信心，默克尔由此也获得了最想要的"生日礼物"②。而在此次峰会召开前夕，欧洲央行也决定维持欧元区三大关键利率水平不变，继续以灵活方式实施规模高达 1.35 万亿欧元的紧急购债计划，该计划至少持续到 2021 年 6 月。欧洲央行还决定将 1200 亿欧元的临时购债计划延续至 2020 年底。

不过，此次财政互助刺激计划还需获得欧洲议会的批准才能在 2021 年生效。与此同时，新计划也引起了不少质疑：其一，欧盟各国对救助条件的认知差异和不同的践行能力可能会使计划的最终效果打折扣；其二，欧盟委员会能否在国际资本市场完成预期融资也是个未知数；其三，根据德国曼海姆经济学家海涅曼的估算，ERF 当前规模远不足以帮助像意大利和西班牙这样的重债国纾困，即使追加救助基金到 1.5 万亿欧元、通过"新冠债券"来融资，也只是杯水车薪。③ 不过，对于处在多重挑战中的欧盟而言，并非只有一劳永逸的方案才唯一可取；在危机和时间压力面前，欧盟似乎更急需通过"短平快"的行动方案及时"退烧"，解决当下在经济和心理层面的部分燃眉之急。

五　德法引领下的欧洲税收一体化进程

在税收一体化领域，德法联合领导力的实践主要通过提出倡议与先行实践的路径展开，具体表现在深化德法双边的企业税合作、倡导引入

① Cf. European Council, "Conclusions-17, 18, 19, 20 and 21 July 2020", Brussels, 21. 07. 2020, https：//www. consilium. europa. eu/media/45109/210720-euco-final-conclusions-en. pdf.

② 默克尔生于 1954 年 7 月 17 日，她在此次峰会期间度过了 66 周岁的生日。

③ "Simulation：Corona-Bonds und Recovery Fonds entlasten Italien kaum", *Deutsche Wirtschaftsnachrichten*, 22. 04. 2020, https：//deutsche-wirtschafts-nachrichten. de/503609/Simulation-Corona-Bonds-und-Recovery-Fonds-entlasten-Italien-kaum.

统一金融交易税和征收统一的数字税这三方面。

国际金融危机对欧盟经济产生的外溢效应，揭示了当前国际资本大规模跨境流动产生的金融风险。为打击投机者的伺机不当交易，2011年8月16日，"默科奇"提议增设欧洲共同金融交易税，德法两国财长随后在9月联名致信各国财长"推销"这一方案。引入金融交易税的倡议获得意大利、西班牙、葡萄牙、奥地利、比利时、爱沙尼亚、希腊、斯洛伐克、斯洛文尼亚九国的积极响应，而其余国家则表示反对。但在欧盟委员会的支持下，欧盟11国于2013年初同意以加强式合作（Verstärkte Zusammenarbeit）①的程序先行引入金融交易税，这也是在欧洲经货联盟领域首次采用这一程序。2014年5月6日，参与国就该倡议的详细计划达成一致，最晚自2016年1月起对本国股票交易征税，并将逐渐扩大征税标的，其他尚未加盟的成员国也可随时加入。②其中，法国从2012年起便开始征收股票、基金及贷款的交易税，开了欧盟成员国的先河。鉴于欧盟预算需求方面的缺口以及法国在征税领域的成功经验，德国财长朔尔茨于2018年12月初携手法国财长布鲁诺·勒梅尔（Bruno Le Maire），在欧元区财政峰会上再次提出在欧盟内统一征收金融交易税的倡议，但该倡议因其他成员国对征税标的和范围的争议而未被认可。③在此背景下，德法于2018年6月决定率先推进两国公司法人税基准的趋同，为欧盟其他成员国做出示范。

与此同时，两国也积极采取措施打击跨国公司的避税行为。2017年

---

① Europäisches Parlament，"Artikel 47: Verfahren mit assoziierten Ausschüssen"，in *Geschäftsordnung des Europäischen Parlaments*，16. Auflage，Februar 2008，http://www. europarl. europa. eu/sides/getDoc. do? pubRef = -//EP//TEXT + RULES − EP + 20080218+RULE−047+DOC+XML+V0//DE&language = DE&navigationBar = YES.

② Bundesregierung，"Finanztransaktionssteuer: Elf Mitgliedstaaten gehen voran"，02. 09. 2015，https://www. bundesregierung. de/breg-de/themen/euro/finanzmarktre-gulierung/elf-mitgliederstaaten-gehen-voran.

③ "Finanztransaktionssteuer. Berlin und Paris specken ab"，*Der Tagesspiegel*，03. 12. 2018，https://www. tagesspiegel. de/wirtschaft/finanztransaktionssteuer-berlin-und-paris-specken-ab/23712412. html.

9月16日，欧盟经济部长非正式会议在爱沙尼亚召开。"德法轴心"借机联合意大利和西班牙向欧盟委员会和爱沙尼亚提交了一份针对欧盟境内的互联网跨国公司的新税收议案，议案的目的在于遏制谷歌、苹果、脸书、亚马逊等美国科技互联网巨头的避税行为。依照规定，这项税收的税基是互联网公司在欧洲各国境内的利润，而不再是按照现行规定在企业总部进行一次性征税。此后，德法的《梅泽贝格声明》也建议各国在2018年底就公平征收数字税议题形成一致意见。2018年9月8日，欧盟财政部长的非正式会议就大型互联网企业征税的问题达成了原则性共识，同意依照德法倡议在年底前形成进一步的统一意见。

不过，鉴于欧盟的税务法改革需得到所有成员国的同意，新税收议案获得通过的难度仍然不小。爱尔兰和卢森堡反对加征数字税，担心大型跨国技术企业为避税而放弃本国市场，转向瑞士或美国等非欧盟国家。此外，由于担心招致欧盟内其他贸易伙伴的不满，德国对此议案具体细节的态度也一直模棱两可。由于各方对于征收统一数字税的异见较多，德法随后于2018年12月4日联合提出征收互联网公司广告税的新草案。新草案提出，如果经济合作与发展组织未能就互联网企业的避税采取有效措施，那么欧盟将从2021年起就数字经济的广告销售收入征收统一数字税，① 税率为3%，但不对零售业及其他在线平台征收数字税，这一折中方案兼顾了南北欧国家的诉求。

第三节　欧洲银行业一体化

随着欧洲内部大市场的建立、成熟以及欧元的诞生，欧洲走向了金融一体化之路。长期来看，国际金融危机及欧债危机造成的金融市场流动性不足，加剧了欧元区银行间信任危机的蔓延。多个外围国家融资成

---

① "Reform der Währungsunion steht", *Manager Magazine*, 04.12.2018, http：//www. manager-magazin. de/politik/europa/waehrungsunion-eu-finanzminister-einigen-sich-auf-reform-a-1241791. html.

本攀升至欧元启动以来的新高,希腊十年期国债收益率一度超过35%;银行同业拆借规模大幅下降,导致拆借利率飙升;为规避风险,银行提高了贷款标准、收缩了信贷资金投放,这在一定程度上造成实体经济特别是中小企业的融资困难;美国货币市场基金等外部投资方抽逃出资,投资市场信心持续丧失。在这种情况下,"德法轴心"在一些关键领域彼此妥协,推进了银行业联盟(Bankenunion)的建设。同时,在欧盟委员会及欧洲央行的努力下,银行业危机的蔓延态势也被遏制。

一　欧债危机爆发前的欧洲金融一体化

在欧债危机爆发前,欧洲金融一体化在减少金融交易壁垒、统一金融监管方面取得了较多进展。1999年5月11日,欧盟委员会颁布了《欧盟委员会金融服务行动计划》(*The Financial Services Action Plan of the European Commission*),该计划旨在消除跨国金融服务壁垒,促进金融市场的优化与发展融合。此后在欧洲货币管理局前总裁亚历山大·拉姆法卢西(Alexandre Lamfalussy)的领导下,贤人委员会提出了协调监管欧盟证券市场机制的倡议,以该倡议为蓝本的拉姆法卢西框架(Lamfalussy Framework)于2001年3月正式启动。①

由于欧盟金融体系以银行为导向(bank-oriented),因此银行业一体化是欧洲金融一体化的重点。从2003年起,拉姆法卢西框架被正式推广至银行业和保险业,统一的欧美金融监管法律协调体系由此确立。此外,欧共体及欧盟层面全面推行银行业国民待遇、最低限度协调成员国银行等措施,实现了区域内资本自由流动,提高了信贷机构的跨境金融业务量。与此同时,欧盟银行批发业务已实现高度一体化,成员国(尤其是欧元区国家)的货币市场与政府债券收益率实现总体趋同;企业债券的收益率也基本不受所在国环境的影响。虽然零售

---

① ESMA, "The Report of the Committee of Wise Men on the Regulation of European Securities Markets", Brussels, 15. 02. 2001, https://www.esma.europa.eu/sites/default/files/library/2015/11/lamfalussy_report.pdf.

银行业务的一体化进程因受制于各类因素而进展较慢，但是利率差异在不断缩小。① 由此，欧盟特别是欧元区的银行业一体化已达到较高水平。

然而，与银行业相关的其他功能性领域仍然分散，未跟上银行业一体化前进的步伐。其中就监管层面而言，欧债危机前的欧洲银行业遵循母国控制（home-country control）② 的离散型监管原则，使欧盟银行监管体系受到"金融不可能三角"的挑战；而在风险预防与危机治理层面，欧元区银行多持有较高比例的主权债务，政府资产的不良状况将直接作用于银行资产，提高银行违约风险，而拯救坏账银行并防止其他银行被"拉下水"的防火墙措施亦不完备。对此，德法英美四国在 2008 年秋召开了危机峰会，以探讨救助银行方案并提高银行的自有资本，③ 但临时性的跨国合作无法从根本上消除欧元区银行业的系统性风险，特别是在经济和主权债务状况恶化的情况下，只有打破欧洲层面主权债务与银行之间的负反馈，才能根除银行业的系统性风险。

二 欧债危机期间的银行业联盟与"德法轴心"

欧债危机爆发后，欧元区外围国家的主权债务问题开始牵动欧元区银行体系的发展，引发了欧洲银行业危机。爱尔兰是最早出现银行危机征兆的欧盟国家，其银行体系受到流动性和偿付能力问题的双重冲击，金融市场恐慌情绪蔓延。直到后期欧洲央行和 IMF 紧急施援，爱尔兰才得以暂时纾困，但这种临时救助显然不是长久之计，银行业的道德风险

---

① 参见胡琨《金融与货币一体化背景下欧洲中央银行的转型与创新》，《欧洲研究》2015 年第 2 期，第 83 页。

② Haan, Jacob de/Oosterloo, Sander/Schoenmaker, Dirk, *European Financial Markets and Institutions*, Cambridge：Cambridge University Press, 2009, p. 304.

③ "Bankenindustrie nach Lehman：In den USA ging vieles schneller", *Union Investment*, 08. 2018, http：//www.union-investment.it/startseite-com/Kapitalmarkt/Themen_Bankenindustrie_nach_Lehman_In_den_USA_ging_vieles_schneller.html.

依旧高企。随后,"欧猪五国"① 的债务危机及塞浦路斯的银行业危机不仅进一步暴露了成员国救助银行能力的局限性,而且印证了欧洲监管体系的结构性问题,政府主权债务与银行之间的依赖亟须被破除。就此,欧盟开始着手建立银行业联盟,德法在其中亦发挥了关键的影响力。

2009 年 6 月,欧盟通过了《欧盟金融监管体系改革》(*Reform of EU's Supervisory Framework for Financial Services*)方案,其核心在于通过法制建设加强对系统性风险的监控、识别、评估、预警,从而在宏观层面及时止损、避免危机发生。此后,欧洲议会于 2010 年 9 月批准建立"三局一会",以联合各国监管机构制定统一规则,协调监管行动。其中,"三局"即总部位于伦敦的欧洲银行业管理局(European Banking Authority,EBA)、总部位于美因河畔法兰克福的欧洲保险与职业养老金管理局(European Insurance and Occupational Pensions Authority,EIOPA)以及总部位于巴黎的欧洲证券与市场管理局(European Securities and Markets Authority,ESMA),它们共同构成了欧洲金融监管体系(European System of Financial Supervision,ESFS),由此实现对银行、保险及股票交易等领域的全覆盖和独立监管。"一会"即由欧洲央行负责的欧洲系统性风险委员会(European Systemic Risk Board,ESRB),其职责在于确保整个金融体系的稳定发展,并与"三局"保持信息交流通畅。② "三局一会"自 2011 年起正式启动运作。

不过,欧洲金融监管体系并未实现监管权力的超国家化,"三局"的官僚性明显,实际政策成效有限,财政与银行监管的主权仍由各成员国掌握,这为欧元区金融市场的良性发展带来风险。欧债危机的发酵特

---

① 即"PIIGS",是葡萄牙(Portugal)、意大利(Italy)、爱尔兰(Ireland)、希腊(Greece)、西班牙(Spain)五国英文名的首字母缩写,因这些国家普遍在 2009 年到 2010 年陷入经济不景气和债务危机的困境,因此被媒体贬称为"欧猪五国"。

② Cf. Europäische Zentralbank,"Europäisches Finanzaufsichtssystem",https：//www.bankingsupervision. europa. eu/about/esfs/html/index. de. html.

别是塞浦路斯主权债务危机的爆发及后续仓促的应对方案，表明国家层面的银行监管不足以应对一国银行危机。一方面，各国的系统重要性银行多持有大量本国国债，危机期间的债务吃紧导致银行资产结构恶化，但救助银行的潜在风险高于母国的承受能力；另一方面，资本输出国与流入国为维护本国利益，也开始在限制境内资本流动方面彼此较量，破坏了银行间业务与金融市场的稳定。因此，只有从欧洲层面统一规避系统性风险，打破各国主权债务与银行业务之间的密切关联，才能确保母国的金融稳定和欧元区金融市场的良性运行，防止风险蔓延并应对突发的危机事件。

据此，德法于 2012 年 5 月首次就建立银行业联盟议题展开讨论。①两国均认为有必要在银行与国家间构筑防火墙，但对于银行业联盟的具体架构、建立条件及步骤有不同设想，对于参与银行业联盟建设的行为体及其职责也立场不一。在讨论之初，法国明确支持建立专门由欧洲央行负责的银行业联盟，并提出应由 ESM 直接为银行融资；德国则倡导建立分散式的银行业联盟，并与欧盟委员会一致认为应首先加强 EBA 的监管职能。②

为彻底打破银行与主权信用之间的恶性循环、保护纳税人与存款人的权益，欧盟各国在 2012 年 6 月的首脑峰会上一致同意建立银行业联盟，并决议于 2013 年 1 月 1 日正式启动银行业联盟建设，欧洲金融一体化由此迈出了关键一步。不过，德法的立场分歧使峰会的最终提案仍以宏观的方向性规划为主，缺少细节表述。根据 2012 年 11 月 30 日欧盟委员会拟定的《关于一个深入和真正的欧洲经货联盟的蓝图：发起欧洲辩

---

① Schnells, Sinah, *Deutschland und Frankreich im Krisenmanagement der Eurozone Kompromisse trotz unterschiedlicher Präferenzen?* Dissertation zur Erlangung des akademischen Graden Doktors der Politikwissenschaft, Berlin, 19. 10. 2016, p. 75, https：//refubium. fu-berlin. de/bitstream/handle/fub188/11540/Schnells _ Sinah _ Dissertation. pdf？sequence＝1.

② Cf. Lemaître, Frédéric/Revault d'Allonnes, David/Ricard, Philippe, "Le plan de Hollande pour l'Europe", in *Le Monde*, Nr. 20964, 15. 06. 2012, pp. 1 und 3.

论》，建立银行业联盟的三步骤主要包括制定统一监管规则（Single
Rulebook）[①]、建立单一监管机制（Single Supervisory Mechanism，SSM）和
单一清算机制（Single Resolution Mechanism，SRM）。[②] 其中单一监管机
制将使"母国控制"的银行监管转化为欧洲层面的"审慎监管"，并由
欧洲央行统筹负责；单一清算机制旨在设立统一的欧洲清算基金，为急
需清算或重组的成员国银行直接注资。此外在 2012 年 6 月出台的《范龙
佩报告》中，欧洲存款保险计划（European Deposit Insurance Scheme，
EDIS）也被列为金融一体化框架的核心元素之一。[③] 随着 SSM 和 SRM 的
发展，为了更持续和全面地维护零售储户的利益，欧洲理事会和欧洲议
会于 2014 年通过 2014/49 指令，要求各成员国至少建立一个所有银行参
与的存款担保计划（Deposit Guarantee Scheme，DGS），并将该计划合法
化。[④] 由此，DGS 成为继 SSM 与 SRM 的银行业联盟第三支柱。

　　欧盟首脑峰会的决议既为建立银行业联盟开局，也为德法克服双边
分歧拉开了帷幕。德法双边异见一方面表现在政策领域的优先项：法国
重视发展单一银行清算，而德国注重优先落实统一的银行监管，并认为
银行清算工作应由各成员国负责，反对 ESM 的银行化。[⑤] 另一方面，德

---

① 主要包括：1.《资本要求指令 IV》（CRD IV）和《资本要求法规》（CRR）；2.
《关于存款担保计划的修订指令》；3.《银行复苏与清算指令》（BRRD）。

② Communication from the Commission，"A Blueprint for a Deep and Genuine Economic
and Monetary Union：Launching a European Debate"，COM（2012）777 final/2，
Brussels，30.11.2012，pp.6 - 7，http：//ec. europa. eu/archives/commission_2010 -
2014/president/news/archives/2012/11/pdf/blueprint_en. pdf.

③ Europäischer Rat，"Auf dem Weg zu einer echten Wirtschafts-und Währungsunion.
Bericht des Präsidenten des Europäischen Rates Herman Van Rompuy"，EUCO 120/
12，Brüssel，26.06.2012，p.4，https：//www. consilium. europa. eu/media/21554/
131294. pdf.

④ EUR-Lex，"Directive 2014/49/EU of the European Parliament and of the Council of 16
April 2014 on deposit guarantee schemes"，in *ABl. L* 173，12.6.2014，pp.149 - 178，
https：//eur-lex. europa. eu/legal-content/EN/TXT/? uri = CELEX：32014L0049.

⑤ C. C. /Delacroix，Guillaume，"Mini-sommet à quatre à Rome pour déminer les
négociations européennes"，in *Les Echos*，Nr. 21211，22.06.2012，p.10.

法对于 SSM 的具体设计以及建立 SRM、DGS 和 EDIS 的条件各执一词，以下将详述两国就此的分歧与异见协调情况。

三 德法在建设单一监管机制中的分歧与妥协

2012 年 9 月 12 日，欧盟委员会正式出台建立 SSM 的一揽子计划，并拟由欧洲央行主导和负责。[①] 对于这一计划，欧盟各国财长表示认可并一致认为，单一欧洲银行监管体系应做到对银行业中的不佳或危机状况加以预警，以避免金融危机的产生乃至蔓延。不过，各国对于该体系的法律基础与具体形式有着不同看法，而各方分歧又主要以德法的差异性立场为代表。

双边分歧之一是欧洲央行的独立性问题。德国坚持要求划清欧洲央行货币政策与银行监管的职能与权限，并认为监管权限方面的最终决策不应通过欧洲央行理事会做出，而应由新的委员会审议；法国认为应按照欧盟委员会的计划，由欧洲央行监管欧元区的所有银行，而除了系统性银行应受监管外，欧元区成员国保留对本国地方储蓄与合作银行的主要监管权。最终，"德法轴心"达成了更有利于德国立场的妥协，支持欧洲央行理事会不干涉决策，但应享有批准或否定权。欧盟各国财长经最终决议，同意综合德法的不同意见：欧洲央行另设其直接管辖的统一监管委员会，由该委员会主席负责银行监管，由此实现欧洲央行货币政策与监管职能的彼此独立。[②]

双边分歧之二是被监管银行的条件以及计划的执行时间表。具体

---

① Europäische Kommission, "Mitteilung der Kommission an das europäische Parlament und den Rat. Fahrplan für eine Bankenunion", COM（2012）510 final, Brüssel, 12.09.2012, p.6, https：//eur-lex.europa.eu/legal-content/DE/TXT/PDF/? uri = CELEX：52012DC0510&from = DE.

② "Einigung bei Bankenaufsicht. 'Größter Schritt zu mehr Integration seit dem Euro' ", *Handelsblatt*, 19.03.2013, https：//www.handelsblatt.com/politik/international/einigung-bei-bankenaufsicht-groesster-schritt-zu-mehr-integration-seit-dem-euro/7952398.html? ticket=ST-422774-JokkON2Q1USoZgom9S5g-ap3.

来看，法国以及西班牙等国家强调应使统一的金融监管体系覆盖欧元区所有银行，并呼吁尽快推行此计划，争取 2012 年底在欧元区内达成协议，且在此基础上扩大欧洲稳定机制的规模。法国财长皮埃尔·莫斯科维奇（Pierre Moscovici）也在 2012 年 9 月向德国施压称："不能浪费解决欧债危机的时间……必须保持推行改革的节奏。"① 与法国的积极态度相比，德国、荷兰和丹麦等债权国并不愿"快速前进"，德国财长朔伊布勒表示"质量重于速度"②，不急于释放由救助基金直接重组银行的可能性，而应稳步推进改革。此外，德国认为将本国的监管银行权交由欧洲监管机构全权负责会使后者负担过重，"很难想象一个欧洲监管部门要监管六千多家银行"③，因此合理的做法是，欧洲央行仅负责监管具有系统重要性（systemrelevant）④ 的金融机构，其余规模的信贷机构则继续由各成员国监管。此外，两国对于系统重要性也有不同理解：德国认为 SSM 应负责监管资产超过 500 亿欧元的银行，法国则认为持有 25 亿欧元以上资产的银行都是具有系统重要性银行。⑤

　　经过德法领导人及财长的多次磋商，欧盟财长会议的决议综合了德法主张，但以德国的核心立场为主：依照协议，欧洲央行将统一监管总资产超过 300 亿欧元或占所属国 GDP 20% 以上的大型银行（约 128 家），各成员国层级的监管部门仍享有对本国其他规模银行的监管权，欧洲银行业管理局则继续负责为欧盟成员国拟定统一的监管标准。此外在德国

①　"Finanzminister-Treffen：EU drängt Deutschland zur Eile mit der Bankenaufsicht", *FAZ. net*，15. 09. 2012，https：//www. faz. net/aktuell/wirtschaft/finanzminister-treffen-eu-draengt-deutschland-zur-eile-mit-der-bankenaufsicht-11891219. html.

②　Eder，Florian，"Bankenaufsicht：Deutschland sträubt sich gegen Frankreichs Pläne"，04. 12. 2012，https：//www. welt. de/wirtschaft/article111807714/Deutschland-straeubt-sich-gegen-Frankreichs-Plaene. html.

③　Ibid.

④　也被称为"大而不能倒"（too big to fail）。

⑤　Cf. Honoré，Renaud，"Nouvel affrontement franco-allemand en vue sur le dossier de l'Union bancaire"，in *Les Echos*，Nr. 21332，12. 12. 2012，p. 27.

的要求下，欧洲央行必须对被监管银行进行压力测试，以考察银行的抗风险能力。① 由此，SSM 的启动成为银行业联盟建设的关键第一步，欧洲央行的监管职能实现了有限扩充。

较为戏剧性的是，两国此前围绕欧盟经济治理形成的对立欧洲观在单一监管机制的建设中发生了对调：德国不希望各成员国失去对银行业的监管主权；而法国则成为超国家主义的代言人，乐见欧元区成员国银行接受欧洲央行的统一监管，从而实现在超国家层面的风险共担。这种对调后又相反的双边立场，源自两国不同的利益考量：德意志银行于2015 年第三季度亏损 62 亿欧元，2016 年 9 月又遭美国司法部开出了 140亿美元罚单，被 IMF 评为"全球系统性风险的最大贡献者"②。对此，德国不再表示对于遵守"不救助原则"的坚持，而是希望依照本国规则灵活处理。可见在现实利益面前，两国的欧洲观也并非一成不变。

四　德法在建设单一清算机制中的异见与和解

主权债务危机暴露的另一隐患在于破产银行拯救与政府信用担保之间的连带责任。为了使资不抵债的银行有序破产，使银行业的健康部分继续存活，各国开始商讨建立统一的银行清算机制。2012 年 12 月，欧盟财政部长就建立 SRM 正式达成协议，该协议于 2014 年 4 月 15 日获得欧洲议会批准。除欧元区成员国可借此获得保障外，SRM 也对非欧元区国家开放。

对于 SRM 的运作，德国强调单一清算机构的设立必须要走修改欧盟法的程序，且 SRM 不应以牺牲成员国银行间的竞争为代价，银行应自行

---

① "Einigung bei Bankenaufsicht. 'Größter Schritt zu mehr Integration seit dem Euro'", *Handelsblatt*, 19. 03. 2013, http://www. handelsblatt. com/politik/international/einigung-bei-bankenaufsicht-groesster-schritt-zu-mehr-integration-seit-dem-euro/7952398. html.

② IMF, "Germany: Financial Sector Assessment Program-Financial System Stability Assessment", *Country Report No.* 16/189, 29. 06. 2016, p. 31.

做好承担风险的准备，这一原则性立场获得了多数成员国认可。① 但法国认为修改欧盟条约可能会造成 SRM 启动的无限延期，同时希望设立单一清算基金和相应的清算机构，以避免成员国政府继续为银行买单。② 此外，法国再次提出由 ESM 直接为问题银行提供资金的要求，德国则不想动用 ESM 的资金来偿还旧债。

尽管德法立场不一，但为了尽快启动 SRM，双方仍努力达成了基本共识：2013 年 5 月 30 日，"默克朗德"发表联合倡议，指出启动 SRM 无须以修改欧盟条约为条件，但 SRM 需由一个由各国清算机构共同参与的核心清算部门负责；银行清算的首要参与方应为债权人和股东，ESM 融入 SRM 机制的可能性有待考察。此外，两国敦促欧盟机构在 2013 年 6 月底之前拟定清算机制的相关条例。③ 在德法双边妥协的基础上，欧盟委员会于 7 月提议设立单一清算机制，指出由欧盟委员会负责监督管理单一清算机构的运作，同时设立单一清算基金（Single Resolution Fonds，SRF），以解决问题银行的融资困难。④ 这一建议再度引起德法的几方面争议。

第一，德国希望由成员国政府决定是否对银行实施清算；而法国则支持由欧盟委员会全权负责清算，且所有银行均享有走破产清算程序的权利。在 2013 年 12 月 18 日欧盟财长峰会上，各方同意设立专门的单一清算委员会（Single Resolution Board，SRB）。SRB 将在欧洲央行的监管

① "EU-Finanzminister zerstreiten sich über Pleitebanken", *Suc/dpa/Reuters*, 22. 06. 2013, http://www.spiegel.de/wirtschaft/soziales/eu-verhandlungen-fuer-banken-abwicklung-gescheitert-a-907270.html.

② Bauer, Anne/Honoré, Renaud, "Les dossiers qui fâchent entre Paris et Berlin", in *Les Echos*, Nr. 21428, 30. 04. 2013, p. 6.

③ Bundesregierung, "Frankreich und Deutschland-Gemeinsam für ein gestärktes Europa der Stabilität und des Wachstums", Pressemitteilung Nr. 187/13, 30. 05. 2013, p. 5, https://archiv.bundesregierung.de/resource/blob/821614/753366/b20f6e4d62ca6121656c3c6af028e3ab/2013-05-30-dt-frz-erklaerung-deutsch-data.pdf.

④ Europäische Kommission, "Kommission schlägt einheitlichen Abwicklungs-mechanismus für die Bankenunion vor", Pressemitteilung, Brüssel, 10. 07. 2013, http://europa.eu/rapid/press-release_IP-13-674_de.htm.

下，负责欧元区内信贷机构和跨国银行的清算业务，且被清算的金融机构应具备系统重要性。

第二，两国对于银行清算基金的来源立场不一。德国认为应先让私人部门参与，在债权人和股东无法承担的情况下再动用 SRF 或 ESM 资金；法国则反对私人部门的过度参与，支持优先启动 SRF 或 ESM。最后，欧盟财长峰会主要吸纳了德国立场，并提出 SRF 应主要以 8 年内向银行筹措约 550 亿欧元税款的方式来获取资金。[①]

第三，两国对于应缴税银行需满足的条件也有不同设想。法国希望把银行规模与风险程度作为确定纳税额的依据，而德国则希望免除 5 亿欧元资产以下的银行缴纳税款。[②] 2014 年 12 月 9 日的欧盟财长理事会会议达成了一个德法均可接受的折中方案：两国各缴纳 150 亿欧元用于筹备清算基金，并采取向银行征收其存款额度 1% 税款的方式筹得资金；银行的资产结构及风险也将被作为考量因素，持有 3 亿欧元资产以下的银行无须纳税。[③]

SRM 的核心在于让银行股东及债权人在银行破产时首先考虑自救，而非像欧债危机时期以政府信用为担保。而鉴于清算基金的筹备需要时间，默克尔做出了让步，德法于 2018 年 6 月在梅泽贝格宫发表联合声明，同意在过渡期内由 ESM 以贷款形式作为清算机制的最后资金保障，且贷款保障金规模应与清算基金的规模相当，并取代其他的直接再融资工具。[④]

---

① Bundesministerium der Finanzen, "Fragen und Antworten zum einheitlichen europäischen Bankenabwicklungsmechanismus（Single Resolution Mechanism-SRM）", 30. 03. 2016, https：//www. bundesfinanzministerium. de/Content/DE/FAQ/2014-01-22-srm-faq. html.

② Cf. Drost, Frank M. /Hildebrand, Jan, "Der große Zank. Frankreich engagiert sich bei Bankenabgabe für die Großbanken, Deutschland kämpft für Sonderrechte", in *Handelsblatt*, Nr. 81, 28. 04. 2014, p. 6 f.

③ Cf. Rat der Europäischen Union, "Single Resolution Fund：Council agrees on bank contributions", Pressemitteilung, Brüssel, 09. 12. 2014, https：//www. consilium. europa. eu/uedocs/cms_data/docs/pressdata/en/ecofin/146129. pdf.

④ Cf. Bundesregierung, "Erklärung von Meseberg, Das Versprechen Europas für Sicherheit und Wohlstand erneuern", Pressemitteilung 214, 19. 06. 2018, https：// www. bundesregierung. de/breg-de/aktuelles/erklaerung-von-meseberg-1140536.

由此，"默克龙"就如何进一步发展 SRM 达成了富有建设性的妥协，德法倡议也获得欧盟层面的认可。在 2018 年 12 月的欧盟财长峰会上，各国同意在《梅泽贝格声明》的基础上建立清算危机银行的安全网络，改革 ESM 条约，并着手设立 SRF 的共同最后担保（gemeinsame Letztsicherung für den SRF）。[1] 根据欧元集团在 2019 年 12 月达成的共识，当 SRF 缺少资金时，ESM 可在欧洲稳定机制董事会[2]的许可下，为 SRF 提供 680 亿欧元的贷款额度，这一共同的最后担保资金最晚在 2024 年 1 月到位。[3] 在各方的积极努力下，作为银行业联盟第二支柱的 SRM 基本成型。今后无须征得成员国的同意，欧盟委员会便有权决定是否对欧元区和愿意加入银行业联盟的欧盟其他成员国的银行实施破产清算。

五　德法在建设欧洲存款担保计划中的龃龉与共识

欧洲层面最早的 DGS 出台于 1994 年，但当时的 DGS 仅要求实现成员国之间存款保险的低水平协调。经过 2009 年的调整，"加强版"的 DGS 决议于 2013 年 12 月获得欧盟通过。依此决议，新版 DGS 将持有欧元区共计 5 万亿欧元的存款，一旦欧元区内银行破产倒闭，DGS 必须在银行破产 7 天内对存款不超过 10 万欧元的储户予以偿付。由此，当一国银行面临破产或重组风险时，储户利益可以在欧元区内获得保障。

不过，这一计划首先遭到德国及北欧国家的反对，因为这意味着债权国储户的存款将可能用以补偿债务国银行的坏账及储户损失。在德国看来，只有当欧元区银行的系统性风险降到一定水平，特别是在意大利和希腊有效清理了银行坏账后，才能考虑在欧元区内建立银行业联盟和

---

[1] Cf. Europäischer Rat, "Erklärung des Euro-Gipfels", Pressemitteilung 790/18, Brüssel, 14. Dezember 2018, https：//www. consilium. europa. eu/media/37599/14-eurosummit-statement-de. pdf.

[2] 即 ESM Board of Directors，它由欧元区 19 个成员国的财政部高官组成。

[3] European Stability Mechanism, "ESM Treaty Reform-Explainer", https：//www. esm. europa. eu/about-esm/esm-treaty-reform-explainer.

统一的存款担保计划。而以法国为代表的南欧国家则认为，DGS 有助于降低风险，甚至表示停留在国家层面的 DGS 保护作用不够，应将其扩展到欧洲层面。

这一次，获得欧盟积极响应的是法国立场。2015 年 11 月 9 日，以欧盟委员会为首的五主席将此前《范龙佩报告》中的 EDIS 加以细化，在 11 月 24 日形成了新预案。新计划分为再保险、联合保险和完全保险三个阶段，预计 2017 年启动，2024 年完成。该预案将通过征税的方式筹集目标资本 550 亿欧元，并覆盖所有欧元区银行；若仍有资金缺口，则可通过调取 ESM 解燃眉之急。① 法国十分欢迎这一计划，认为 EDIS 将减少国家与银行之间的不良依赖，限制危机时期的资本外逃风险。不过，德国表示启动该计划仍为时过早，因为诸多欧盟国家尚未将欧盟的存款保险指令（Einlagensicherungsrichtlinie）纳入本国法律，也未做好清除坏账等分内之事。②

值得注意的是，德国的反对在此后也得到了欧盟委员会主席容克的积极响应。他在 2017 年发表的欧盟国情咨文中强调，成员国各司其职既是实现 EDIS 的前提，也是使控制风险与分担风险相结合的银行业联盟有效运行的条件。③ 而法国的立场在马克龙当选总统后有所转变，与德国形成了一致意见——德法的《梅泽贝格声明》表示，各国需围绕"清除

---

① Europäische Kommission, "Proposal for a Regulation of the European Parliament and of the Council amending Regulation (EU) 806/2014 in order to establish a European Deposit Insurance Scheme", COM (2015) 586 final, Strasbourg, 24. 11. 2015, https://eur-lex. europa. eu/legal-content/EN/TXT/? uri = CELEX: 52015PC0586.

② Bundesverband der deutschen Banken, "Gutachten bestätigt unzureichende Rechtsgrundlage für ein Europäisches Einlagensicherungssystem (EDIS)", 19. 04. 2016, https://bankenverband. de/newsroom/presse-infos/gutachten-bestatigt-unzureichende-rechtsgrundlage-fur-ein-europaisches-einlagensicherungssystem-edis/.

③ Europäische Kommission, "Präsident Jean-Claude Juncker: Rede zur Lage der Union 2017", Brüssel, 13. 09. 2017, http://europa. eu/rapid/press-release _ SPEECH - 17-3165_de. htm.

不良贷款、拟定破产规定、打击洗钱"等继续采取措施,① 从而在降低银行资本风险的前提下实现欧洲层面的风险承担。自此,EDIS 仍停留在准备阶段。

第四节　欧洲前沿技术与产业政策

经济基础决定欧洲经货联盟的上层建筑。因此,金融危机及主权债务危机给欧元区经济带来的冲击,除了为欧洲经货联盟敲响了制度性改革的警钟,更使欧洲国家认识到做强实体经济、挖掘经济发展潜力的必要性。在信息技术革命浪潮的涌入和经济全球化的持续深入中,北美和东亚在高新技术领域不断进阶,这令欧盟及以德法为首的成员国深感压力。为此,"德法轴心"积极采取战略行动、努力抢占创新先机,以引领欧盟提高核心产业竞争力。具体而言,德法的联合领导力一方面表现在两国率先开展核心产业与前沿技术领域的双边合作,从而引领了欧盟在相关领域的合作;另一方面则体现在德法对欧洲层面战略规划的参与及决策影响上。

第一,两国在人工智能领域加快了双边合作步伐,并以此引领欧盟层面的多国合作。德法曾是欧洲在互联网研发领域的开创和引领国——法国科学家勒内·卡米尔(Léon Carmille)是 20 世纪初著名的穿孔纸带计算机专家;德国工程师康拉德·楚泽(Konrad Zuse)在 1941 年发明了世界首台图灵计算机。而在第二次世界大战结束后的几十年间,整个欧洲在信息技术领域的科研能力平平、创新乏力,产业发展活力不足,当前欧盟在互联网和人工智能技术领域的研发能力也落后于国际顶尖水平。鉴于此,"默克龙"于 2018 年 6 月提议成立德法人工智能研发中心(Zentrum zur Erforschung der künstlichen Intelligenz),旨在通过加大在人工智能领域的合作研发,成为欧洲的"创新双发动机"并占领优势研发

---

① Bundesregierung, "Erklärung von Meseberg, Das Versprechen Europas für Sicherheit und Wohlstand erneuern", Pressemitteilung 214, 19.06.2018, https://www.bundesregierung.de/breg-de/aktuelles/erklaerung-von-meseberg-1140536.

区位。按计划，双方将在从 2019 年起的四年内每年各投资 10 亿欧元用于创新投入。2018 年 10 月 16 日，德法的相关部委签署了该领域的合作路线图。此后在 11 月，德国政府通过并发布了《德国人工智能发展战略》①，细化了在学科专业建设、数据基础设施（建设欧洲数据云计划"GAIA-X"等）、成果转化领域的投资计划；法国教研部长与数字化国务秘书介绍了法国《国家人工智能战略》的重点，其中包括建设国家人工智能研究网络、与德国制定欧洲人工智能战略等六项内容。② 2019 年 2 月，欧盟委员会发布了《人工智能白皮书》，以向各成员国及公众广泛征集意见。③ 为进一步提升欧洲人工智能领域的合作水平，两国也积极与欧盟其他国家及瑞典、日本等非欧盟成员国开展相关合作。

第二，德法也积极开展数字化领域的双多边合作，其间新冠肺炎疫情的暴发更增进了欧盟在医疗领域的数字化合作。2017 年 9 月，德法意西四国在欧盟数字峰会召开前夕联合出台数字化立场文件草案，旨在将欧盟打造为数字经济强区。④ 该草案包括三大要点：1. 审查现行税制，通过新型征税填补互联网跨国公司的缴税漏洞；2. 广泛扩建数字化基础设施，开辟从城市到农村的"数字化社会"之路，积极扶持小型初创企业，并在 2025 年前拥有世界领先的光纤与 5G 网络；3. 加强对数字信息的保护，营造更安全的网络环境。2017 年 9 月 29 日，围绕数字安全、基

---

① Die Bundesregierung，"Strategie Künstliche Intelligenz der Bundesregierung"，November 2018，https：//www.bmbf.de/files/Nationale_KI-Strategie.pdf.

② Ministère français de l'Enseignement supérieur, de la Recherche et de l'Innovation，"Stratégie nationale de recherche en intelligence artificielle"，28.11.2018，https：//www.enseignementsup-recherche.gouv.fr/cid136649/la-strategie-nationale-de-recherche-en-intelligence-artificielle.html.

③ Europäische Kommission，"Weißbuch. Zur Künstlichen Intelligenz-ein europäisches Konzept für Exzellenz und Vertrauen"，COM（2020）65 final，Brüssel，19.2. 2020，https：//ec.europa.eu/info/sites/info/files/commission-white-paper-artificial-intelligence-feb2020_de.pdf.

④ 驻法兰克福总领馆经商室："德法西意四国数字化立场文件倡议披露欧盟成为数字经济强国的三重战略"，2017 年 10 月 31 日，http：//frankfurt.mofcom.gov.cn/article/xgjg/201710/20171002662952.shtml。

础设施建设和数字能力教育与培训等领域的欧盟非正式数字峰会在塔林召开，会议主题与四国草案的主旨不谋而合。而鉴于对美国等外国数据基础设施的过度依赖，经过"德法轴心"的沟通协调，德国教研部在 2019 年 10 月的数字化峰会（Digital-Gipfel）上提出了"Gaia-X"泛欧市场云计划，呼吁进一步开展欧盟内的合作，以建立更安全、更可信的欧洲数据基础设施。① 此后，新冠肺炎疫情的蔓延加快了"德法轴心"推进数字化合作的行动：两国财长在 2020 年 6 月表示，目前已有约 300 家来自欧洲和世界其他地区的企业与科研机构参与到"Gaia-X"中，为应对新冠肺炎疫情危机，欧洲必须全力推进数字化创新和人工智能领域的新文化。②

　　第三，德法通过深化双边合作、倡导多方合作，积极引领欧盟在以"工业 4.0"为核心的实体产业领域转型升级。"工业 4.0"在 2011 年的汉诺威博览会上被首次提出，并在两年后被列入高科技战略框架。该战略的初衷在于扭转德国产业发展与创新能力的"偏科"，补足互联网经济和尖端科技领域的短板。为了推进双边制造业升级，"德法轴心"积极开展跨界的多方协同合作，以构建成熟的创新生态体系和长效的资源合作网络：2016 年 12 月，德国"工业 4.0"应用平台（Plattform Industrie 4.0）与法国未来工业联盟（Alliance Industrie du Futur）在第二届德法数字化会议上发布联合行动方案，以促进两国制造业走向智能化和网络化，推动德国《工业 4.0 战略》与法国《未来工业战略》的深度融合。此后在 2017 年 6 月，德法又结合意大利的国家"工业 4.0"计划（Piano

---

① Bundesministerium für Bildung und Forschung, "'GAIA-X': Ein neuer Datenraum für Europa", 29. 10. 2019, https：//www. bmbf. de/de/gaia-x-ein-neuer-datenraum-fuer-europa-9996. html.

② Bundesministerium für Wirtschaft und Energie, "Deutschland und Frankreich. Vorreiter beim ersten Schritt Europas in Richtung einer europäischen Dateninfrastruktur", 04. 06. 2020, https：//www. bmwi. de/Redaktion/DE/Pressemitteilungen/2020/2020 0604-deutschland-und-frankreich-vorreiter-beim-ersten-schritt-europas-in-richtung-einer-europaeischen-dateninfrastruktur. html.

nazionale Industria 4.0），将"工业 4.0"合作推向三方合作的新阶段。三国就数字化生产制订了更细化且符合各自比较优势的计划：德国负责引领标准化领域，意大利负责中小企业促进与实验台（Testbed）领域的发展，法国则主管欧洲层面的宏观政策把控，技能发展和职业资质领域则由三国共同负责。2017 年 10 月，三国在德国最终敲定了标准化路线图并一致决定，将三边合作计划及其成果与欧盟及其成员国共享。①

第四，作为欧盟内经济体量最大、产业创新能力发达的经济体，德法在制定欧盟经济和产业发展的战略规划中积极发挥引领作用。为此，两国往往借助双边的合作机制拟定相应方案，再通过欧盟首脑峰会等机制将双边方案推介到欧盟层面，譬如 2013 年 6 月"默克朗德"在欧盟首脑峰会上提交的促进欧盟经济增长与就业的建议书涉及能源、投资、税务、竞争等多个领域。此外，德法联合比利时和卢森堡共同推出欧洲合作创新计划（INTERREG V，2014-2020），以促进欧洲层面的创新政策合作、应对中美等国竞争。② 2019 年 2 月 19 日，德法两国经济部长联合发布了《面向 21 世纪的欧洲产业政策宣言》（*Deutsch-Französisches Manifest für eine europäische Industriepolitik*），指出"若欧洲希望在 2030 年仍是全球制造业领域的强者，那么我们就需要一个真正的欧洲产业政策"，"强大的产业是实现可持续和包容性增长的核心，更重要的是能赋予欧洲经济主权与独立性"。③ 为此，两国呼吁新一届欧盟委员会围绕加大创新投资力度、调整规则制度框架和制定有效保护措施这三大支柱，拟定 2030 年

---

① 史世伟、寇蔻：《德国"工业 4.0"战略的进展与挑战》，《德国发展报告（2018）：默克尔 4.0 时期的德国何去何从》，2018，第 105~127 页。

② Saarland. de，"Kooperationsprogramm INTERREG V. Frankreich-Belgien-Deutschland-Luxemburg Grande Région/Großregion 2014-2020"，17.06.2015，https：//www.saarland. de/dokumente/thema_interreg/Operationelles_Programm_Interreg_V_A. pdf.

③ Bundesministerium für Wirtschaft und Energie，"A Franco-German Manifesto for a European industrial policy fit for the 21st Century"，19.02.2019，https：//www.bmwi. de/Redaktion/DE/Downloads/F/franco-german-manifesto-for-a-european-industrial-policy. pdf？ __blob = publicationFile&v = 2.

欧洲产业战略，以确保和提升欧洲的工业领跑者地位。2020 年 3 月，以乌尔苏拉·冯德莱恩为主席的新一届欧盟委员会发布了《欧洲新工业战略》，该战略的愿景与策略同"德法轴心"的倡议总体吻合，但多了在 2050 年前实现气候中立的目标。①

总体来看，"德法轴心"通过先行开展双边合作、联合提出战略倡议、发起国家间意愿合作联盟等领导路径，为实现欧盟及其成员国的经济增长转型和竞争力提升发挥了积极的示范作用。尽管德法的部分双边努力在整个欧盟层面的外溢效应仍有待观察，但对于两国联合行动在欧洲社会各界引起的反响，欧盟很难不予以回应。

第五节　欧盟经济治理

欧盟生产关系和上层建筑的部分缺位，与其生产力和经济基础发展状况的不相适应，是欧盟危机产生的根源。② 因此加强对欧洲经货联盟生产关系的协调与上层建筑的铸造，改善和创新欧盟经济治理的机制，成为"德法轴心"联合领导的又一重点。

在欧盟经济治理领域，德法围绕欧洲一体化最终目标的分歧明显。法国始终倡导深化政府间合作机制，其中以巴拉迪尔内阁在 20 世纪 80 年代提出的欧洲"经济政府"（gouvernement économique）以及萨科齐在 2006 年提出的"先锋集团"（groupes pionniers）等倡议为代表，这些均与德国加强欧盟政治化等超国家主义倾向的要求相悖。③ 此后在 2008 年，随着欧元区部分国家债务问题的加重，时任法国总统萨科齐在欧洲

---

① Cf. European Commission, "A New Industrial Strategy for Europe", COM （2020） 102 final, Brussels, 10. 3. 2020, https：//ec. europa. eu/info/sites/info/files/communication-eu-industrial-strategy-march-2020_en. pdf.

② 参见殷桐生《德国经济通论》，社会科学文献出版社，2017，第 641 页。

③ Cf. Schwarzer, Daniela, "Deutschland und Frankreich-Duo ohne Führungswillen. Das bilaterale Verhältnis in der erweiterten Europäischen Union", *SWP Studie*, 2006, pp. 26–27.

议会的发言中再次强调，"欧洲比以往任何时候都意识到它需要一个真正的经济政府，欧元集团应自然而然地成为该政府机制的框架"①，由此，萨科齐将经济政府限定在欧元区内。不过，法国的这一设想最初并不符合德国政界的主流立场，德国一方面担心这会加剧欧元区与非欧元区国家间的隔阂，另一方面认为这一提议将对奉行独立货币政策的欧洲央行构成挑战。② 但为了尽快解决欧元区的主权债务危机并换取法国在危机救助方面的让步，默克尔决定适当妥协。

2011 年 8 月 16 日，"默科奇"倡议建立"欧元区经济政府"，从而以小型超国家的治理模式在成员国层面统一推行财政平衡政策，减少各国财政赤字。依此倡议，由欧元区 17 国共同组成的经济政府将每年召开两次会议，欧洲理事会主席范龙佩拟出任经济政府主席，这与 6 月欧洲央行行长特里谢建立欧洲财政部的提议相呼应，尤其受到南欧国家的欢迎，但欧盟委员会则因新机制可能带来的职能竞争而表示反对。在 2011 年 10 月的欧元区领导人峰会上，各方在协商后同意代以设立政府间性更强的欧元区峰会会晤机制，峰会每年至少召开两次。由此，各行为体就高层间政府磋商机制实现了折中。

此后在 2011 年 11 月 15 日，德国基督教民主联盟曾投票支持设立一种自愿退出欧元区的机制，受欧债危机影响相对较小的北欧国家也曾表达建立核心欧元区的意愿，但目前欧元区各国对此仍存在分歧。欧盟委员会主席巴罗佐强调，深化区域经济一体化不应以分裂欧盟为代价。2012 年，法国财长再次重申了设立欧洲经济政府的必要性。此后在 2013 年 5 月，"默克朗德"也在发布的共同声明中支持设立欧元区全职主席，以促进各国在

---

① "Déclaration de M. Nicolas Sarkozy, Président de la République, sur les mesures de soutien à l'économie face à la crise économique internationale", *Vie-publique*, Argonay (Haute-Savoie), 23. 10. 2008, http://discours.vie-publique.fr/notices/087003350.html.

② Cf. Uterwedde, Henrik, "Ein Europa, zwei Visionen? Deutsche und französische Leitbilder der europäischen Wirtschafts-und Währungsunion", S. 162, in *Osnabrücker Jahrbuch Frieden und Wissenschaft*, Bd. 19, pp. 153-166.

经济政策方面的多层次合作。① 不过,奥朗德表示新主席可由欧元集团的成员国部长会议任命,其主要职责在于加强就业、科研与产业政策协调;而在默克尔看来,新主席应致力于加强《稳定与增长公约》的效力,促使各国领导人在财政减赤方面共同努力。不过,这一建议要想获得欧盟及其成员国的许可,一方面需通过修改欧盟条约的程序,另一方面则需弥合德法及各方对于欧元区主席职能的设想差异,因此建立"经济政府"绝非易事。

而在马克龙就任法国总统后,这一提议再度被提上议程:2017 年 9 月 26 日,马克龙在巴黎索邦大学的演讲中提出设立欧元区财长、议会和预算等深化欧元区发展的倡议,② 这些无一不是对"欧元区经济政府"思想的发展。此外,相比于萨科齐的"欧洲经济政府"方案,马克龙的提议更清晰、成熟和系统化——长期以来,欧盟经济治理始终存在着"超国家特性不强、民主合法性弱"的双重弊端。基于此,马克龙提出了设立"欧元区预算+欧元区议会"的双管齐下措施,旨在推进欧洲财政与预算一体化的同时,辅以更为民主的决策机制。这是欧债危机以来对欧盟二元治理困境的首次积极回应。

马克龙的这一改革倡议首先获得了德法两国财长的原则性支持。2017 年 5 月 22 日,德国财长朔伊布勒与法国经济部长勒梅尔在参加欧元集团会议前达成了联合声明,两国愿通过建立并领导一个德法工作小组,就促进经济一体化的深化制定路线图。③ 相对而言,默克尔则更希望增补现有治理机构的权能。这是因为一方面,在多国疑欧力量上升、欧洲

---

① 中新社:《法德领导人巴黎会谈,希望欧元区设立全职主席》,2013 年 5 月 31 日,http://world.huanqiu.com/regions/2013−05/3989480.html。

② Französische Botschaft in Berlin, "Rede von Staatspräsident Macron an der Sorbonne Initiative für Europa", Paris, 26. 09. 2017, https://de.ambafrance.org/Initiative-fur-Europa-Die-Rede-von-Staatsprasident-Macron-im-Wortlaut.

③ Cf. Bundesministerium der Finanzen, "Joint press release by Minister Schäuble and Minister Le Maire", 22. 05. 2017, http://www.bundesfnanzministerium.de/Content/EN/Pressemitteilungen/2017/2017 − 05 − 22-PM15-LeMaire.html; jsessionid = 15E28686904316061140F46487BDCBD3.

一体化内生动力不足的情况下，进一步深化欧元区可能会有损欧元区国家与非欧元区国家间的关系；另一方面，若欧元区统一预算由一个欧元区财政部来统一管理，那么财政主权的欧洲化无疑将削弱德国在欧盟财政预算事务中的影响力。此外，欧盟委员会和欧洲议会对这一"另立门户"的做法也存有疑虑，认为新部门与现有欧盟委员会的经济事务委员以及欧洲议会的职能有所重合，把这种做法视为多余之举。

然而出于维护欧盟团结的考虑，德国和欧盟对马克龙的欧元区改革计划也给予了尽可能的配合。不同于朔伊布勒的保守态度，默克尔在2017年5月15日与马克龙会晤后当即表示，如有必要，德国也不排除通过修改条约来深化欧元区的可能性。2017年12月6日，欧盟委员会发布了欧元区改革计划草案，提议自2019年起将ESM转型为欧盟法框架下的EWF，进而改变ESM的政府间机制的性质。[1] 此外，该草案决定自2019年11月起设立欧元区经济和财政部长一职；提议在欧盟长期预算计划中创建融合性工具，以帮助非欧元区国家向欧元区的标准靠拢。[2] 这一改革草案旨在增强欧盟的风险抵御能力，减少国家间的发展差异，这在很大程度上也呼应了马克龙的改革计划。不过，鉴于中东欧以及北欧成员国对深化欧元区的抵制，设立"欧元区经济政府"的提议还基本停留在愿景层面，而ESM的转型计划也因欧洲理事会的反对而被搁置。

小结　欧债危机以来的德法联合领导力

一　"德法轴心"的共识与异见

总体来看，德法对于欧洲经货联盟的发展方向与总体目标有着较多

---

① Europäische Kommission, "Vorschlag für eine VERORDNUNG DES RATES über die Einrichtung des Europäischen Währungsfonds", COM/2017/0827 final-2017/0333 (APP), Brüssel, 06.12.2017, https://eur-lex.europa.eu/legal-content/DE/TXT/? qid=1516019388617&uri=CELEX: 52017PC0827.

② Cf. Europäische Kommission, "A European Monetary Fund", 06.12.2017, https://ec.europa.eu/commission/sites/beta-political/files/european-monetary-fund_en.pdf.

共识，对于实现目标的方式和路径也时而看法一致，危机更是两国达成有效妥协的催化剂。作为欧元区的主要受益国，德法始终以提高欧盟经济竞争力、促进欧元区稳定发展为总目标，将建立长效危机救助机制、协调财政及预算政策、完成银行业联盟建设、加强核心产业合作与前沿技术研发等作为欧洲经货联盟不同领域的分目标。在欧债危机期间，德国适时改变了此前的不救助立场，接受了法国提出的施援方案，并同意提高救助机制的资金储备；在后欧债危机时期，法国接受了德国长效治本的思路并支持德国将严格的财政纪律标准和"债务刹车"条款写入《财政契约》；新冠肺炎疫情暴发后，默克尔与马克龙也联合提议设立 5000 亿欧元的欧洲复苏基金，通过无偿拨款为成员国的结构性改革提供资金支持。由此，"德法轴心"在领导力实践中有机结合了治标的"增长优先"与治本的"改革优先"路径，可谓促进欧洲经货联盟良性发展的理想组合。

关于欧洲经货联盟的分领域以及经济治理的路径，德法通过协商形成了更多相近立场（部分见表 4-1），主要表现在：1. 支持继续改革 ESM 并扩大健全其职能；2. 同意严格执行财政纪律、落实相应改革措施，以及"促增长"与"保稳定"相结合的危机治理方针与目标；3. 认可弥补欧洲经济货币联盟短板的必要性，并支持通过统一预算来协调成员国的经济与社会政策。

此外在战略层面，两国传统的欧洲经济治理理念也有所趋同，支持通过开放式协调等灵活的决策程序以及意愿联盟等政府间的合作形式，在微边主义（Minilateralism）① 框架下推动欧洲经货联盟的局部深入发

① 又译为"少边主义"或"小多边主义"，即由影响力尽可能大、数量尽可能少的国家谋求共识的协商模式。Stewart, Patrick, "The Unruled World. The Case for Good Enough Global Governance", in *Foreign Affairs*, vol. 93, no. 1 (Jan-Feb 2014), 16. 07. 2017, https：//www. foreignaffairs. com/articles/2013 - 12 - 06/ unruled-world. 张勇则进一步指出，少边主义外交是"有特定共同利益或相关关系的三个或者三个以上的国家行为体，本着追求集体行动效率的实用主义原则，在既有制度框架之内或者之外，通过非正式组织的安排，就特定议题寻求协调政策、构建共识与解决问题的外交实践。它是与多边外交和双边外交相对应的实现国家目标的政策性工具"。参见张勇《奥巴马政府的亚太地区"少边主义"外交浅析》，《美国研究》2012 年第 2 期，第 70 页。

展，由此避免欧盟法及超国家层面可能导致的集体行动困境，实现有效的联合领导。在战术层面，两国不再局限于就同一议题达成双边的"代理人妥协"，而是会适时通过在不同领域或议题中互有让步或利益交换，形成综合的一揽子计划。

但对于欧洲经货联盟的战略构想以及一些具体领域的目标，两国有不同程度的分歧（见表4-1）。

表4-1　德法在欧洲经货联盟中的各自及联合立场

_____：德国立场
＝＝＝＝＝＝：法国立场
～～～～～～：折中立场

欧洲经货联盟领域	最初的德国立场	最初的法国立场	最终的德法联合立场/方案
危机治理	1. 坚持"不救助条款"，反对欧洲央行担当"最后贷款人"角色； 2. 希望IMF出资参与危机救助； 3. 要求启动自动惩罚机制以及私人部门参与债务重组； 4. 对建立新的危机救助机制持保留意见，且主张应确保新机制的临时性； 5. 反对为EFSF增资，反对使EFSF职能扩大化，对扩充ESM职能持保留意见。	1. 支持欧洲央行采取"非常规"措施，无条件为希腊尽早提供资金援助； 2. 反对IMF参与危机治理； 3. 反对自动惩罚机制以及私人部门参与救助； 4. 支持建立长效性的新的危机救助机制与工具； 5. 支持为EFSF增资，扩大EFSF职能，使其可在二级市场购买国债，支持将ESM发展为欧盟内的EWF。	1. 支持欧洲央行的独立决策；同意以实施整固财政等改革措施为条件，通过双边贷款和"欧元保护伞"援助希腊； 2. 支持IMF在内的"三驾马车"参与危机治理，并对援助申请国的财政条件予以监督； 3. 支持惩罚机制的"半自动化"，欧盟委员会负责监督；同意私人部门参与债务重组，但仅限希腊一国； 4. 同意设立新的危机救助机制，将临时性的危机救助机制发展为永久性的ESM并提前半年启动； 5. 同意将EFSF贷款额度提高，但资金总量不变；同意增加EFSF以及日后ESM的购债功能。

续表

欧洲经货联盟领域	最初的德国立场	最初的法国立场	最终的德法联合立场/方案
财政一体化	1. 反对发行欧元债券； 2. 支持共同体化的"债务刹车"条款； 3. 反对实施宽松扩张性财政政策，提倡危机的"治本"方针； 4. 反对设立欧元区财长和欧元区议会； 5. 同意在欧盟预算框架内设立欧元区预算，且其首要职能在于统一监管，规模不宜过大； 6. 反对发行"新冠债券"，支持通过 ESM、泛欧担保基金、SURE 等措施应对疫情带来的挑战。	1. 支持发行欧元债券； 2. 反对将减赤规定强行写入国家宪法； 3. 支持采取更积极的促增长和保就业政策； 4. 建议设立欧元区独立的预算、财长与议会； 5. 欧元区预算首要职能在于再分配，预算规模应当可观； 6. 支持发行"新冠债券"，设立 1.5 万亿欧元的欧洲复苏基金。	1. 反对债务共同体化； 2. 25 国签署《财政契约》，规定使"债务刹车"条款具备各国的宪法效力； 3. 《就业与增长契约》规定，成员国只有在遵守《稳定与增长公约》的预算规定时才可实施促增长措施； 4. 同意在欧盟预算框架下设立有限度的欧元区预算，且不将其用于转移支付； 5. 包括设立 5000 亿欧元欧洲复苏基金在内的德法倡议；包括欧盟长期预算计划和 7500 亿欧元欧洲复苏基金在内的欧盟财政刺激性方案。
	从德法《竞争力公约》到欧洲《欧元附加公约》及《稳定与增长公约》		
银行业联盟	1. 由专门机构负责监管系统重要性（资产超过 500 亿欧元的银行）的银行，并稳妥推行 SSM 建设； 2. 由成员国掌握执行清算的决策权，单一清算机构的设立需走修改欧盟法的程序； 3. 优先私人部门参与清算； 4. 当前的银行业系统性风险较高，启动 EDIS 为时尚早。	1. 欧洲央行负责监管欧元区的所有银行，或持有 25 亿欧元以上资产的银行； 2. 由欧盟委员会和欧洲央行做出清算决策，单一清算基金和相应机构的设立无须修改欧盟法； 3. 支持优先将 ESM 作为资金保障； 4. 只有尽早启动 EDIS，才会降低银行业风险。	1. 由欧洲央行直接管辖，与负责货币政策事务部门分立的统一监管委员会负责监管，欧洲央行理事会应享有批准或否定权；监管对象限于总资产超过 300 亿欧元或占所属国 GDP 20% 的大型银行。 2. 专门设立欧洲央行监管下的单一清算委员会；同意 SRM 的启动无须以修改欧盟条约为条件； 3. 在银行清算的初期阶段应先由债权人和股东参与，在过渡期内可由 ESM 以贷款的形式作为资金保障； 4. EDIS 仍处于准备阶段。

第一，两国对于欧洲经货联盟的顶层设计有着不同构想。一方面，德国虽不完全反对深化欧元区，但仍强调这一进程要对非欧元区成员国开放，并倡导实现包括所有欧盟成员国在内的欧洲经货联盟。另一方面，法国则将欧元区改革计划的对象聚焦于欧元区这一"精英俱乐部"，将深化欧元区的发展作为核心关切，并且支持以政府间合作的治理机制落实改革。

第二，具体到欧洲经货联盟建设的分领域，德法两国当前的分歧主要体现在 ESM 以及统一预算的资金规模、主要职能以及 EDIS 的建立条件。而这些异见实际上反映了两国对欧盟团结的认知差异以及对实现欧元区经济趋同发展路径的认知差异。此外，这些异见反映出德法对欧盟内权利和义务的不同侧重：德国认为，欧洲经货联盟良性运行的关键在于遵循统一的纪律和规则，欧盟的团结应更多地与能力和义务挂钩，各国应通过实施结构性改革减少短板、扩大独特优势，打造可持续性的发展与增长模式，而结构性基金等直接的资金救助不是长久之计，仅可作为支持财政改革的短期辅助措施；而法国则注重从权利与福利角度来践行欧盟团结，即借助统一的财政预算政策与存款担保计划，使成员国在分配和再分配中实现债务与福利的共担共享，具体表现在通过建立转移支付联盟、扩大投资预算、促进税收统一等方式来缩小各国之间的发展差距。

二　德法的联合领导行为

与欧债危机前的数十年相比，欧债危机以来"德法轴心"的动力与运作机制随着欧盟内外政治经济与安全环境的变化而有所调整，两国联合领导力的模式与路径也稳中有变。

（一）联合领导模式

总体来看，"德法轴心"在欧洲经货联盟的建设中综合实践了交易型与变革型的领导力，但这两种领导力类型的配比则视具体领域而不同。

在危机救助机制的建立之初，德法首先基于双边的协商一致，再说服欧盟及其他成员国接受德法联合方案。由此，"德法轴心"的联合领导力体现为德法之间的交易以及德法对被领导者的务实性领导。而在欧债危机以来的欧洲经货联盟改革进程中,变革型和交易型的德法联合领导力兼而有之,两国在不同分领域互有立场的妥协,就欧洲经货联盟及欧元区的发展远景有了更多共识,愿景性的联合领导力更富成效。不过,基于国家间的利益差异化和双边协商实力的弱化,德法在中微观层面联合发起交易型领导遇到的阻碍更大,而在宏观战略层面实施变革型领导显得更游刃有余。

　　无论是在欧洲经货联盟的哪个领域,德法联合领导力的成功实践往往得益于两国在领导力角色或类型上的有效分工,两国的领导风格亦存在差异性互补:在"默克朗德"时期,奥朗德的"声明性欧洲政策"与默克尔的"行动派欧洲政策"相得益彰;而在"默克龙"时期,默克尔交易型的谨慎领导风格与马克龙变革型的魅力领导风格相辅相成。

(二)　联合领导路径

　　笔者在本书的第一章对领导国的领导路径总结如下:1.设定议程与联合倡议;2.与各方协商建立共识;3.构建国家间意愿联盟。通过分析可以发现,以上路径在德法的联合领导力中均有体现。其中,提出双边倡议以及构建意愿联盟是德法自欧债危机以来最常采纳的领导路径,而与各方协商并做出关键决策则是"德法轴心"在危机时期领导力路径的特殊体现。

　　具体到危机治理领域,德法在双边妥协的基础上主要通过提出双边倡议、建立广泛共识以及参与欧盟的政治议程设定,形成了对援助希腊问题的一致意见,促成了危机救助机制的建立并使其常态化,推动了ESM的改革进程。在财政一体化领域,为确保德式财政纪律尽可能顺利地推行到欧洲层面,德法尝试在欧盟机构的支持下组织有意愿的国家先行合作,并借助开放式协调、加强式合作等灵活的政府间治理模式,达成一系列财政联盟的法制成果。此外自马克龙上台以来,德法在推进欧元区预算改革、促进欧洲税务一体化等领域也开始扮演更积极的倡导者角色,但在协调多方共识的过程中几度碰壁。在银行业联盟的建设中,德法两国的倡导者角色受到来自欧洲央行、欧盟委员会等超国家机构的挑战，两国的核心分歧主导了 SSM 的形态与 SRM 的发展，德国的审慎立场一定程度上造成了 EDIS 当前的停滞状态。在推动前沿技术领域合作及建设经济治理机制的进程中，德法的联合行动较为丰富，但产生的外溢效应有限，双边倡议在欧盟层面的响应度不高。

三　德法联合领导力的有效性

本书在第一章基于理论预测了德法践行联合领导力的有效性条件：Ⅰ. 具备有效的联合领导力资源和明确的联合领导意愿；Ⅱ. 能够提供与被领导者需求相契合的双边方案或立场。据此，笔者将对两国在欧债危机治理、财政一体化、银行业联盟及其他政策领域中的联合领导力成效进行总结。

（一）欧洲主权债务危机治理

德法联合领导力的有效性主要体现在危机中后期做出的关键决策，并将其推行至欧洲层面。在"德法轴心"的共同努力下，针对重债国的良性救助计划总体实现了较好效果，救助条件被落实，成熟的救助机制得以建立和完善。

1. 以关键决策帮助欧元区走出债务危机的最困难时期

两国首脑及政府要员经过多轮磋商，最终相互妥协、达成建设性共识。以《多维尔协议》为基础，德法围绕救助希腊的必要性、救助条件、出资方及救助策略等方面形成了综合方案，为后续"欧元保护伞"的建立做好了资金、法律及机制准备，并影响了后续救助机制的政策设计。希腊、爱尔兰、葡萄牙、西班牙和塞浦路斯先后接受了"三驾马车"的资金援助，并逐渐实现了经济复苏：2013 年 12 月 15 日，爱尔兰成为首个退出救助计划的欧元区国家；2014 年 1 月和 5 月，西班牙和葡萄牙相继退出救助计划。2018 年 8 月，"三驾马车"根据希腊在财政改革和减赤方面的努力成效，彻底结束了对希腊的救助计划。欧元区主要国家的 10 年期国债收益率均已经降至 7% 的警戒线以下，除希腊的

6.91%稍高之外，爱尔兰、葡萄牙、西班牙分别降至 3.09%、4.28% 和 3.37%，国内政局动荡的意大利的 10 年期国债收益率在 3.41%，由此，这些受援国已恢复在债券市场的自主融资能力。

2. 主导泛欧危机防火墙的建立与巩固

从短期希腊救助、EFSF 到 ESM，"欧元保护伞"逐步升级，在出资方、目标以及可持续性方面均有调整，救助机制的效率由此提升。特别是永久救助机制 ESM 的启动，为帮助重债国走出债务危机发挥了关键作用。而 EFSF 及 ESM 职能的扩大和资金池的扩容使"欧元保护伞"在防范金融风险方面更为坚实安全。根据各国达成的一致声明，在未来的 ESM 中，参与方为欧元区成员国、欧洲央行及欧盟委员会，对象国则仅限于陷入短期财务困境且承诺实施相应改革措施的危机国家。由此，欧洲救助机制的战略自主性、针对性和高效性均进一步改善。

3. 开创多样化的决策机制

尽管"默科奇"的"欧洲经济政府"倡议未能获得足够认可，但在欧洲层面有了积极反响，并启发相关行为体创新了决策机制——欧元区峰会会晤的机制化便是其成果。由此，德法间接推动了欧洲货币与经济治理事务的机制改革。在两国主导下，政府间层面的经济治理权能有所扩大，既提高了成员国在紧急情况下的决策效率，也对欧元集团及理事会会晤等现有超国家机制构成了挑战。

此外，"默科奇"的前期龃龉也促进了危机治理行为体的多元化，这在一定程度上弥补了德法联合领导力的"真空"。在超国家层面，由欧盟委员会、国际货币基金组织与欧洲中央银行组成的"三驾马车"在资金救助方面各司其职又密切配合，为解决希腊债务困局、缓解危机蔓延做出了卓越贡献；在政府间层面，由法国主倡、以欧元集团及其他"德法轴心（+）"为代表的微边主义高层磋商机制的运行，有助于危机时期的高效决策。

（二）财政一体化

在财政一体化领域，德法联合主导了一系列政府间协议的达成，并通过开放式协调、加强式合作等新的治理模式形成重要的法律和机制成果。在超国家机构扩大对成员国预算监管权能的同时，德法也增强了政府间合作模式对财政一体化的主导权：两国牵头引领欧元区国家签署开放式的《欧元附加公约》，为短期危机救助机制保驾护航；参与拟定"六部立法"的主要内容，使预算标准与审核程序更为严格。

此后，德法倡导欧盟成员国自愿加入《财政契约》，实现了德式财政纪律的欧洲化，从而帮助遇到财政困难的国家向可持续性的经济增长模式转型，巩固了危机救助机制对希腊、爱尔兰等重债国的促增长成效。而马克龙就任总统后大刀阔斧地推行国有企业与劳动力市场改革，使经济的供给侧在一定程度上重现活力，为其他相关国家结构性改革的实施提供参照。随着改革的深入，欧盟整体经济的增长潜能和竞争力都将进一步提升。

设立欧元区预算和欧洲复苏基金也是"默克龙"在法国主倡、德国主导下达成的重要共识。在危机的倒逼压力下，有针对性的共同预算将帮助欧元区受疫情冲击严重的行业及国家恢复活力，并通过转移支付或直接拨款等形式减少成员国之间的经济差异，这也是解决欧盟经济治理制度性问题的关键一步。最后，德法积极推进了重点领域的税收一体化，并以开拓双边合作、提出联合倡议、引领他国参与等领导路径，使征收统一数字税等议题进入欧盟政治议程。

（三）银行业联盟及其他领域

建设欧洲银行业联盟是解除主权债务与银行之间不良依赖的必行之路，也是形成欧洲自主纾困与危机救助能力的关键。因为德法在提高欧元区经济与金融事务的独立性、实施统一监管的必要性等方面存在较多共识，所以两国通过联合倡议和寻求妥协的路径，较为有效地发挥了联合领导力，使泛欧监管与清算机制取得不同程度的进展：如今的欧元区已建立起由欧洲央行和成员国政府共同参与、各司其职的 SSM，欧洲银行的国际化业务在很大程度上有了欧洲化银行业监管的保证；此外，"默克龙"达成的 ESM 改革决议，为 SRM 的后续建设做了一定的资金和机制筹备。而在前沿技术与新兴产业合作领域,德法借助"德法轴心(+)"的合作框架,在欧盟内发挥引领作用,并对欧盟政治议程的设定产生了积极的推动力。

四 德法联合领导力的失效性

总体来看,德法联合领导力的不足主要体现在联合领导职能的部分缺位、联合领导成果的表面化以及联合领导精神的时而乏力。

(一)欧洲主权债务危机治理

从联合领导职能来看,德法尽管主倡了"欧元保护伞"的建设,但在协调各方立场方面多有失职,《多维尔协议》的达成甚至使债权国与债务国之间的矛盾激化,也使债权国之间产生了嫌隙。此外在永久救助机制的建设中,德法达成实质妥协的难度增大,而当双方因协商失效而难以顺利推进决策进程之时,超国家机构便有了积极实践领导力的契机:在防止危机蔓延、提振投资者信心、恢复金融市场稳定性方面,以欧洲央行、欧盟委员会及国际货币基金组织为代表的超国家机构适时发挥作用,而对于这些机构特别是享有最高独立性的欧洲央行而言,德法无法直接影响其决策,而只能通过交易型领导进行协商。

从联合领导力的成效来看,双边方案目前仅能局部或暂时满足领导需求,"德法轴心"的领导力供给有限。

第一,德法的利益分歧使两国未能就遏制债务违约风险的外溢提出长久的建设性方案。债务危机及其连带的银行业危机与信用危机的爆发,与欧元区内成员国财政情况与经济政策的差异不无关系。尽管欧元区的经济增速已有所恢复,但从长期来看,各国间经济和社会发展水平的差距不减反增已成事实,欧元区经济加速增长的潜能有限:德国等核心国家长期保持经常账户盈余,而希腊、西班牙等南欧国家则连年处于经常账户逆差,[①] 欧元区泛欧实时全额自动清算体系余额持续扩大,加剧了

---

① 参见张志前、喇绍华《欧债危机》,社会科学文献出版社,2012,第98页。

债务国与债权国之间的利益冲突。欧元区欠发达国家的经常账户赤字顽疾，使欧洲金融市场长期稳定的实现仍存有隐患。

第二，现有危机救助机制存在的技术与可行性漏洞影响危机治理的成效。一方面，与实现对欧盟成员国全覆盖的临时性救助机制不同，作为特殊目的机构（Special Purpose Vehicle，SPV）的 ESM 仅为欧元区成员国服务。由此，欧元区外围的风险管理与防范缺少资金支持。另一方面，即便是在欧元区内部，以 ESM 为核心的救助机制也并非万能。在 2013 年 2 月塞浦路斯发生债务危机时，"三驾马车"直接向其提供了 100 亿欧元的救助贷款，并以塞浦路斯政府一次性收取境内银行个人存款的存款税作为附加条件，[①]"欧元保护伞"机制则被束之高阁。

此外在危机治理领域，两国联合领导的精神有时不够凝聚。特别是在欧债危机爆发前，德法因双边核心分歧难解而未能及时、高效地主导危机治理的进程，更难有精力与其他成员国做好协调，一定程度上加快了欧债危机的蔓延。

（二）财政一体化

从双边层面来看，无论是财政纪律的法制化还是欧元区预算方案的推出，德法联合领导的实质更像是"以德法之名，行德国之实"。经济实力与治理理念的差异使两国对预算资金的来源与规模等核心问题看法不一，德法难以达成深度共识。尽管在基于德法倡议形成的欧洲方案中，德法联合倡议的多数元素被保留下来，但德法在统一预算等核心争议领域难以践行有信服力的领导力，且较具突破性的成果主要局限在财政纪律的贯彻，已然促成的法制成果则未能一直得到精心维护与落实。内忧外患之下，欧洲预算一体化的前路依旧坎坷。

在欧债危机爆发的初期，德法是欧洲财政联盟法制化的积极开拓者。但在欧债危机后期，条约本身的政府间属性决定了领导国难以永远守成：

---

① 该计划因牺牲了储户利益而遭到塞浦路斯国会的否决，最终以征收富人税作为替代方案。

首先,《欧元附加公约》阐明的需重点解决的问题未得解决,条约成果有始无终;其次,负责监督欧洲学期、"六部立法"落实情况的行为体主要是欧盟机构;最后,领导国先行违约又一次"搬起石头砸了自己的脚"——2014 年法国的财政赤字及公债比例远高于《财政契约》规定,但在德国的姑息下以改革承诺换取了惩罚宽限,这对于《财政契约》的公信力以及"德法轴心"的领导权威都是挫伤。

另外,"德法轴心"在财政一体化中的倡导角色往往少不了超国家机构的同期参与。这一方面体现为超国家机构的"递进参与",也就是在德法倡议的基础上形成进一步的方案,如为了有效对冲新冠肺炎疫情带来的经济衰退影响,欧洲理事会、欧盟委员会、欧元集团对 ERF 的调整和细化;另一方面体现在"互补参与":"德法轴心"对财政联盟的最终形态有着不同看法,因而将更多精力投入欧元区预算、欧洲复苏基金及统一企业税等中微观层面,宏观层面的战略构想则更多由欧盟机构来着手设计——2015 年 6 月 22 日,欧盟委员会主席容克与欧元区峰会主席图斯克、欧元集团主席杰洛·戴松布伦(Jeroen Dijsselbloem)、欧洲央行行长德拉吉以及欧洲议会主席马丁·舒尔茨(Martin Schulz)联合提出了《深化经货联盟》的"五主席报告"——第一阶段(2015 年 7 月至 2017 年 6 月):"以行动促深化",即通过使用现有工具和实践现行条约逐步走向财政趋同;第二阶段(2017 年 7 月至 2025 年):"完成经货联盟",即制定一系列具有法律约束力、旨在实现财政趋同以及由各方共同商定的规则;第三阶段(2025 年以后):实现真正的欧洲经济货币联盟。[①]这些尚待细化的宏观愿景在一定程度上弥补了德法联合构想的不足。

(三)银行业联盟

相比于欧洲经货联盟的其他领域,德法在银行业联盟中扮演的倡导角色略显平淡:"默克朗德"的预先讨论大多未形成有效的双边倡议,

---

① Europäische Kommission, "Der Bericht der fünf Präsidenten präsentiert Plan zur Stärkung der Wirtschafts-und Währungsunion Europas vom 1. Juli an", Pressemitteilung, Brüssel, 22. 06. 2015, europa. eu/rapid/press-release_IP-15-5240_de. pdf.

德法或是就欧元集团及欧盟委员会已有的提议协调异见，或是基于已有的双边分歧而联合其他国家形成"德法轴心（+）"的立场。总体来看，德法围绕核心问题的争议大多为欧盟最终决策的"轴线"，无论是 SRM 还是 SSM 的最终设计，均是综合了德法立场的结果。但鉴于三大支柱尚不完备，且各支柱的发展并不均衡，当前的欧洲银行业联盟机制尚难发挥预期作用。

首先，SRM 的启动虽不完全是"德法轴心"之功，其后续建设则是以德法达成的核心协议与决策为基础，只是双边立场并未过多涉及这一支柱的核心问题，这使目前清算机制的象征意义大于实质作用。一方面，由于清算基金的筹集需八年时间，在此过渡期内的银行清算仍需通过以各国信贷资金为依托的 ESM 来维持。即使在过渡期结束后，欧洲清算基金的额度在德国、荷兰等国的坚持下也很难增加，而当类似欧债危机的严峻局面出现时，泛欧实时全额自动清算体系的救助能力有限，难以实现对破产金融机构的有效管理。另一方面，欧洲单一清算委员会等的机构建设有很大空间，参与者的职能分配仍有待细化，有些问题尚待解决比如如何实现清算机构与监管机构的密切配合，以及如何确保已制定标准和规则的约束力等。[1]

其次，同样在目前进展最多的 SSM 支柱上，德法联合贡献的建设性有限，该机制在功能性方面仍存在漏洞，这尤其体现在对传统金融机构跨境经营风险的防范上。当前泛欧监管机制对跨国业务的监管力度明显落后于国家层面的监管，而这主要是因为跨国银行是成员国金融业务盈利的主要来源，严格监管有损成员国利益。此外，目前监管指标多以传统的事后描述性指标为主，在一些情况下无法及时预警风险。

再次，由于欧盟内以德法为代表的各方分歧难解，EDIS 仍处于准备阶段。德法两国对 EDIS 的核心争议在于，银行业联盟本质是恢复和

---

[1] Cf. Bundesministerium der Finanzen, "Die europäische Bankenabwicklung-aktuelle Herausforderungen", https://www.bundesfinanzministerium.de/Monatsberichte/2017/05/Inhalte/Kapitel-3-Analysen/3-1-Die-europaeische-Bankenabwicklung.html.

确保金融市场的稳定，还是仅是另一种形式的转移支付联盟。而基于不同的金融体系、央行职能与金融文化，德法对于建立 EDIS 的前提也有着不同理解，且这种不同理解在成员国层面有其代表性。[①] 此外，欧洲央行在关于欧元区金融一体化的报告中指出，欧洲金融一体化的跨国风险分担能力"仍然很低"[②]。由此，缺少各方一致支持的 EDIS 在短期内难有明显进展。

最后，转型后的欧洲央行在银行业联盟中的分量变重，兼顾多重目标的挑战增多。欧洲央行最初的主要职能在于以统一的货币政策来维持欧元价格稳定，并实现通胀目标。而自欧债危机爆发以来，欧洲央行不仅扮演了债务国的"最后贷款人"角色，而且还需负责监管欧元区银行、处理银行坏账、重组银行业等。更多的权力意味着更多的责任，考虑到不同目标领域之间的关联性，欧洲央行需兼顾多方面政策的独立性，同时实现各领域的分目标并博得成员国的理解，其中困难可想而知。

五 其他发现

1. 德法联合领导力在危机时期更为凸显

在欧债危机和新冠肺炎疫情暴发及后续发酵期间，德法联合领导力在抵御危机的压力下尤为高效。在欧盟处于内外交困的复杂变局、主流亲欧政党的执政合法性以及西方自由主义价值理念受到冲击之时，两国得以在危机倒逼下精诚合作，从促进欧元区稳定和维护欧盟团结的大局出发，有了更多的务实行动与高质的倡议决策。危机缓解或暂时搁置了两国的诸多分歧，具体到欧洲经货联盟的各个领域，德法的趋同立场主

---

① Cf. Fehr, Mark, "Der Schutz der Sparer wird zum politischen Spielball", 13. 04. 2018, in *Wirtschaftswoche*, https://www.wiwo.de/finanzen/geldanlage/einlagens-icherung-der-schutz-der-sparer-wird-zum-politischen-spielball/21170506.html.

② Europäische Zentralbank, "Financial integration in Europe", May 2017, https://www.ecb.europa.eu/pub/pdf/other/ecb.fnancialintegrationineurope201705.en.pdf?1c8bc127d44dc2fc5ce32d226df9b7dd.

要表现在贯彻德式财政紧缩方针、支持设立欧元区预算、预先启动 ESM 并扩大其功能、认可欧洲央行的"最后贷款人"身份等。

而危机形势的缓解和外部压力的松弛，使各方难以直观感受到长期性改革的必要性，德法的联合领导既缺少强劲的内生动力，也欠缺外部力量的推动。因为在选民政治的逻辑下，基于欧洲利益的长远战略考量容易让位于基于国家利益考量的短期相机决策；此外，各成员国利益的显现化与差异化发展使德法在欧洲事务中的两极性立场减弱，难以代表所有成员国的意见，由此强化了这一时期联合领导力的象征性元素，带来了"雷声大、雨点小"的领导效力。

2. "德法轴心"中的德国主导作用明显且有持续态势

尽管德法的联合方案多源于法国倡议，但离不开德国的最终决定，德法妥协的结果常常是法国立场"外衣"包裹下的德国立场"内核"。凭借领导力资源的相对优势，德国在"德法轴心"中的主导作用与优势话语权凸显，而法国则受到经济与社会发展"疲弱症"① 的严重困扰，难以凭实力对抗德国坚持的核心原则。此外，在由欧元区经济问题引发的一系列危机中，经常账户危机是两国领导者最容易忽视的危机，究其原因便在于，解决欧元区及欧盟内的经常账户失衡问题不符合德国利益。而在"三元困境"② 的作用下，德国从转移支付联盟和放松欧洲央行独立性这两者中选择了后者，以保持其出口导向的优势。对此，法国除了在言语上表达不满以外也别无他法。新冠肺炎疫情尚未过去、欧洲经济急待复苏的 2020 年下半年是德国担任欧盟轮值主席国的下半年。2020 年 7 月 8 日，默克尔在欧盟总部陈述了德国作为欧盟轮值主席国的施政

---

① 参见王朔、周谭豪《对法国当前"疲弱症"的看法》，《现代国际关系》2016 年第 7 期，第 50 页。

② 即对德国而言，持续的经常项目盈余、非转移支付联盟及独立的欧洲央行这三个目标无法同时实现。cf. Bibow, Jörg, "The Euroland Crisis and Germany's Euro Trilemma", in *International Review of Applied Economics*, Vol. 27, No. 3, 2013, pp. 377-378.

方案，提出抗击新冠肺炎疫情是首要任务，强调要在夏季就欧洲财政救助计划达成欧洲方案。非常时期的轮值主席国身份对于德国领导力的实践是一个赚取加分项的有利契机。①

3. "德法轴心"与其他行为体的合作领导加强

"德法轴心"建设欧洲经货联盟的努力能否有回报，在很大程度上取决于欧盟相关行为体的配合与支持。在欧洲经货联盟的建设进程中，欧洲央行、欧盟委员会（及其中的欧洲经济和金融事务委员会）、欧元集团及其中的"法兰克福回合"、欧洲理事会都曾通过发布倡议报告、发起欧盟讨论、履行决策程序、实施立法等路径发挥过领导力。在危机管理与救助机制的建设中，温和的德法双边倡议无法平复金融市场的动荡，此时欧洲央行行长德拉吉挺身而出，做出了不惜一切代价拯救欧元的承诺并大胆采取非常规性的货币政策，才得以提振市场信心、盘活重债国经济。"默克朗德"时期鲜有作为为默克尔与欧元集团、欧盟委员会等行为体的互动领导提供了机会；而在"默克龙"时期，当一些成员国对德法欧元区改革的协定、欧洲复苏基金计划等有异议时，欧盟机构便在德法与其他成员国之间担任"平衡手"角色，或进一步推进了原有计划，或促成了各方达成折中方案。可以说，德法在欧洲经货联盟主要领域取得的关键突破离不开超国家行为体的助力。

---

① Cf. Die Bundeskanzlerin, "Rede von Bundeskanzlerin Merkel zur deutschen EU-Ratspräsidentschaft 2020 vor dem Europäischen Parlament am 8. Juli 2020 in Brüssel", https：//www. bundeskanzlerin. de/bkin-de/aktuelles/rede-von-bundes-kanzlerin-merkel-zur-deutschen-eu-ratspraesidentschaft-2020-vor-dem-europaeischen-parlament-am-8-juli-2020-in-bruessel-1767368.

第五章

对德法联合领导力的理论解释

本章将借助"领导力资源三要素"理论，围绕静态的资源投入以及资源投入—双边政策产出的动态过程（见图5-1），重点解释和分析欧债危机以来德法联合领导力的类型、路径与成效。资源投入方面，德法联合领导力的表现源于两国联合领导力资源的变化、多重情境要素的作用以及领导者的实践；而从投入到产出的链条出发，本章主要基于德法双边关系的特殊性来比较两国各自的领导力资源：一方面，德法之间领导力资源的物质性要素的互补性减弱、差异性依旧，这决定了德法各自的领导利益异同，影响到双边妥协的质量以及两国的领导角色分工；另一方面，双边已有的机制性合作框架与共享的文化成果等非物质性要素，确保了两国合作的延续性，赋予联合领导以持久的象征意义。

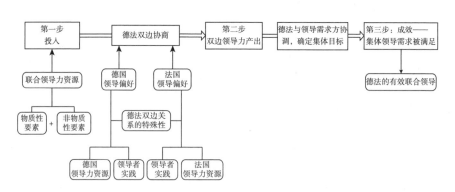

图5-1　德法联合领导力实践进程的理论解释图示

第一节　投入维度

从投入维度来看，随着欧盟和欧元区的扩大、欧洲经货联盟的纵深发展以及超国家与政府间层面权能竞争的加剧，德法共有的物质性和非物质性领导力资源优势有所收缩，特别是制度性与非物质性资源的弱化，限制了两国谋求欧盟利益"最大公约数"的潜能。不过，特定情境要素的影响以及领导者与核心决策者的能动作用，往往决定了德法联合领导力最终是否有效。

一　物质性联合领导力资源的变化

德法在欧盟虽享有绝对的联合领导力优势，这尤其表现在经济实力上，但其相对优势在近年来有所减弱，这在结构性和制度性要素上均有所体现。一方面，欧债危机以来两国国内政治、经济与社会的发展不断面临新的更多挑战，这些对德法在欧洲经货联盟中的联合领导力实践构成了不小的掣肘；另一方面，几经修订的欧盟条约增加了有利于超国家机构的机制与决策程序。

（一）结构性要素

一方面，从经济体量、出资份额等指标来看，德法的财力优势明显，这确保两国在设定危机救助机制、推进银行业联盟建设等行动中享有优势话语权，有利于掌握动议主动权。长期以来，两国均为欧盟及欧元区内的经济强国，尽管法国的宏观经济表现不及德国，但其经济总量、人口优势以及较为中肯的债券信用评级仍使其稳居欧盟第二大经济体的宝座。IMF 的调查数据显示，2018 年法国以 2.78 万亿美元的经济总量排名世界第六，德国则以 3.95 万亿美元的 GDP 稳居全球第四。[①] 此外，与经

---

① IMF, *World Economic Outlook Database*, October 2019, https：//www.imf.org/external/pubs/ft/weo/2019/02/weodata/index. aspx.

济体量直接相关的是成员国在欧洲央行及一些救助机制中的出资份额：根据 2019 年 1 月 1 日起生效的欧洲央行的新出资比例，德法两国的欧洲央行出资仍居于欧元区国家前两位且比例均有上调。① 经济体量的绝对优势使"德法轴心"成为危机救助机制中的首要出资方和主导者。

另一方面，近年来政党的民粹化走向冲击了德法的传统政党格局，主流政党的领导力困局影响了德法联合领导力的发挥。特别在与民生息息相关的欧洲经货联盟领域，传统亲欧政党在选民诉求碎片化的压力下，难以做出兼顾本国主体选民、本国利益与欧盟利益的决策——在危机救助的初期阶段，针对是否援助及如何援助希腊等问题，时值大选前夕的默克尔不愿向萨科齐让步，② 德法及其他欧盟成员国之间一度的争执不下使救市的最佳时机被错过。而随着难民危机、英国公投脱欧等多重挑战的到来，欧洲核心政策议题的再政治化日益成为各国政治生活的新常态，德国选择党（Alternative für Deutschland，AfD）、法国国民阵线（Front National）等极右反建制政党的崛起，既分散了德法主流政党领导欧洲事务的精力，又弱化了政府决策中的欧洲特色与欧盟利益元素——譬如，除了在就任总统之初落实了重新谈判《财政契约》的竞选承诺外，奥朗德此后碍于内政事务的掣肘，在欧洲经货联盟领域鲜有"大动作"；尽管法国等成员国、欧盟委员会以及德国部分学者不时强调欧元债券、"新冠债券"等对欧元区整体发展的好处，但鉴于传统民意的抗拒，德国政界始终反对债券的共同体化。即使是行动力强、被称作"新戴高乐"③

---

① Cf. Die Europäische Zentralbank, "Kapitalzeichnung", 01.01.2019, https：//www.ecb.europa.eu/ecb/orga/capital/html/index.de.html.

② Cf. Schwarzer, Daniela, "Deutschland und Frankreich und die Krise im Euro-Raum", p.32, in *APuZ* 1-3/2013, pp.30-36.

③ Cf. De Royer, Solenn, "Emmanuel Macron, la technocratie au pouvoir", in *Le Monde* vom 6.11.2017, http：//www.lemonde.fr/politique/article/2017/11/06/emmanuel-macron-un-pouvoir-technocratique-a-distance-du-jeu-politique _ 5210654 _ 823448.html.

的马克龙总统，也在"黄马甲运动"（Mouvement des Gilets jaunes）[①]等街头政治的阻力下不得不减缓其内政与欧洲复兴计划的推行。

（二）制度性要素

在制度性要素方面，"德法轴心"的优势也不复当年。欧盟的几轮扩大以及超国家机构职能的扩充，弱化了"德法轴心"的制度性权力。一方面，欧盟超国家机构对政府间合作机制的权力制衡自 1960 年起就在不断提高，德法在欧盟理事会的投票权重由 47% 降至 2013 年的 17%，两国总计的欧洲议员席位（MEP）比例也由 51% 降至 23%；自 2003 年《尼斯条约》生效以来，两国在欧盟委员会中的委员（Commissar）数量由各 2 人减至各 1 人。[②] 另一方面，两国自欧债危机至新冠肺炎疫情暴发初期的十年间均未担任过欧洲理事会轮值主席国，没有机会在欧盟机构层面施加直接的决策影响力。此外，法国关于设立"欧洲经济政府"等政府间合作机制的创新提议，以及此后与德国达成的改良版倡议未能获得多数欧盟成员国的支持。与此同时，以欧元集团、欧洲央行、欧盟委员会等为代表的超国家机构在欧洲经货联盟中的政策产出有所提高，在财政一体化与危机救助机制等领域的影响力与决策力更为凸显，在拓展领导力资源方面也有了更多的积极作为——时任欧盟委员会主席容克甚至建议在共同外交与安全政策领域引入"特定多数表决制"，避免因成员国的一票否决造成决策僵局。由此，超国家机构与政府间主义、超国家机构与成员国之间的权能制衡此起彼伏，这对德法以传统路径实践联合领导力构成了一定挑战。

不过，德法在区域层面制度性要素的优势缩减也促使两国"困而思

---

① 2018 年 11 月，一场以上调燃油税改革为导火索的法国社会骚乱爆发，组织者身穿黄色马甲并采取脱离工会或政党组织的方式，利用互联网在每周末自发组织抗议、暴动，其间甚至多次发生大规模骚乱，导致法国经济严重受损。对此，马克龙被迫做出不再上调燃油税、为下层劳动者加薪等承诺。

② Krotz, Ulrich/Schild, Joachim, *Shaping Europe：France, Germany and Embedded Bilateralism from the Elysée Treaty to Twenty-First Century Politics*, New York：Oxford University Press, 2013, p. 26.

变"，以新的路径和策略创造领导力资源新的增长点，尽可能确保联合领导力的有效发挥。为此，德法的决策机制发展出了非正式化和小规模的政府间化路径——为防止合作成果因欧盟的"一致通过"原则而夭折，"默科奇"提出了"有意愿的国家马上执行，无意愿的国家可选择不参与"的策略，主导欧盟 25 国签署《财政契约》及《就业与增长契约》。而从双边层面外溢到欧盟多国层面的合作也更多体现在愿景性的"声明联盟"和务实性的"议题联盟"。不过，这两类小规模合作联盟的灵活性和广度有余，但稳定性和深度不足，难以触及欧洲经货联盟制度性缺陷的硬伤。

二 非物质性联合领导力资源的变化

在非物质性联合领导力资源方面，"德法轴心"的领导权威与欧盟或欧元区面临的危机形势存在较强的相关性。随着欧债危机的缓解与危机救助机制的建立，"德法轴心"的领导力权威优势不再，在后续推进财政金融一体化改革中面临的异议更多，由此，两国不得不与欧盟超国家机构共担"打江山"与"守江山"的领导职能。

从政府间层面来看，"德法轴心"在成员国中的积极反响有所减弱，这也使两国视不同议题积极开展灵活的政府间合作及其他微边主义合作。过去"德法轴心"得以成功运转的秘诀在于"代理人妥协"逻辑的有效运行：只有在各方分歧是以德法异见为代表的一维分歧（见表 5-1）时，德法双边妥协才可被其他成员国接受并发展为欧盟方案。[1] 然而近年来，德法在欧洲经货联盟中的分歧不再有绝对的对立性，而欧盟各成员国的立场却更为碎片化。由此，"德法轴心"的意见未必能代表各国的多样立场，德法联合领导力就难以获得成员国的广泛认可。

---

[1] Cf. Bundeszentrale für politische Bildung, *Deutsch-Französischer Motor*, https：// www. bpb. de/nachschlagen/lexika/das-europalexikon/176782/deutsch-franzoesischer-motor.

表 5-1 欧洲经货联盟机制与政策领域背后的理念博弈①

机制/政策领域	对立理念
机制设定 & 决策程序	超国家主义/联邦主义 vs. 政府间主义
内部市场	自由市场/去规制化 vs. 市场干预/规制化
预算政策	净贡献 vs. 转移支付
贸易政策	自由贸易 vs. 重商主义
社会福利政策	高标准富国 vs. 低标准穷国

视政策议题的不同,"德法轴心"受到了欧盟次区域集团不同程度的质疑:在中东欧,由匈牙利、波兰、捷克和斯洛伐克组成的"维谢格拉德集团"(Visegrád-Gruppe)不但反对德法支持的差异性一体化,而且公然拒绝执行欧盟的难民分摊决议;在北欧与西欧,以"比荷卢"为代表的欧盟老成员小国也始终不希望德法凭借其大国实力而直接决定欧洲联合之路,德国的传统盟友国荷兰甚至还联合了 8 个欧盟成员国,公开反对"德法轴心"的财政一体化与欧元区改革计划;在南欧,除了希腊多次指责德国在危机救助中的"一毛不拔"外,意大利也对德法主张的难民分摊方案十分怨恨,而在"五星运动"和"联盟党"这两大传统疑欧政党组成意大利联合政府后,意大利副总理马泰奥·萨尔维尼(Matteo Salvini)甚至表示要与波兰组成"意波轴心"来对抗"德法轴心",从而缔造新的"欧洲之春"。"德法轴心"在成员国层面的支持率受限,为两国开展包括欧洲经货联盟在内的欧洲一体化合作增加了难度。

从超国家层面来看,欧盟机构对德法联合领导力的认可与重视多于质疑和拆台,对于德法联合领导力的实践总体未构成较大阻碍。时任欧盟委员会主席容克曾表示,"德法友谊是现实,更是一种必要;没有它

---

① Cf. Krotz, Ulrich/Schild, Joachim, *Shaping Europe: France, Germany and Embedded Bilateralism from the Elysée Treaty to Twenty-First Century Politics*, New York: Oxford University Press, 2013, p. 47.

就无法实现引领欧洲走向和平与自由的历史重任"①。无论是危机救助机制的建立与发展，还是银行业联盟的启动与运行，均得益于"德法轴心"与超国家机构的良好配合。虽然在与欧洲央行在危机救助中以及与成员国在财政纪律方面出现了一时龃龉，但德法意识到超国家机构对于提高联合领导力权威的重要性，并在此后的预算一体化及银行业联盟建设中加强了与欧盟机构的沟通协调与合作领导。

三 以危机为代表的多重情境要素作用

对于危机与欧洲发展之间的关系，"欧洲之父"莫内曾这样说："欧洲将处于一次次危机中，并将成为解决这些危机方案的总和。"② 这一方面表明危机对于欧洲一体化前进的动力作用，另一方面也似乎暗示了欧盟推进改革的被动局面。此外，与莫内所处的时代不同，当下欧盟面临的并非单一挑战，而是经济、政治、文化、安全、社会等多维度的挑战。处在重重考验中的德法联合领导力也在临危受命中开始成为应对诸多挑战的方案总和。

从双边层面来看，心系欧盟团结的德法命运共同体往往能将危机的外部压力内化为行动力，从而达成关键的妥协决策。在欧元诞生前的欧共体时期，石油危机和美元的持续疲软使德法真正意识到寻找长期方案来应对外部汇率风险的必要性与紧迫性，并就此提出了建立欧洲货币体系的联合倡议。在欧债危机的前中期，"欧元崩溃""欧元区解体"等论调一时成为热点，引起欧盟各界的极度担忧，尤其是作为欧洲联合主要受益方的"德法轴心"共持有55%的"欧猪五国"国债，③ 更难承受欧

---

① Europäische Kommission, "Rede von Präsident Juncker anlässlich der Unterzeichnung des Vertrages von Aachen über die deutsch-französische Zusammenarbeit und Integration", Aachen, 22.01.2019, https：//ec. europa. eu/commission/presscorner/detail/de/SPEECH_19_586.

② Monnet, Jean, *Mémoires*, Paris：Fayard, 1976, p. 488.

③ 参见殷桐生《德国经济通论》，社会科学文献出版社，2017，第656页。

元区解体的巨大成本，"如果欧元失败，那么欧洲也就失败了"①。在这种危机压力之下，德国对法国及债务国做出了适度妥协，同意为相关国家提供有条件援助；在德拉吉承诺不惜一切代价保卫欧元后，"默克朗德"称"德法会坚定地致力于维护欧元区的健康发展，尽其所能保护欧元区"②，由此对欧洲央行的非常规措施提供了精神支持，对债务危机的缓解起到了关键作用。同样也是在新冠肺炎疫情肆虐、欧元区经济再受冲击之时，默克尔放弃了对"共同举债"的一贯反对立场，与法国倡议以欧盟名义向国际金融市场融资，在赠款与欧盟预算的框架下为经济受到疫情冲击的国家提供援助。

首先，从欧洲层面来看，欧债危机以及欧元区的发展困境增强了"德法轴心"与经济状况不佳的成员国间相互依赖的不对称性，这为两国实践变革型的领导和有效的交易型领导创造了优势。其次，危机时期欧盟决策进程和批准程序的复杂降低了欧盟机构的决策效率，为"德法轴心"领导力模式的简化创新提供了契机。最后，多重危机一方面提高了对决策高效性的需求，另一方面强化了欧洲的自主意识和"德法轴心"的使命感，欧洲"在某种程度上完全依赖别人的日子结束了，需掌握自己的命运"③。这在客观上也暂时掩盖了德法在欧洲的制度性资源要素弱势，"默科奇"在欧债危机告急时达成的关键决策以及"默克朗德"为推进银行业联盟建设做出的妥协努力，表明两国在欧盟处于集体行动

① "'If the Euro Fails，Europe Fails'：Merkel Says EU Must Be Bound Closer Together"，*Spiegel Online*，07.09.2011，http：//www.spiegel.de/international/germany/if-the-euro-fails-europe-fails-merkel-says-eu-must-be-bound-closer-together-a-784953.html.
② Bundesregierung，"Gemeinsame Erklärung des französischen Staatspräsidenten François Hollande und der deutschen Bundeskanzlerin Angela Merkel"，Pressemitteilung 256，27.07.2012，https：//archiv.bundesregierung.de/archiv-de/gemeinsame-erklaerung-des-franzoesischen-staatspraesidenten-françois-hollande-und-der-deutschen-bundeskanzlerin-angela-merkel-440110.
③ Paravicini，Giulia，"Angela Merkel：Europe Must Take 'Our Fate' into Own Hands"，in *Politico*，28.05.2017，https：//www.politico.eu/article/angela-merkel-europe-cdu-must-take-its-fate-into-its-own-hands-elections-2017/.

困境时更被需要，也更能发挥有效的联合领导力。而在欧元区的短期经济风险基本消除后，各国对于推行后续改革的兴致虽有，但志向各异；欧盟机构及成员国在欧洲经货联盟利益导向与领导偏好方面的差异更加突显，这弱化了"德法轴心"的行动力，致使2013年后欧洲经货联盟放缓在财政一体化、欧洲存款保险计划等领域的改革进程。

在欧盟面临的多重挑战之中，德法一方面倾向于在欧洲经货联盟的核心领域发挥更具象征性的领导，另一方面更多地在争议较少的领域争取发挥更大作用。在核心领域，"默克龙"利用不同契机适时拟定双边倡议、深化双边合作，以更多的联合声明与行动捍卫欧元区利益，加强欧盟在危机救助与金融一体化领域的战略自主。在周边领域，鉴于欧盟各国在经济结构、财政实力、就业和国际收支结构等方面存在较大差异，[①] 德法着重采取了以下措施，以全方位地提高欧盟经济的发展潜力：加强欧盟宏观经济政策协调、推动欧洲创新和产业政策战略的出台、引领并扶持人工智能等前沿技术研究等。

第二节　投入—产出链条

资源投入形成有效政策产出的关键在于德法能否形成一致的领导偏好与目标。其中，两国之间领导力资源的协调度以及核心决策者的执行力是决定德法领导路径、领导角色分工及最终产出的主要因素。尽管共促欧盟团结、维持欧元区稳定符合两国的根本利益，但双边领导力资源互补性的调整既改变了两国领导偏好的布局，也影响了德法以往的领导角色分工及路径；与此同时，"德法轴心"的机制与文化因素又赋予两国合作的稳定性。在两方面因素的共同影响下，德法联合领导力在产出方面的象征行为突出，务实成果欠佳。

---

① 参见张健雄《从〈稳定与增长公约〉的执行危机看欧元体制的缺陷》，《中国金融》2005年第11期，第64页。

一 物质性要素与情境要素的变化

（一）双边经济实力差距的扩大

在欧洲经货联盟领域，一国的经济与社会发展情况是核心的领导力资源的物质性要素。而自欧债危机爆发以来，应对过多重挑战的德国在物质性要素方面的比较优势明显，法国则处于相对劣势，这为两国在平等、互信的基础上达成有效双边方案增加了难度，容易造成特定情境下的一国主导。

经济实力领域的"德强法弱"不利于法国把握话语的主导权与领导权威。曾几何时，法国是经济增长最快的欧洲大国之一，其在 1980 年至 2007 年的年均经济增长率达 2.2%，而德国仅为 1.7%。[①] 但在此后很长一段时间内，法国未能很好地适应经济全球化的发展并调整经济结构，有些安于现状、耽于幻想。法国 2010~2014 年的年均经济增长率减至 1.2%，低于德国的 2.2%。[②] 自 2013 年以来，德国失业率及青少年失业率逐年下降，2017 年分别降至 5.2% 和 6.8%；[③] 而法国失业率虽最终降至 10% 以下，但仍高居 9.4%，[④] 其青年失业率更高达 22.3%。[⑤] 与此同时，伴随经济增长疲软的还有法国社会发展的旧矛盾与新问题：一方面，

① 《环球时报》综合报道：《欧洲"领导力"，英法德谁领风骚》，2018 年 1 月 15 日，http：//world. huanqiu. com/exclusive/2018-01/11521676. html？agt＝61。

② Europäische Kommission，"Winter 2019 Economic Forecast-Statistical annex"，https：//ec. europa. eu/info/sites/info/files/economy-finance/winter_2019_economic_forecast_-_statistical_annex. pdf.

③ "Arbeitslosenquote in Deutschland im Jahresdurchschnitt von 2004 bis 2019"，*Statista*，https：//de. statista. com/statistik/daten/studie/1224/umfrage/arbeitslosenquote-in-deutschland-seit-1995/；Wirtschaftskammern österreichs："Jugendarbeitslosenquote"，February 2019，http：//wko. at/statistik/Extranet/Bench/jarb. pdf.

④ "Frankreich：Arbeitslosenquote von 2008 bis 2018"，*Statista*，https：//de. statista. com/statistik/daten/studie/17310/umfrage/arbeitslosenquote-in-frankreich/.

⑤ Wirtschaftskammern österreichs，"Jugendarbeitslosenquote"，February 2019，http：//wko. at/statistik/Extranet/Bench/jarb. pdf.

非洲移民和恐怖袭击问题使社会治安状况明显恶化，民众认为政府对民生问题缺乏关注而深感不满；另一方面，法国的"抗议文化"和"拒绝改革精神"并存，自密特朗之后的三届法国总统既受到国内经济社会发展弊病的牵制，又难以突破内政改革的困境，外交和欧盟事务中的精力不足，不利于法国维护其在欧盟的领导权威。这也就可以解释为何近年来，一系列德法倡议"外衣"包裹的更多是德式"内核"。

面对法国经济实力的弱化，马克龙在当选总统后从以下三方面积极作为，以实现更为平衡的德法联合领导：1. 强化法德同欧洲的相互依赖，抑制或减少德国单方面行动的可能性；2. 通过提升软实力、外交主动性或利用制度制衡，更积极主动地提出倡议和发声，以提高法国领导角色的"存在感"；3. 将国家利益与欧洲利益紧密捆绑，使内政改革与深化欧元区改革、提振本国经济与复苏欧洲经济等"组合拳"同步推进，提升法国的非物质性领导力资源优势。

（二）双边战略性依赖的增强

尽管德国凭借其财力优势在欧洲经货联盟的诸多领域扮演主导角色，德法传统实力中"基于不平衡的平衡"也受到了动摇，但无论是在欧债危机期间还是在形势更为复杂的后欧债危机时期，德国或法国均无法独自承担欧洲经货联盟的领导重任。因为从双边层面来看，两国领导力资源和领导角色的互补性并未有明显变化，而欧洲一体化的差异性发展更加强了德法彼此的战略性依赖。

在欧债危机初期，德国在救助希腊问题上的强硬立场被欧盟以及包括法国在内的多数成员国批评，[1] 基于历史和地缘因素的恐德心理在欧洲再次蔓延。为了防止欧债危机恶化，孤掌难鸣的默克尔积极寻求法国的支持，以实践更具说服力的联合领导——"默科奇"提出的《多维尔协议》使德法再次成为危机治理中的领导国。而在此后的欧盟多重危机

---

[1] Deubner, Christian, "Der deutsche und der französische Weg aus der Finanzkrise", in *DGAPanalyse Frankreich* 2, 15.04.2011, pp.8-9.

时期，欧元区及欧盟发展面临多重挑战，而维持欧元区稳定、促进欧盟团结和繁荣的共同诉求加强了两国之间的战略性依赖。2017 年德国大联合政府的《联合执政协议》就明确指出："只有德法通力合作才有可能实现对欧盟的革新。"① 马克龙主要倡导的欧元区改革计划最初未引起多数国家的积极响应，此后正是在德国的支持下，两国携手推进了更温和的愿景性领导，最终使各方就首笔欧元区小额预算达成了一致。由此，德国的物质性要素优势弥补了法国的经济实力弱势，而法国的领导权威优势亦填补了德国的部分外交行动力弱势。德法互有所需，两国只有互相借重、互补联合才能壮大综合的领导实力，实践共塑欧洲一体化的战略目标。

与欧共体时期相比，德法双边战略性依赖的增强也有助于两国在欧洲经济治理方面形成更多共识。传统意义上，德法分属"联邦"和"邦联"的支持者，也曾在欧盟需要更多"超国家主义"还是更多"政府间主义"的问题上龃龉，但随着欧元区的建立和欧洲经货联盟的深入发展，德法也开始认可灵活的政府间合作及多速、差异性的一体化合作模式。1994 年，来自德国基督教民主联盟（简称德国基民盟）的政治家朔伊布勒和卡尔·拉默斯（Karl Lamers）发布了联合文件（Schäuble-Lamers-Papier），首次提出在货币联盟领域构建"德法比荷卢"组成的五国"硬核欧洲"，并在货币、财政、预算、经济和社会福利领域先行协调合作。② 在《罗马条约》签署 60 周年之际，德法意西四国首脑在巴黎凡尔赛宫举行非正式会晤。其间，默克尔表示应勇于走"多速欧洲"（Ein

---

① Bundesregierung, "Ein neuer Aufbruch für Europa. Eine neue Dynamik für Deutschland. Ein neuer Zusammenhalt für unser Land. Koalitionsvertrag zwischen CDU, CSU und SPD. 19. Legislaturperiode", 14. 03. 2018, https://www. bundesregierung. de/resource/blob/975226/847984/5b8bc23590d4cb2892b31c987ad672b7/2018 − 03 − 14−koalitionsvertrag-data. pdf? download = 1.

② Bundesministerium der Finanzen, "überlegungen zur europäischen Politik", 01. 09. 1994, p. 6, https://www. bundesfinanzministerium. de/Content/DE/Downloads/schaeuble-lamers-papier-1994. pdf? __blob = publicationFile&v = 1.

Europa der verschiedenen Geschwindigkeiten）之路，这一看法也获得其他三国首脑的认可。① 在各成员国发展趋异化的情况下，适当推进灵活开放的差异性一体化且同时维护欧盟的团结稳定，成为"德法轴心"更现实的选择。

二　非物质性要素的延续

（一）两国民间对对方国家及双边合作的认知

总体来看，德法对彼此及双边合作的评价稳中有变，由此对"德法轴心"的协作成效和领导公信力产生了影响。欧债危机以来，两国民众总体认可"德法轴心"，对于对方国家身份的认识也常与两国互补的领导力资源相关联，这在一定程度上有助于树立德法联合领导力在各自国家的领导合法性。

在《爱丽舍条约》签署 50 周年之际，德法两国的国家电视台就"如何认知德国和法国？"这一问题对本国精英群体进行了调查。结果显示，两国多数② 受访者均将对方国视为"与本国最紧密相关的欧盟国家"（am stärksten verbunden fühlen）并对其充满好感，而以冲突与战争为关键词的历史记忆在双边关系中的影响有所减弱。③ 此外，多数受访者（德国：89%，法国：88%）认为德法特殊关系既是当下现实，也是历史的延续（德国：80%，法国：80%），在未来也仍有维持的必要（德国：83%，法国：73%）。不过，主体受访者（58%）将德法关系定位为

---

① Bundesregierung, "Eine EU der verschiedenen Geschwindigkeiten", 06.03.2017, https：//www.bundeskanzlerin.de/bkin-de/angela-merkel/terminkalender/reiseberichte/eine-eu-der-verschiedenen-geschwindigkeiten-405116.

② 其中包括 82% 的德国受访者和 73% 的法国受访者。

③ ARD, Deutschlandradio, ARTE und Radio France,„ *Frankreich und wir? Ergebnisse der großen Umfrage, Frankreich, Deutschland und Sie?* ' zum fünfzigsten Jahrestag des Élysée-Vertrags ", 20.01.2013, http：//cdn.dradio.de/media/dlr/aktuell/umfrage_dt_frz.pdf.

较中性的伙伴关系（Partenariat），其次（30%）是友谊（Amitié）①；半数以上的法国受访者（67%）和半数德国受访者认为德法的"双发动机"角色将延续②。

具体到对彼此国家身份的认知，2015 年的民意调查数据显示，多数法国受访者将德国定位为经济大国（80%），其次是政治大国（62%）；而德国民众对法国的首要定位是政治大国（50%），其次是文化大国（42%）。③ 可见，实力优势的互补性也在双方的身份认知中得到了反映。不过，德国的经济优势使法国民众对德国的领导角色有所担忧甚至不满，特别是自欧债危机爆发以来——71%的受访者认为德国的行为动机自私。④ 由此，德国难以独自实践领导力，而必须依赖法国获得更多的领导合法性，民众也因此对德法共同领导欧盟的合理性更易信服。

（二）双边文化理念的差异与对立

两国不同的地缘历史背景及在政治经济等领域的固有理念分歧既决定了它们在欧洲经货联盟发展模式与目标、欧洲一体化发展蓝图等方面的差异性利益偏好与政策立场，也影响了两国的领导角色分工。

从地缘经济现实与政治文化的角度来看，作为有着浓厚战时记忆、地处欧盟中心的经济强国，德国更注重塑造超国家的权力文化，侧重在欧洲层面平衡各方利益、维持欧盟团结，因此更善于实践交易型领导；而作为欧洲的政治和文化大国、长期以戴高乐主义为外交政策圭臬的法

---

① CSA Research, *France-Allemagne*, *un Partenariat de Raison*? Février 2017/étude n°1601010, https：//allemagneenfrance. diplo. de/blob/1407976/c889851c9024b2235 3ad34e597d1aefb/sondage-csa-2017-datei-data. pdf.

② "1945-2015. France-Allemagne：de la guerre à l'Europe. Mémoire de guerre et idée européenne Étude d'opinion", *Viavoice*, Viavoice-Caisse des Dépôts-Le Monde, Avril 2015, http：//www. institut-viavoice. com/wp-content/uploads/2015/03/De _ la _ guerre_a_lEurope_Etude_Viavoice_pour_La_Caisse_des_Depots_et_Le_Monde. pdf.

③ Ibid.

④ Cf. SR. de, "Umfrage Infratest-dimap und TNS-Sofres im Auftrag des Saarländischen Rundfunks und desDFJP", 29. 06. 2016, https：//www. sr. de/sr/home/der _ sr/kommunikation/aktuell/20160628_pm_deutsch_franzoesische_umfrage100. html.

国，更有自信通过欧洲的地缘跳板来实现大国（La Grande Nation）[1] 荣光，因此在推进欧洲一体化的进程中更为积极主动，以打造更适于本国主导的机制与成员国圈子，也更善于实践变革型领导。

德法在促进欧洲联合中的动机与路径差异，实际源于两国对建设欧洲的战略设想差异。法国的欧洲愿景以"邦联"（Konföderation）为核心，并基于以下三个原则：保障主权让渡最小化（尤其是总统权力优先）的政府间主义、法国的主导领导力、独立于美国的"欧洲式欧洲"。[2] 而德国则希望在辅助性原则（Subsidiaritätsprinzip）的基础上实现联邦化的欧盟治理方式。[3] 这也决定了德法在建构欧洲经货联盟的逻辑和目标方面的初期分歧：从维护欧洲一体化完整性出发，德国更希望在广度上全方位推进欧洲经货联盟的改革进程，参与国"应入尽入"；而法国则更愿以深化欧元区、能者先行的路径来发展欧洲经货联盟。

而两国在欧洲经货联盟具体领域里的不同立场，是两国经济理念差异的直接反映（见表 5-2）。不同于法国以"共风险、均贫富"为核心的经济治理思想，德国坚持把"同义务、守纪律"作为欧盟经济治理的原则。因此，在实施危机管理与建立救助机制方面，法国注重因势利导，着眼当下，满足重债国眼前的资金需求并与之共担债务风险；德国则侧重在欧盟层面统一贯彻财政纪律约束，着眼长远，通过实行相应的经济与社会改革，长久消除欧债危机的隐患。而在货币政策和欧洲央行的角

---

[1] Gaulle, Charles de, "Discours prononcé à Strasbourg", 07. 04. 1947, http：//mjp. univ-perp. fr/textes/degaulle07041947. htm；Sarkozy, Nicolas："Discours de Caen dans son intégralité", 09. 03. 2007, https：//www. francophonie-avenir. com/Archives/Index_MD_Sarkozy, _discours_de_Caen. htm.

[2] Kramer, Steven P., "The End of French Europe?", in *Foreign Affairs*, July/August 2006 Issue, https：//www. foreignaffairs. com/articles/europe/2006 - 07 - 01/end-french-europe.

[3] Cf. Bundesministerium der Finanzen, "überlegungen zur europäischen Politik", 01. 09. 1994, p. 4, https：//www. bundesfinanzministerium. de/Content/DE/Downloads/schaeuble-lamers-papier-1994. pdf? __blob = publicationFile&v = 1.

色设定方面，法国认为完全独立且仅以货币政策为目标的欧洲央行难以满足民众需求，因而有必要适当扩充其政策目标；德国则始终坚持，欧洲央行应以维持价格稳定为优先目标并保持职能独立性。在财政一体化领域，德法对于财政联盟和统一预算的主体功能立场不一：基于本国集中计划管理的经济体制优势，法国认为欧元区预算的重点在于行使统一的管理、分配与再分配功能，支持风险和债务共担；而视财政纪律为圭臬的德国反对债务的一体化，认为预算一体化的核心在于统一监管各国的预算标准。

表 5-2　德法经济治理理念与思路对比①

德国	法国
强调市场参与者及政治家的责任与义务	认为需灵活应对危机，提高政府作用
警惕最后贷款人角色的道德风险和货币政策独立性的受损	货币政策应服务于稳定价格、促进经济增长等一般性目标
注重控制国债规模	认为不应限制政府的借债自由
通过财政预算改革而非资金救助的形式实现经济增长	债权国和国际收支盈余国家也应采取措施
认为节俭是美德	认为一味节俭会弄巧成拙
认为应遵守以法律、条约或共识为基础的共同规则与自由市场规律	认为规则受制于政治进程

　　需要指出的是，基于不同经济理念与文化传统的德法双边分歧也构成了德法轴心的正反两面：它既是两国在战后重建欧洲和塑造欧洲经货联盟中屡次达成代表性妥协的前提，也造成了"德法冤家"难以达成有深度和突破性的妥协。

（三）　基于双边特色机制与文化的正向路径依赖

　　德法已有的双边合作机制与共享的文化遗产既确保了双边合作的可

---

① 参见〔德〕马库斯·布伦纳迈耶等《欧元的思想之争》，廖岷等译，中信出版社，2017，第 77 页。

持续性，也赋予了德法联合领导力不可或缺的象征意义。特别是在德法分歧严重、妥协意愿较弱的情况下，机制与文化要素形成的路径依赖维持了德法的密切交流惯例，增进了彼此理解并拉近双边立场。

从合作机制来看，以《爱丽舍条约》《亚琛条约》以及其他相关协议为基础的双边政府间合作机制，确保两国不同层级的决策者保持固定的对话频率。即使德法两国的领导人意见难以统一，相关政府部门的决策者也可发挥一定的领导作用，跨部门的合作机制为德法的联合领导力提供了第二重保险，比如，创建独立于美国的金融支付系统的建议在未获默克尔首肯的情况下，便由德法两国财长与外长率先提出。因此在危机时期，机制性的政府间合作有利于促成关键决策；在欧债危机高峰过后的欧盟改革时期，跨政府合作机制使两国所有关键决策者参与决策，有助于实现双边立场的最佳协调。

从文化层面来看，曾数次兵戎相见的德法在战后和解进程中却发展了坚实的友谊。两国共同创造的德法电视台、德法记者奖等文化符号，增进了彼此的认同和理解。而在欧洲一体化进程中，除了德法领导人求同存异、共塑欧盟的和解精神铸造了一段段佳话外，密切的民间往来也增进了两国人民的友谊，对两国合作起到了道德约束与监督作用，同时为两国的政治关系打下广泛而坚实的民意基础，使德法友好逐渐成为深入人们骨髓的理所当然之事。在这种外界对德法关系的长期积极期待下，两国政府首脑会晤以及部长联席会议务必要达成一定的成果并对外发布。而一旦两国不能常规性地"同台"甚至发生争执，媒体、民间等行为体很容易将其渲染为"德法关系危机事件"①，传播恐慌情绪，这是两国领导者所不能接受的。于外于内，两国均形成了一个休戚相关的命运共同体。

---

① 譬如，萨科齐因在八国峰会期间已与默克尔会晤，便取消了紧随其后的德法双边会谈，但这被媒体解读为"德法关系降温"。两国就此紧急发表联合声明，称两国只是推迟而非取消双边会晤。

第三节　领导者实践

领导者的能动作用可以在领导力资源方面扬长避短，甚至可以变不利为有利、化危机为机遇。欧债危机爆发以来，德法两国政要的更迭情况十分不同：德国是铁打的默克尔总理，而法国则是流水的总统："默科奇""默克朗德"和"默克龙"这三种领导者组合，影响了领导力资源的产出效率，使德法联合领导力的效力在延续中又有所变化。

在"默科奇"时期，德法合作在萨科齐的外交行动力、创造力与灵活务实风格的助推下分工默契，取得不少关键的领导力成果。在德国的主导和法国的积极倡导下，默克尔和萨科齐很快克服了最初的不和。随着欧债危机治理的推进，两国首脑配合日渐默契：希腊主权债务危机时期，"默科奇"于 2010 年 10 月达成了危机救助的关键协议，直接推动了随后欧洲稳定机制的建设；基于 2011 年下半年达成的双边妥协，"默科奇"在 2011 年 12 月初将德法倡议的财政"一揽子计划"推广到欧洲，带领欧盟 25 国签署了以德式财政纪律为核心的《财政契约》；两国领导人也力主欧洲经济治理创新，并主导了欧元区峰会机制的建立。

而在"默克朗德"时期，奥朗德不仅有意削弱了德法关系的特殊性，还在上任之初便着手修改《财政契约》。为使《财政契约》更符合法国利益，奥朗德就此有针对性地提出"法国特色"的《就业与增长契约》，缺少明确的妥协与合作意愿。此后，除发布联合声明等象征团结的行为外，琴瑟失调的"默克朗德"没有为欧洲经货联盟的发展贡献有效的双边危机管控方案，在银行业联盟等领域，德法双边协商的过程也较为拖沓，且最后的德法成果更多体现的是"德国内核"。

德国在"默科奇"和"默克朗德"时期的主导作用和德法妥协的几度停滞，与默克尔的领导风格不无关系：默克尔被外界认为是一位温和务实、稳步决策、有宏观思维、善于平衡且有远见的总理，① 是一名典型的交易型领导者。这些领导特质对于当前面临多重挑战的欧盟尤为珍贵。欧债危机爆发以来，欧盟及主要成员国的领导人甚至形成了向默克尔就欧盟核心事务征询意见的习惯。尽管默克尔也因对希腊债务问题的严苛和对难民问题的应对不当而招致不少批评，但"作为一位从政经验丰富且个人威望很高的欧洲领导人"②，默克尔在欧盟政治中仍享有不小的话语权。一方面，在 2018 年 10 月 29 日，欧盟多国政要对默克尔宣布不再参选德国基民盟新一届党主席深表遗憾，包括波兰外长在内的多名政府高官称赞默克尔在欧盟扮演的稳定性角色，③ 甚至有政治家表示德国的稳定锚角色自此可能成为历史，欧盟政治也将面临更多的风险和不确定性。另一方面，在欧洲经货联盟需要跟进"大动作"的领域，默克尔的克制保守也易使德国错失在欧盟内主动出击、实施革新的机会。

进入"默克龙"时期，在马克龙的领导风格对比下，德国略显被动的局面有了初步体现。与其前两任法国领导人不同的是，马克龙具备典型的革命特质和明显的亲欧与亲德倾向。④ 自 2017 年 5 月就任总统以来，马克龙对外通过演讲与活跃的外交行为，为推进欧元区改革多方倡议、积极作为，受欧盟各国瞩目；对内则凭借议会多数的支持，在上任初期推进强有力的内政改革以提升本国竞争力，为其他债务国树立了榜样，由此在一定程度上改变了法国近年来在欧盟内被动决策的局面。此外在双边层面，马克龙被誉为"21 世纪至今最为亲德（deutschlandfreundlichst）的

① Simmank, Jakob, "Angela Merkels Führungsstil ist die einzige Chance für Europa", in *Zeit Online*, 02. 07. 2018, https：//www. zeit. de/wissen/2018 – 07/regierungskrise-angela-merkel-fuehrungsstil-psychologe-dieter-frey.

② 赵俊杰：《难民危机：默克尔的滑铁卢?》，《世界知识》2016 年第 20 期，第 55 页。

③ Cf. Ntv, "Live-Ticker zum Rückzug Merkels. 20：22 USA：Merkel-Rückzug ist innerdeutsches Problem", 29. 10. 2018, https：//www. n-tv. de/politik/20 – 22 – USA-Merkel-Rueckzug-ist-innerdeutsches-Problem-article20694354. html.

④ Cf. Wiegel, Michaela, *Emmanuel Macron：Ein Visionär für Europa-eine Herausforderung für Deutschland*, München：Europa Verlag, 2018, pp. 23–27.

法国总统"① ——学生时代的他曾两次前往德国的多特蒙德体验生活，并由此发展出对德国文化与语言的好感；在竞选总统前，马克龙就已与加布里尔、朔伊布勒、默克尔等多名德国政治家熟识并保持交往，② 而他的亲德姿态在就任总统后也化为了更多行动：任命通晓德语且对德友善的官员担任政府内阁要职、开启密集的访德行程、积极组织两国首脑会晤。马克龙就任后德法之间的密切互动既对外释放了两国团结、共塑欧盟前景的积极信号，也为两国在新的起跑线上规划欧洲经货联盟的改革议程做了铺垫，同时凸显了法国在欧盟及国际政治中的话语存在感和影响力。相比之下，新一届德国政府却因其旷日持久的组阁进程以及党内与政党间政策分歧的愈演愈烈，在主导欧洲一体化进程中时而力不从心，也被批评在马克龙的改革倡议面前行动过于审慎迟缓。这次经验使德国此后在新冠肺炎疫情的影响下，对马克龙提议的"新冠债券"予以相对及时的回应，并与法国联合提议设立欧洲复苏基金。

　　然而"三十年河东，三十年河西"。马克龙的强势领导角色不久后也开始受到内政困局的挑战。经历了内阁重组、多次罢工和抗议政改风波以及持续数周不断的"黄马甲运动"后，马克龙及爱德华·菲利普（Édouard Philippe）③ 政府内阁在国内的支持率有所下滑，精英与民众之间的对立和政党之间的矛盾掣肘法国政府的决策力，领导者偏好对本国利益的影响力受到动摇。在法国处于领导力资源和领导者权威的双重弱势下，综合领导实力占优的德国在"德法轴心"中仍居于主导。特别是在默克尔宣布不再担任德国基民盟主席以及在 2021 年卸任总理后，

---

① Demesmay, Claire/Puglierin, Jana, "Freude, schöner Götterfunken. Wie der deutsch-französische Motor wieder auf Touren kommen kann", 01. 07. 2017, p. 78, in *Internationale Politik* 4, Juli/August 2017, pp. 78–84.

② Cf. Wiegel, Michaela, *Emmanuel Macron: Ein Visionär für Europa-eine Herausforderung für Deutschland*, München: Europa Verlag, 2018, pp. 26–29.

③ 爱德华·菲利普 2017 年 5 月 15 日~2020 年 7 月 3 日任法国总理。

对一些关键问题的"表态更清晰、立场更坚定"①。由此，默克尔在卸任前的过渡期内有机会化被动为主动，进一步形成"合作的、理性的以及与他国形成密切联系的领导风格"②。2020 年下半年欧盟轮值主席国的身份也是德国在抗击新冠肺炎疫情、提振欧盟经济中发挥主导领导作用的有力加分项。

小结　领导力资源作用下的"德法轴心"

欧债危机以来，德法联合领导力的实践是一个"从资源投入到双边政策产出、产出经过欧洲化后发挥成效、成效给予产出反馈、再由反馈走向投入到新产出"的循环进程。这一进程表明，具备相对优势的联合领导力资源是"德法轴心"的基石，长效化的合作机制与象征性的言语实践是弥合两国分歧的润滑剂，作为关键情境要素的多重危机是"德法轴心"有效运转的催化剂，而从领导力资源到实质领导力的转化效率则由领导者一锤定音。随着成员国利益优先项的趋异化、欧洲经货联盟的多速化发展，"德法轴心"在制度性及非物质性要素方面的优势减弱，这使两国的联合领导行为具有更多的交易性、象征性与开放性特征；而内外多重危机则倒逼两国在突破集体行动困境、维护欧元区稳定与欧盟团结上采取行动、创新突破，从而扬长避短。

而在德法联合力量内部，德国的综合领导力资源整体比法国更具优势，这不利于两国基于互信和平等来开展合作。加之两国机制性合作框架的实际政策产出有限，长期来看，基于实力失衡的双边失信也难以通过双边机制性合作和文化纽带得以化解，成为两国联合领导的结构性短板。值得注意的是，这种双边领导力资源的失衡格局影响了两国的领导

---

① 崔洪建：《"后默克尔时代"与欧洲一体化》，2018 年"德国形势研讨会"，北京，2018 年 11 月 23 日。

② Bernd, Ulrich, "Angela Merkel. Neudefinition von Führungsstärke", 22. 09. 2017, https：//carnegieeurope.eu/2017/09/22/de-pub-73198.

职能分工，使"法国出面、德国出钱；法国主倡、德国拍板"逐渐成为德法联合领导的要义。而无论是"默科奇""默克朗德"还是"默克龙"时期，领导者的能动作用均未从根本上改变德国在德法联合领导力中的优势话语权。

第六章
展望

　　自冷战结束和欧盟东扩以来，"德法轴心"的领导力更多体现在重振欧洲联合的象征意义、理念主导、议程参与和机制建设上，而为了避免各方核心分歧的升级，德法积极推进以"地域联盟"或"议题联盟"为代表的次区域合作，但未能花费足够精力来处理次区域集团之间的关系。在一些行为体与机制带来的阻力下，一些德法倡议或仍停留在双边层面，或仅作为欧盟政府间合作的愿景，在整个欧盟层面贡献出的实质方案比较有限。

　　在欧洲经货联盟的发展进程中，德国整体的领导力资源优势决定了"法德轴心"向"德法轴心"的倾斜，但这一现实也在经历变数。一方面，法国在领导力资源中的局部不足一定程度上被其他资源领域的优势填补；另一方面，德国的领导力资源优势也开始受到经济增长乏力以及即将到来的"后默克尔时代"的挑战。因此，德法联合领导力内部的德法实力也将随着时间变化而调整。本章将分析两国各自的领导优势、领导不足以及两国联合领导的利弊，同时考察欧盟内的潜在领导国组合，借以对德法未来的联合领导力实践及欧洲经货联盟的愿景进行展望。

第一节　回归假说：德法联合领导力的模式与条件

一　德法在欧洲经货联盟中的联合领导模式

　　根据笔者在第一章的理论假设，德法联合领导力融合了交易型与变革型两种模式，前者主要是在现有框架内推进务实合作，后者重在提出新的宏观愿景。在危机治理和银行业联盟领域，德法联合领导力的交易型和务实性更为明显，它主要体现在德法针对潜在的方案在彼此和各方之间进行利益条件交换，找到各方均能接受的"最大公约数"，从而能"小步"前进。而在财政一体化以及促进前沿产业和技术领域，德法联合领导力的变革型更为突出，这主要体现在两国先提出新的改革愿景，再说服他国接受倡议，从而实现双边倡议的多边化或者欧洲化，而这一过程往往也会包括利益交换的环节，因此兼有务实性和愿景性。通过比较可以发现，以"交易型领导为主，变革型领导为辅"的联合领导模式更有成效；与务实性领导相比，愿景性领导因其宏观性和朦胧性而遇到更小的阻力。

二　"德法轴心" 联合领导欧洲经货联盟的有效条件

本书第一章对德法有效践行联合领导力的条件提出如下假设：在投入维度上，与其他国家行为体相比，"德法轴心"具备领导力资源优势、秉持共同领导意愿。在投入—产出链条上，"德法轴心"能够提供契合被领导者需求的立场或方案，从而（部分）实现集体领导目标。通过分析可以看出，以上条件均是"德法轴心"有效实践联合领导力的必要前提，缺一不可。而在欧洲一体化的差异性发展中，德法在微边主义框架内实践的联合领导力更为有效。只是在一些情况下，"德法轴心"应注意微边主义框架外的否决力量的作用，避免框架外国家对"德法轴心"威信的负面影响和对双边倡议构成的实质阻碍。据此，德法联合领导力的有效性条件还应包括确保欧盟内部团结，处理好参与合作国与非参与国之间的关系，处理好欧盟利益、成员国利益和德法本国利益之间的关系。

第二节 当下德法联合领导欧洲经货联盟的
必要性与局限性

一 德国领导力的主要优势与不足

（一）有利条件

1. 基于经济与人口红利的结构性资源优势

自两德统一以来，德国始终是欧元区的最大经济体，且数年稳居欧盟第一大贸易顺差国。[1] 由此，作为欧洲地缘经济强国的德国在解决欧盟债务困境中的主导作用就更为突出，这一方面体现在德国的"最大出资方"身份：无论是缓解希腊债务危机的几轮救助，还是在欧洲金融稳定基金及欧洲稳定机制中的出资，都离不开德国的财力支持。另一方面，德国更是财政纪律与规则的核心制定者：它利用其在经济上的主导权捍卫规范性原则，维护基于规则的欧洲秩序，不遗余力地在欧盟改革与债务危机治理中贯彻本国理念与方案。此外，鉴于德国是人口最多的欧盟国家，德国人在欧盟机构中担任要职的占比最高（欧盟委员会、欧洲议会以及欧盟审计院的现任秘书长均来自德国），这同样有利于欧洲决策的"德国化"。

2. 基于经济发展和危机治理理念的领导威望

相比于在难民危机治理中的屡受诟病，德国经济发展模式中的财政纪律原则和"债务刹车"条款在本国施行的成效显著，这为他国起到良好的示范作用。德国"在欧债危机治理中的领导地位几乎是众望所归"[2]，"被

---

[1] Statistisches Bundesamt, "Deutsche Exporte im Jahr 2016 um 1, 1% gestiegen", https：//www. destatis. de/DE/ZahlenFakten/GesamtwirtschaftUmwelt/Aussenhandel/GesamtentwicklungJahr. html, 13. 07. 2017.

[2] 李巍、邓允轩：《德国的政治领导与欧债危机的治理》，《外交评论》2017 年第6 期，第 91 页。

公认是唯一有实力和能力带领欧元区走出危机的国家"①。就连与德国有着长期历史积怨的波兰也曾表示,"德国的不作为比德国的领导力更令人不安"②,一向以宽松财政政策为传统的意大利也公开表示对贯彻预算纪律的认可。③ 德国危机治理与经济治理理念的有效性为其在欧洲经货联盟领域实践领导力积累了一定威望。

(二) 不利条件

受一些主客观条件的限制,德国成为"霸权绝缘体",无法独自主导欧洲经货联盟或欧洲一体化的发展。一方面,在历史、文化与地缘因素影响下,德国的非物质性要素比较弱,因此德国难以赢得被领导国以及部分领导伙伴的高度信赖;另一方面,德国也不像霸权国那样具备压倒性的资源优势,有限的经济实力以及联邦特色的政治体制使德国难以在欧盟独当一面,其领导作用需要其他成员国及超国家机构的支持。

1. 基于战时记忆与地缘区位的他国恐德心理

作为两次世界大战的发起国,德国给欧洲带来的历史灾难记忆虽然会随着时间推移有所淡化,但不会被抹去,"对于德国,欧洲过去与现在都存在某些不可能被完全消除的保留看法"④。从地缘因素来看,德国在欧盟东扩后地处欧盟核心,一旦德国的主导之势形成,其他周边国家也易有所戒备。比如德国在援助希腊及贯彻财政预算纪律方面的严苛就引起了诸多债务国的强烈不满,希腊的劳动部副部长甚至将默克尔比作女版

---

① 李巍、邓允轩:《德国的政治领导与欧债危机的治理》,《外交评论》2017年第6期,第92页。

② Sikorski, Radek, *Poland and the Future of the European Union*, Grundsatzrede, Berlin, 28.11.2011.

③ Joffe, Josef, "Mario Monti: 'Ich bin wirklich für Haushaltsdisziplin'", in *Zeit Online*, 25.01.2013, https://www.zeit.de/wirtschaft/2013-01/monti-davos.

④ 〔德〕格哈德·施罗德:《抉择:我的政治生涯》,徐静华、李越译,译林出版社,2007,第186页。

"希特勒"；① 德国在欧洲难民危机治理初期的绝对主导作用也遭到包括法国在内的各方的不同抵制。由此，德国追随本国利益的强势姿态，可能会使承载悲痛战时记忆的"火山"在特定的危机情境下重新"喷发"。德国非物质性领导力资源的结构性弱势使其独自领导欧盟成为近乎不可能的选择。

2. 地区中等国家的身份难以满足他国过高期待

鉴于德国在欧元区内的经济实力优势，欧盟机构及包括法国在内的诸多成员国对德国抱有较高期待，不满于联邦政府在危机爆发初期的犹豫、观望与不作为，要求德国在欧洲经货联盟中承担更多的财力和政治责任。然而，作为欧元区乃至欧盟最大经济体的德国，其经济领先优势并不具备压倒性，德国无法像冷战时期美国实施马歇尔计划一样给予高额救助，无心也无力承担所有重债国的巨额赤字；近年来国际贸易争端对德国汽车行业的冲击也使德国 2018 年的经济增长出现下行②。此外，联邦德国的政治体制也限制了领导人，使其难以依照主观愿意行事：协商式民主决定了政府决策的"半主权性"（Semisouveränität）③，总理与政府内阁的决策需经联邦议院的批准，修订后的法案也需经过联邦法院的裁决才可生效，因此强势领导人"突破重围"的难度较大。因此，联邦总理做出的最终决策是多方博弈的结果，特别是在经济、社会福利等核心民生议题上，以在野党为代表的否决参与者（veto player）④ 和社会舆情对政府的外交决策有明显

① Simantke, Elisa, "Pavlos Haikalis：'Merkel ist wie Hitler'", in *Der Tagesspiegel*, 18. 07. 2015, https：//www. tagesspiegel. de/politik/neuer-minister-im-griechischen-kabinett-pavlos-haikalis-merkel-ist-wie-hitler/11312234. html.

② "Deutschlands Wachstum schwächt sich ab", *Spiegel Online*, 15. 01. 2019, http：// www. spiegel. de/wirtschaft/soziales/deutschland-wirtschaftswachstum-schwaecht-sich-ab-a-1248097. html.

③ Cf. Schmidt, Manfred G. , "The Impact of Political Parties, Constitutional Structures and Veto Players on Public Policy", in Keman, Hans（ed.）, *Comparative Democratic Politics*, London：SAGE Publications Ltd, 2002, pp. 166-184.

④ Cf. Tsebelis, George, "Decision Making in Political Systems：Veto Players in Presidentialism, Parliamentarism, Multicameralism and Multipartyism", *British Journal of Political Science*, Vol. 25, No. 3, 07. 1995, pp. 289-325.

的导向和制约作用。2013 年 AfD 的崛起以及 2018 年绿党的得势便是德国主流政党面临发展困境的现实佐证，这对德国在欧元区或欧洲经货联盟改革中实践领导力构成障碍。

二　法国领导力的主要优势与不足

（一）有利条件

1. 领导力资源的综合潜能可期

法国是联合国安理会五大常任理事国之一。在英国脱欧之后，法国成为在国际事务中享有独特政治地位和优势话语权的欧盟成员国，这种领导力优势也为法国在欧盟事务中的领导权威加分。而在后债务危机时期，欧洲面临的内外安全挑战趋于复杂，为法国提供了情境要素的资源便利，有助于其积极地引领欧洲经货联盟建设。此外，作为欧元区内仅次于德国的第二大经济体，法国的经济增长率、通胀率及主权债务信用指标较好，实体经济领域企业的创新能力较强，且人口增长率、工业生产指数（Produktionsindex）均高于德国，① 因此其经济发展的潜力可期。

2. 欧洲联合的理论与实践先锋

法国不仅是欧洲联合思想的发源地，而且是二战后"欧洲之父"的诞生地。从 18 世纪初提出《争取欧洲永久和平方案》② 的圣·皮埃尔，到 20 世纪 20 年代初起草《关于建立欧洲联邦同盟的备忘录》的白里安；从二战后开启欧洲联合事业的莫内与舒曼（Robert Schuman），到进一步推进欧洲联合的"欧洲宪法之父"德洛尔，他们以其独特的影响力为欧洲一体化打下了法国烙印，欧盟的政体架构、经济治理路径与模式无一不体现着法国特色。由此，塑造欧洲一体化的历史经验与贡献为法国积

---

① Cf. Statistisches Bundesamt, "Eurostat-Daten: Frankreich im Vergleich", 04. 06. 2020, https://www.destatis.de/Europa/DE/Staat/EU-Staaten/Frankreich.html.

② Cf. Saint-Pierre, Charles Irénée Castel de, *Mémoires pour rendre la paix perpetuelle en Europe*（*éd.*1711）, Paris: Hachette Livre BNF, 2018, p. 2.

累了较高的领导权威。[①] 此外，作为法国外交战略思想的重要主线，戴高乐主义中有关欧洲联合的"三重观念"[②] 也在欧洲一体化与欧洲经货联盟的发展中得到了体现，如 EWS 的建立、PESCO 的启动等。

3. 领导人友好的政治体制

与德国等其他西方民主国家的政体不同，法国第五共和国的半总统半议会制（Gemischt Präsidial-parlamentarisches Regierungssystem）[③] 以共和国总统的权力为核心，"无论在法律上还是实践中，总统都享有位居行政、立法、司法三权之上的超级权力"[④]。自 1962 年总统选举的制度改为选民直选体制以后，法国总统可更直接地通过电视等媒体为自己拉票，议会、内阁及院外集团对总统行政权能的制衡则相对有限。因此对于行动力较强并享有权威的领导人而言，这种政体有助于法国在关键时刻做出高效决策，在欧盟和内政事务中实践有力的领导。

（二）不利条件

法国实践领导力的不利条件主要表现在其结构性要素中的经济与社会发展弊病以及引发的领导力困境。随着政治、经济和社会领域暴露的问题日渐突出，民众诉求的碎片化、社会对立面的激化给法国总统带来了较大考验。要处理好国内各阶层的利益、法国国家利益、盟友利益、欧盟利益和总统利益之间的关系绝非易事，法国难有足够精力在纯粹的欧洲事务中实践领导力。

1."硬件"实力不足

从密特朗执政后期到希拉克、萨科齐、奥朗德等当选总统，法国始

---

① 参见熊炜《"借权威"与妥协的领导——德法合作的欧盟领导权模式》，《世界经济与政治》2018 年第 6 期，第 37~38 页。

② 即"民族国家的欧洲、欧洲人的欧洲、从大西洋到乌拉尔的欧洲"。参见曹德明《法国视角下的欧洲联合思想》，《国际观察》2008 年第 3 期，第 13~14 页。

③ Duverger, Maurice, "A New Political System Model: Semi-Presidential Government", S. 166, in *European Journal of Political Research*, Vol. 8, Issue 2, 1980, pp. 165-187.

④ 李旦：《戴高乐主义与第五共和政体——法国政治"不能承受的轻和重"?》，《欧洲研究》2017 年第 4 期，第 105 页。

终未能跳出增长低迷、失业率高企的发展困局，常年的政府债务累积和赤字高企很难使法国经济实现有力复苏，而这也进一步激化了国内业已突出的社会矛盾，能够用于欧洲经货联盟建设的资源也因此受限。尽管马克龙在上台之初，通过落实一系列经济与社会福利改革，首次改善了法国经济增长及就业表现；但在此后几个月，以"黄马甲运动"为代表的群众抗议运动使法国不得不考虑通过缩减欧盟预算、提高对本国弱势群体福利支出的手段来缓解社会关系的紧张。目前，法国仍未找到一种既能稳定公共财政，又能有效缓解社会不公平的方案，虽有心但无力独自引领欧洲经货联盟的发展。在实现经济可持续增长的同时平衡社会福利效应，是法国打造经济实力硬壳、执掌欧洲经货联盟核心话语权的关键。

2. "软件"实力萎缩

法国本土经济与社会发展的新旧危机和欧洲议题的"去政治化"，为马克龙在国内的领导力实践添了不少难题，法国引领欧洲一体化的软实力有所萎缩。尽管马克龙上台后获得了议会力量的绝对多数，但"议会反对党的羸弱使民众与政府之间缺乏'缓冲阀'"[1]，社会中下层民众的诉求难以在国民议会得到呼应，民间对马克龙改革方案的不满开始演变为街头政治、窗台抗议、社交平台泄愤等"花式"抗议形式。从劳动力市场改革、铁路私有化改革，到提高燃油税和减少核能使用率等能源领域改革，游行抗议活动此起彼伏，马克龙的支持率也随之下滑——根据法国《星期日报》和民调机构 IFOP 所做的调查，马克龙的支持率已从 2017 年 5 月的 62%跌至 2020 年 6 月的 39%，其中 2018 年 12 月的支持率更是触底到 24%。[2]

与此同时，法国极左和极右翼政党呼吁再度举行总统选举，成为马

---

[1] 李旦：《戴高乐主义与第五共和政体——法国政治"不能承受的轻和重"？》，《欧洲研究》2017 年第 4 期，第 114 页。

[2] "SONDAGES. Entre Macron et Philippe, un écart de popularité inédit depuis le début du quinquennat", *Le Journal du Dimanche*, 30.06.2020, https：//www.lejdd.fr/Politique/sondages-entre-macron-et-philippe-un-ecart-de-popularite-inedit-depuis-le-debut-du-quinquennat-3978350.

克龙共和国前进党（La République En Marche!）执政的长期挑战：打着"反欧元、反移民"旗号的"国民阵线"政党在 2017 年法国总统大选中高歌猛进，拿下史上最好战绩。而为了给次年的欧洲议会大选提前造势、弱化政党的反欧特性，该党主席勒庞在 2018 年 6 月 1 日将政党更名为"国民联盟"（Rassemblement National），且注重提出目标议案的能力，更关注"什么样的欧洲"的问题，以获取包括中间党派在内的更多支持。2017 年 9 月 5 日，名为"不屈服的法国"（La France Insoumise）的极左党主席梅朗雄（Jean-Luc Mélenchon）公开反对马克龙的劳动法改革，并呼吁在 9 月 23 日举行全国抗议。国内结构性改革处于从民间到政界的政治阻力之下，这也为马克龙推行与之相得益彰的欧元区改革带来困难。

三 德法联合领导力的主要优势与挑战

（一）国家与双边层面

1. 优势：结构性依赖下的稳定利益同盟与意愿联盟

（1）基于互补性战略需求的利益共同体

德法深知只有以欧盟为依托才能使本国在国际舞台立足，而要使欧盟的依托靠得住，首先要加强德法合作。[①] 一方面，尽管德国在欧洲经货联盟事务中的话语权自两德统一后明显提升，但总体来看，德国在欧盟内地位的走强更多是临时状态而非常态。[②] 德国在地缘因素与历史经验的桎梏下难以发展成令人信服、享有威望的单一领导国，一旦出人头地便容易引起他国的不满与猜忌。因此，德国领导行为的实践和国家利益的落实需借助法国这一政治大国的精神支持，而马克龙的上台则利于擅长发挥平衡作用的默克尔发挥更大作用。另一方面，国内经济和社会

[①] 参见周保巍、成键、冯绍雷（编）《欧盟大国外交政策的起源与发展》，华东师范大学出版社，2009，第 48 页。

[②] 参见伍慧萍《德法轴心的基础与欧洲的未来》，《文汇报》2013 年 5 月 27 日，https：//news. tongji. edu. cn/classid-16-newsid-39159-t-show. html，最后访问时间：2018 年 10 月 20 日。

发展弊病使法国主导欧盟特别是欧洲经货联盟事务的财力和精力颇为受限。而为了能继续在欧盟事务中发挥政治领导力，法国离不开德国强大的经济支持。因此，德法在领导力资源优势与不足方面的互补性使它们成为难以分开的利益共同体和彼此最佳的领导伙伴。

（2）基于和解与一体化情结的价值观共同体

二战结束以来的"德法友好是欧洲一体化的摇篮"①，而促进欧洲联合也是德法和解的动力。一方面，两国均视引领欧洲一体化为共同使命和国家利益之本，并始终将推进欧洲联合、共塑欧盟团结作为其欧洲政策的战略目标，"欧洲一体化的（德法）双发动机"已在欧洲的社会各界构建持久的象征意义；另一方面，随着欧洲经济一体化的差异性发展渐成常态、欧洲经货联盟的深化面临瓶颈，两国对于欧洲联合的运行模式和欧盟治理方式有了更多共性的认知，比如支持基于国家主权的灵活政府间合作，在财政纪律、欧元区改革、核心产业发展等领域发起"能者先行"的意愿联盟合作等。此外，基于《爱丽舍条约》《亚琛条约》的双边磋商机制也有助于磨合德法已有分歧、增进彼此理解。

（3）职能分工与领导风格的互补

互补性的领导力资源要素及战略性的相互依赖使德法成为引领欧洲一体化的"天然合伙人"，并在长期的密切合作中形成了默契分工。欧债危机以来，法国主要负责提出倡议与愿景并发起讨论，主导"台前"事务和扮演变革型领导角色；而德国则主要负责愿景的具体落实、细节完备以及与利益相关行为体的谈判，主导"幕后"工作与担任交易型领导角色。因此在理想情况下，被誉为"行动的巨人"德国与"思想的巨人"法国可谓天造地设的领导者拍档。

此外对于欧洲经货联盟的长期发展，德法也有着互补的设想与思路。首先，马克龙希望以改革的方式改变欧元区的决策与治理机制，德国则

① Le Gloannec, Anne-Marie, "Mitterrand et l'Allemagne", in *French Politics and Society*, 9/3-4, pp. 121-129.

更愿意以改良的方式稳步完善或调整现有治理结构；其次，法国改革欧洲经货联盟的思路是深化欧元区或由自愿参与的欧元区成员国组成次区域集团，而德国则更倾向于从平衡整个欧盟利益的角度出发，对于"双速欧洲"等策略尽可能少言；最后，德国主张从长期视角构想可持续性的危机救助及财政预算方案，而法国认为在面向未来的同时更应着眼当下，将短期方案与长期战略相结合。由此，两种互补思路既能代表成员国在欧盟层面的不同立场，加强两国联合领导的合法性，又可形成完整的欧洲经货联盟战略。作为欧盟经济治理的两面，德国思路与法国思路缺一不可。

（4）广泛的民意支持

长期以来，德法两国人民的友好为政界合作的深入展开奠定了坚实基础，民众也普遍支持德法在促进欧洲经货联盟的行动中加强合作。德法青年办公室、城市伙伴关系等机制不仅深化了双边关系、增进了彼此交流与好感，而且有助于两国人民形成对建构欧盟的责任意识和正面的欧洲观。根据 Infratest Dimap 以及萨尔州广播电台 2016 年的民意调查结果，83%的德国受访者和 77%的法国受访者认为应继续增进欧盟成员国间的合作；各有 70%的受访者支持建立欧洲共同的经济与金融政策。① 2018 年"欧洲晴雨表"的调查结果表明，德法两国的多数受访者也支持继续推进欧洲经货联盟建设。②

2. 挑战

（1）德法跨政府合作机制的实质贡献有限

处于多重挑战之中、陷入局部停滞的欧洲一体化不仅需要"德法轴心"的象征性引领，而且需要其切实释放活力、提供动力。而当前德法的合作机制主要起到维稳的作用，却无法保障德法协商的成果价值，也难为两国领导力的发挥提供动力。诸如德法经济与金融事务理事会等会

① Seidendorf, Stefan, "Brexit! -Europa am Scheideweg. Das deutsch-französische Paar vor einer historischen Herausforderung", in *dfi aktuell*, Ausgabe 3, 2016, pp. 1-5.

② Europäische Kommission, "Ansichten der Europäer zu den Prioritäten der Europäischen Union", in *Standard-Eurobarometer* 89, *Frühjahr* 2018, p. 23.

晤机制达成的最后成果往往流于形式，很少提出开创性方案。而目前，德法联合领导力的产出主要有赖于两国领导人的关键共识，其他参与政治议程的决策者的影响力则有限。如何提高跨政府机制性合作的建设性成果也是摆在"德法轴心"面前的一道难题。

（2）内政事务对联合领导精神的干扰

执政党的影响力波动、多次危机过后的经济复苏挑战、民众诉求的碎片化是德法共同面临的内政挑战，这些挑战一方面限制了"德法轴心"在欧洲梦投入的精力和实践联合领导力的空间，为双边倡议的质量及其落实带来诸多不确定性；另一方面，经济理念与文化本就不同的两国，在否决力量的影响下更难达成高质量的政策产出。

（二）区域与国际层面

1. 优势

（1）英国脱欧带来的内部动力

一方面，英国脱欧加强了"德法轴心"的使命感，使欧盟的两大国更加意识到精诚合作以防止逆一体化回流的必要性；另一方面，德法在合力推进欧洲经济一体化的进程中将不再受到英国的阻碍。作为典型的欧陆"离岸平衡手"（offshore balancing）[1]，英国对于欧洲一体化的深化始终不感兴趣，其核心利益关切在于欧盟内部大市场，对欧元区核心事务或是抱以观望态度并选择不参与其中，或是对不利于自身利益的决策行使否决权。因此，"身在曹营心在汉"的英国的脱欧既有利于德法推进欧洲经货联盟核心领域改革，也是德法联合领导以重振欧盟的机会。[2]

（2）欧美关系裂痕、新冠肺炎疫情等形成的外部动力

自特朗普就任美国总统以来，欧美关系的多重矛盾也增强了德法联

---

[1] 〔美〕约翰·米尔斯海默：《大国政治的悲剧》，王义桅、唐小松译，上海人民出版社，2008，第340页。

[2] Wiegel, Michaela, "Traum vom Kerneuropa", in *faz*, 18.02.2016, https://www.faz.net/aktuell/politik/europaeische-union/frankreich-sieht-brexit-als-chance-fuer-europa-14077974.html.

合引领欧洲自强的紧迫感、危机感与使命感。冷战结束后，欧洲对美国的战略意义就已发生较大变化，欧美彼此的需求供给和双方对此的预期有所偏差，美欧关系在潜移默化中有所疏远。2016 年欧盟对外行动署发布的《欧盟外交与安全政策的全球战略》就明确指出，全世界需要一个在经济、外交以及防务领域更强大的欧洲。[①] 而在特朗普执政后，其“单边主义、孤立主义、保守主义”的外交作风更让欧盟、德国与法国吃了许多颜面和利益之苦。同样，新冠肺炎疫情在欧洲的蔓延和对经济的冲击也敦促德法由最初对彼此的象征性支持转而达成了较有效的欧洲行动方案。中短期内，新的责任或将提高“德法轴心”在欧盟的理论和实践贡献。

2. 挑战

（1）形成兼顾多重挑战的方案

欧债危机后的一系列问题和新挑战一环套一环，一个问题的解决经常也需要其他问题获得（部分）解决，而经济危机对欧洲经货联盟诸领域、内外安全事务等产生的外溢效应更为明显。因此，德法若要为欧洲经货联盟的发展做好、做足规划，就应多维度协调、全方位打算，务实与愿景并重，制定与其他政策领域相关联的一揽子计划，然而面面俱到却并非易事。

（2）调和欧盟成员国之间的分歧

欧债危机以来的德法联合领导力在调和成员国分歧方面有所失职，这间接助推了欧盟内不同“抱团力量”的发声。这些议题或地域团体以“大国-小国、债务国-债权国、欧元区-非欧元区、经典民主-非自由民主[②]、主流政党-民粹政党”等几重原有和新型的矛盾组合为代表，它们

---

① Cf. European External Action Service, *Gemeinsame Vision, gemeinsames Handeln: Ein stärkeres Europa. Eine Globale Strategie für die Außen-und Sicherheitspolitik der Europäischen Union*, Luxemburg: Amt für Veröffentlichungen der Europäischen Union, 2016, https://europa.eu/globalstrategy/sites/globalstrategy/files/eugs_de_0.pdf.

② 以匈牙利为代表，它曾被认为是东欧欧洲化的典范，如今在欧盟看来却成为“问题成员国”。

往往就欧盟核心议题持有不同立场，由此割裂了欧盟的整体性，这给德法确立统一的集体领导目标带来困难。一些国家或联盟甚至公开表示对德法联合领导力的不满：2017 年 3 月，《欧盟未来白皮书》提出的"多速欧洲"设想获得德法意西四国的支持，而波兰、捷克、匈牙利等中东欧国家则坚决反对，认为这有损欧盟团结。[①] 2018 年 3 月初，荷兰联合七个欧盟成员国抗议德法的《梅泽贝格声明》，认为欧盟未来应将工作重点放在实施结构性改革和尊重欧洲财政规则上，而非深化欧元区；荷兰首相吕特公开警告称，欧洲不是德法的欧洲，两国不应罔顾欧盟其他成员国的意愿而执意推动改革；[②] 对于德法提议的欧洲复苏基金，一向重视并严格遵守财政纪律的"节俭四国"也提出了反对意见。由此，德法联合领导力的目标之一便是在促进差异性一体化发展的同时，维护欧盟团结、平衡欧盟各次区域集团的利益需求并从中寻求有效的利益"最大公约数"。

（3）应对疑欧民粹主义力量

总体来看，两国无论是对内缺少的强势政府，还是对外受到的他国质疑，其本质都是民粹主义发展的结果。在过去，欧洲联合的每次进展几乎都源于精英的推动。随着一体化进程的不断深入，欧洲政治走进寻常百姓家，参政议政的民间力量上升。与此同时，欧洲主流政党多因难以迎合民众诉求而普遍陷入了执政合法性危机，而打着民族主义、疑欧主义旗号的右翼政党则不断发展民意基础，并逐渐成长为两国政坛的中坚力量——根据 2018 年"欧洲晴雨表"的民意调查结果，42%的德国民众表示了对欧盟的不信任，而法国民众对欧盟的不信任率则高达 55%。[③] 在涉及民众核心关切的欧洲经货联盟领域，德法妥协的"硬核化"能否

---

① Cf. Ducourtieux, Cécile/Stroobants, Jean-Pierre, "L'Europe《à plusieurs vitesses》divise Est et Ouest", in *Le Monde*, 10. 03. 2017, https://www.lemonde.fr/europe/article/2017/03/10/l-europe-a-plusieurs-vitesses-divise-est-et-ouest_5092464_3214. html.

② 陆婷：《法德如何"重塑欧洲"》，《环球》2018 年第 7 期。

③ Cf. Europäische Kommission, "Die öffentliche Meinung in der Europäischen Union", in *Standard-Eurobarometer* 89, *Frühjahr* 2018, p. 14.

在疑欧主义力量的干预下实现是个问题。

（4）营造改革欧洲经货联盟领域的持久动力

通过观察不难发现，欧洲经货联盟的历次大动作或关键进展都离不开危机的倒逼：美元危机、石油危机、欧债危机、疫情危机……而一旦危机的高峰期过去，德法及其他行为体对于欧元区发展潜在问题的关注热度便会下降，"德法轴心"在欧洲经货联盟改革进程中的领导力实践也开始趋于更多的象征行动，"默克龙"签署的《亚琛条约》及就此制定的德法议程（Deutsch-Französische Agenda）也以争议较小或者一体化程度较低的军事、文化、科技、基础设施等领域为重点，并未向预算改革、协调经济政策等硬骨头"开刀"。① 从长远来看，各国不同的经济景气周期②以及在竞争力、产业结构和社会福利层面的差异化发展，决定了欧元区经济增长潜力和抗风险能力的弱势。德法加强对改革欧洲经货联盟的战略重视与战术配合，并借此为欧盟及其成员国参与和执行改革创造动力，是未来"德法轴心"实现领导力突破的关键。

第三节　前景："德法轴心" 与欧洲经货联盟

一　欧洲经货联盟中的"德法轴心""将来时"

（一）如何预期未来的德法联合领导力？

第一，综合考虑几方面因素可以认为：两国联合领导力的潜力受限，实质作用有限。

---

① Bundesregierung, "Deutsch-Französische Agenda. Prioritäre Vorhaben in Umsetzung des Vertrags von Aachen", 22.01.2019, https：//www. bundesregierung. de/resource/blob/997532/1571028/b31df002ff6835379adeea0471b204ce/2019－01－22－prioritaere-vorhaben-vertrag-aachen-data. pdf？download＝1.

② Cf. Schwarzer, Daniela, "Spannungen im Club der 13-Reform-bedarf der Eurozone", in *Internationale Politikanalyse*, Bonn: Friedrich-Ebert-Stiftung, March 2007, https：//library. fes. de/pdf-files/id/04339. pdf.

从双边层面来看，尽管德法对欧盟面临的宏观外部威胁与内部挑战有着基本一致的判断，在危机时期也始终怀有共同捍卫欧盟和欧元区利益的使命感，但双方对一些关键事件和具体议题的因果评判和认知却不尽相同，在解决问题的策略和路径上选择各异，在欧洲经货联盟具体领域的利益偏好有所区别。此外，两国当下各自面临的国内领导力困境不利于双边磋商的高质化。而从区域层面来看，德法虽与他国共享维持欧盟团结的集体目标，但两国对于欧洲经货联盟前景及战略目标的设想未完全适应各国利益差异化的现实，联合领导力资源的相对优势减弱。

在双边及区域因素的双重影响下，无论是在理论还是实践层面，两国都很难形成推进欧洲经货联盟的最佳方案。鉴于领导目标与能力之间的矛盾、领导目标与手段之间的分歧、领导力供给与需求之间的错位，德法寻求各方利益"最大公约数"的难度较大。因此在一个有着诸多领导者却缺乏实质领导力的欧盟，双边妥协业已艰难的"德法轴心"在推进欧洲经货联盟的进程中想必只能"灵活联合、局部开花、小步前进"。

第二，当前欧洲的差异性一体化已在战略和战术层面影响德法联合领导力的路径与领导类型。

首先，鉴于"德法轴心"的物质性领导力资源优势减弱，德法实践务实性领导的难度加大，因此转而强化了更不具象的象征性和愿景性领导：2018 年 11 月 18 日，在德国举行国民哀悼日、法国举行纪念一战结束百年活动之际，马克龙再度访德并在联邦议院发表讲话，重申德法友谊的不可动摇及两国对塑造欧盟未来、强化欧洲主权的重大责任与使命；① 在《爱丽舍条约》签署 56 周年之际，两国领导人特意将曾经查理曼帝国的国都亚琛选为《亚琛条约》的签署地。

其次，为了尽可能发挥和扩大已有领导力优势，"德法轴心"一方

---

① Französische Botschaft in Berlin, " Rede von Staatspräsident Emmanuel Macron anlässlich der Gedenkstunde zum Volkstrauertag", Berlin, 18. 11. 2018, https://www. bundestag. de/blob/580034/08acc4cada11d97943a64a985d850377/kw46_volks-trauertag_gedenkrede_macron-data. pdf.

面更加重视提升非物质性领导力资源，注重打造更开放的合作式领导，这种开放既针对欧盟成员国，也针对欧盟机构。[1] 另一方面，德法联合领导力的实践不再拘泥于欧盟或欧元区层面，而是同时推行欧盟内的次区域合作，适当引领欧洲一体化的多速前进，毕竟"一个有着不同速度的欧洲是必要的，否则我们将很有可能陷入停滞"[2]。

最后值得注意的是，"德法轴心"虽以双边合作为"主旋律"，但也存在领导权竞争的小插曲。出于维护欧盟团结的考虑，两国心照不宣地避免"明争"。当一国初衷未能通过德法联合方案得到反映时，该国往往会静候时机，旧事重提或另起炉灶以寻求新的合作形式与伙伴——譬如在共同安全与防务领域，德国与法国先后分别主导了永久结构性合作和欧洲干预倡议（Europäische Interventionsinitiative）这两个合作成果。尽管从目前来看，两国尚未在经济一体化领域实行明确的分头行动，但欧洲经货联盟中的"德法轴心"在未来可能会更多表现出合作模式多样化、合作领域分散化及合作成果形式化的特点。

由此，德法联合领导虽然前路漫漫、困难重重，但"德法轴心"的战略意义不会减弱，在危机事件的催化影响下，德法联合领导力的象征作用还会保持乃至提升。首先，从联合领导力资源来看，作为欧元区前两大经济体的德法在出资及机制创建中依旧掌握话语权优势，且这种优势在不久的将来仍会保持。其次，除了以"德法轴心"为主体并借助超国家机构支持的领导组合外，欧元区或欧盟内难有更具实力、更为从心的领导力组合。最后，在双边层面，德国需要法国来遮蔽德国的领导力资源强势，法国需要德国来掩饰法国的领导力资源弱势。基于双边的战略性依赖、共建欧盟的利益契合和德法关系的特殊性，两国在保持一定对外开放性的同时，彼此也会走得更近。

---

[1] 比如，欧盟委员会主席容克、欧洲理事会主席图斯克以及作为欧盟理事会轮值主席国的罗马尼亚总统均出席了《亚琛条约》的签署仪式。

[2] "EU leaders embrace multi-speed Europe amid tensions", *BBC News*, 07.03.2017, https://www.bbc.com/news/world-europe-39192045.

在多重因素的综合影响下，未来的"德法轴心"将会是一种战略上依然紧密、战术上求同存异的双边联盟，它将更多以"德法轴心（+）"和"议题联盟"的形式，发挥灵活开放的领导作用。此外，由于两国经济实力的不对等局面仍将持续且难以通过领导者实践在短期内实现完全扭转，欧洲经货联盟的联合领导力量在中短期内仍将是德国主导的"德法轴心"，而不是欧债危机前的"法德轴心"。视政策领域的不同，德法的联合领导力将呈现合作、竞争与局部分歧互相交织的特征。

（二）如何提高"德法轴心"的联合领导力成效？

从领导职能来看，德法联合领导力的主要问题在于未能妥善处理与欧盟其他成员国的关系，以及未能高效满足被领导者的领导力需求。未来两国应居安思危、着眼长远，促进双边妥协走向深入，妥善协调成员国之间的立场，注重实现愿景目标和务实目标的更好结合。在欧盟改革内生动力不足的情况下，如何先确保两国跳出各自的领导力困境以达成更多实质的双边贡献、再营造新的欧盟内生动力并借助外部压力来推进欧洲经货联盟的发展，是德法联合领导力的主要课题。

在战略上，两国应从双边和区域层面做好资源的全面部署与及时调整。在双边层面，为提升双边妥协能力，德法应致力于打造全方位的信任联盟，深化彼此理解。为此，除拓宽合作领域、扩充合作机制外，德法更需精进现有合作机制的效率与质量，尤其注重增进两国决策参与者之间的沟通。在欧盟层面，双方应从战略和战术上做准备，弥补在结构性要素和非物质性要素方面的不足。一方面，德法要避免受欢迎的领导力量变为不受欢迎的"霸权"，加强与欧盟机构的协调合作，而非"挟天子以令诸侯"；另一方面，德法与他国的谈判不应局限于单线条的利益交换策略，而是要在尽可能确保各方平等的前提下，努力寻求更多利益共识，确保"德法轴心"的对外开放性。特别是在"德法轴心"中更具话语权优势的德国，应在平衡各"次轴心"集团以及成员国与欧盟之间关系的基础上适时有所作为。对此，2017 年德国科尔伯基金会（Körber-Stiftung）民意调查结果或许能给予一定启发：多数德国受访者

（40%）认为德国应首先在整体上处理好与欧盟各成员国的关系，再以欧共体创始国之间的关系为重点（39%），仅有12%和4%的民众认为要重点经营德法关系和"魏玛三角"①。

在操作上，两国宜"钝化"欧盟内阵营的对立性，并在提出结合不同领域目标的综合倡议方面加强行动。

1. 设置"反思期2.0"，尽可能缩小民主赤字。欧洲一体化的"去精英化"开始成为新常态，而民众与精英之间矛盾的时而凸显，表明欧洲政治家仍未能适应或正视这一现实。因此，针对核心议题加强官民之间的沟通与探讨迫在眉睫。在2005年6月中旬的欧盟首脑峰会上，各国领导人虽然表现出对继续推进欧洲一体化的强烈愿望，但在《欧盟宪法条约》批准条件不利的形势下，领导人们最终决定暂缓批准程序，同时向民众和政府提供一定的反思与沟通时间，将民间的欧盟愿景纳入考量。在此基础上，2007年1月1日，德国在担任欧盟轮值主席国期间联合各国推出了更合时宜的《里斯本条约》草案，历时近两年的"反思期"取得成效。十年后，马克龙在雅典演讲中倡导欧盟各国在十个月内分别组织民主辩论，使精英与民众就欧洲一体化的核心问题展开讨论，以增进各方对一体化的认知和对彼此的理解，解决公投导致的民主困境。② 这一建议与设立"反思期"的初衷看似异曲同工，却未使疑欧民众更多地参与讨论。如今，这一"官民面对面"辩论欧盟未来的行动已然落实并释放了积极信号，而真正的"反思期2.0"或许才是使欧盟"亲民化"进程软着陆的有效途径。

2. 在宏观战略层面从大处着眼、在微观政策领域从小处着手。从欧洲一体化的大局出发，两国应尽可能摆脱孤立看待或发展某领域的思维，

① Körber Stiftung, *The Berlin Pulse*, *German Foreign Policy in Perspective*, 2017, https：//www. koerber-stiftung. de/fileadmin/user_upload/koerber-stiftung/redaktion/berliner-forum-aussenpolitik/pdf/2017/The-Berlin-Pulse. pdf.

② Cf. Französische Botschaft in Berlin, "Rede von Staatspräsident Emmanuel Macron", Athen, 07. 09. 2017, p. 7, https：//de. ambafrance. org/Staatsprasident-Macron-in-Athen-Vorschlage-fur-eine-Neugrundung-Europas.

而应在以欧洲经货联盟作为优先领域的前提下，综合考虑在移民、安全、防务等领域实施相应的配套措施，多管齐下形成一揽子方案。从政策层面来看，一体化内某个领域的发展会对其他领域产生影响，而欧洲经货联盟各领域的发展更有着较强的关联性。德法若想进一步巩固欧元区的发展成果并团结欧盟力量，就应做好全方位的战略决策。

3. 开展广泛灵活的合作化领导与平衡式外交。一方面，就弥合成员国间分歧而言，德法应采取"量体裁衣"的谈判策略与沟通方式，视情况与不同的区域"次轴心"或"议题联盟"增进交流，有针对性地解决问题，同时避免非参与国的抵制。另一方面，两国应继续重视与欧盟机构的顺畅合作，谋求作为第三方的超国家机构的支持，不能因加强与次区域集团的合作而顾此失彼。总体而言，德法应尽可能实现欧盟内价值观和利益、东部和西部以及南部和北部之间的三重平衡，处理好欧盟利益、盟国利益和德法本国利益之间的关系。

总之，未来"德法轴心"若想有效引领欧盟改革、克服集体行动困境，宜在保持象征性领导力优势的同时，扮演好积极的倡议者角色，在优先政策领域勇于制定更为细化的目标方案以供各方探讨，而非停留在舒适区打擦边球。为此，"德法轴心"宜充分利用自身的有利条件，规避不利条件，正视以民粹主义为代表的非建制派立场，在此基础上加强与欧盟机构及国家次区域集团的协调对话，尽可能提升双重领导力资源以及协商妥协的实力，从源头上化解联合领导力在能力与合法性上的双重质疑，而拥有决断力和全局观念的领导者将在其中发挥关键作用。

二　以次区域集团为代表的欧盟领导力格局

随着欧洲一体化的差异性走向和国内外形势的变化，"德法轴心"的联合领导模式虽堪称经典，成效却有所减弱。这是因为，其间欧盟的若干次区域集团开始在不同议题领域发声，它们或积极响应"德法轴心"，或对其构成竞争，从不同层面影响了德法联合领导力的路径与成效。

（一）德法波"魏玛三角"

在时任德国外长根舍的发起下，德、法、波三国外长于 1991 年 8 月在德国城市魏玛举行首次会晤，由此确立了三国外长每年定期会晤的"魏玛三角"机制。随着该机制在 1994 年 3 月和 1998 年 2 月分别扩大到国防部长与政府首脑一级，"魏玛三角"的合作领域也有所扩大，德法波三国组合也日渐成为欧盟内领导力量的热门候选，其领导力优势主要体现在：（1）地缘政治意义重要——东西欧由此得以联结，有助于补足德法在非物质性领导力资源的劣势。正如美国战略家兹比格涅夫·布热津斯基（Zbigniew Brzezinski）所言："该机制既强化了德国在中欧等地的垄断地位，又通过法波两国的加入避免了一国独大"①；（2）总物质性领导力资源的优势明显——三国人口及 GDP 之和超过了欧盟总量的三分之一；（3）改善双边关系的中介价值——三边会晤机制有助于升温德波关系，淡化德法在欧盟改革中的异见，缓和法波两国的价值观分歧。

但与德法关系相比，"魏玛三角"最大的结构性弱势便在于缺乏类似《爱丽舍条约》的机制性约束。加之三国领导人的合作意愿并不稳定，易在财政预算、地区补贴等问题上发生争执，"魏玛精神"的长效性也就难获保障。自 2004 年波兰入欧进程结束后，"魏玛三角"平台就不再受各方的重视，特别是在波兰民族主义政党"法律与公正党"（PiS）成为议会第一大党后，"魏玛三角"峰会机制名存实亡。此后只有逢危机或重大分歧时刻，该平台才会被临时启动，过后则又会在利益冲突下停滞，直到下一次关键时刻的到来。2011 年，当三国对于欧盟财政预算（2014-2020）安排存在不同意见时，新当选的波兰总统布罗尼斯瓦夫·科莫洛夫斯基（Bronislaw Komorowski）积极倡导激活"魏玛三角"。此后直到 2016 年夏，随着英国退欧和难民危机等一系列挑战的出现，三国外长才再次呼吁重启"魏玛三角"，并一致同意在每次欧盟会议表决前预

---

① 参见〔美〕兹比格涅夫·布热津斯基《大棋局——美国的首要地位及其地缘战略》，中国国际问题研究所译，上海人民出版社，1998，第 92 页。

先安排三国外长会晤。可见，如果"魏玛三角"的制度性缺陷不被解决，那么以领导人和内外危机为代表的特定情境要素将是决定该机制适时重启的关键。

（二）"德法意三角"与"德法意西四轮车"

除了"魏玛三角"，德国、法国和意大利三国也开始在后危机时期频频出马。"德法意三角"或针对欧盟前景发表共同立场，或在欧盟重要会议或决策前举行例行会晤，商讨原则性或核心争议议题并予以表态。譬如在英国公投脱欧后，意大利总理马泰奥·伦齐（Matteo Renzi）于2016年8月22日邀请默克尔和奥朗德在意大利的文托泰内小岛（Ventotene）举行三方会谈，就英国退欧后的欧盟政治经济形势及未来的欧盟建设协调立场，强化三国共同应对挑战的信心，并强调将在没有英国的情况下继续稳步推进欧盟建设，由此对外释放了积极信号；[1]2017年2月，德法意三国致信欧盟委员会，建议加强外资审查特别是外企收购行为的政治动机，该建议被欧盟委员会采纳。[2]

德法意的联合领导力以三国共有的领导力资源优势为保障。其一，三国是欧元区的前三大经济体和人口大国；其二，同属查理曼帝国"后裔"的德法意有着剪不断的文化联系与历史传承。不过在后危机时期的欧盟，德法意三国的磋商机制始终未能常态化，而且三国之间的领导力资源并不均衡，特别经济发展指标的差距较大，决定了各方在核心争议问题上有着不同的利益考量，三国联盟目前主要以发挥象征性、声明性的引领作用为

---

① Romann, Holger, "Post-Brexit-Treffen. Drei auf der Insel", 22.08.2016, in *BR*, https：//www.br.de/nachricht/gipfel-merkel-renzi-hollande-100.html.

② Cf. Bundesministerium für Wirtschaft und Energie, "EU-Vorschlag zu Investitions-prüfungen wichtiger Schritt für faire Wettbewerbsbedingungen in Europa und besserer Schutz bei Firmenübernahmen. Gemeinsame Pressemitteilung von Deutschland, Frankreich, Italien", 13.09.2017, https：//www.bmwi.de/Redaktion/DE/Presse-mitteilungen/2017/20170913-eu-vorschlag-zu-investitionspruefungen-wichtiger-schritt-fuer-faire-wettbewerbsbedingungen-in-europa-und-besseren-schutz-bei-firmenübernahm-en.html.

主。具体来看，无论是在举债、财政预算领域，还是移民与难民安置事宜，三国都各有算盘，利益分歧明显：在经济一体化领域，法国希望通过转移支付的形式实现欧元区的财政一体化，促进欧元区国家间的对外贸易平衡；意大利则希望获得税收和支出的自主权，主张放宽削减财政赤字的标准；持有大量对外贸易顺差的德国对上述提议不置可否，而是始终强调财政纪律、规则以及配套改革措施的落实。在难民危机治理、抗击新冠肺炎疫情中，不堪重负的意大利希望其他成员国分担压力、提供资助；出于对欧盟团结大局以及本国接纳难民的压力考虑，德国支持分摊难民，而法国则持保留意见，实质更希望继续按照《都柏林公约》进行难民管理；① 而在抗疫初期，三国不但未能团结起来共克时艰，甚至还因抗疫物资的归属问题和边境管控多次引发争执。由此，三方在核心分歧领域的协商实力仍不如"德法轴心"，"德法意三角"的实际领导作用有限。

此外，德法意三国也会不时联合西班牙就欧盟的重大战略问题进行磋商，并发表共同立场：除了奥朗德于2012年6月在四国推行其刺激经济增长的计划外，四国还在《罗马条约》签署60周年之际共同表示对"多速欧洲"路径的支持。② 但正如"德法意三角"所面临的问题，德法意西的联合领导仍以宏观战略导向为主。鉴于经济发展水平及经济体制的不同，四国在欧洲经货联盟的具体操作层面很难一致行动，实质性的政策贡献十分有限。

（三）地中海七国俱乐部与债权国联盟

地中海七国俱乐部（EuroMed 7/Club Med）③ 由法国、意大利、西

---

① 参见《都柏林公约》第3条第6款，*Amtsblatt der Europäischen Union*，"Übereinkommen über die Bestimmung des zuständigen Staates für die Prüfung eines in einem Mitgliedstaat der Europäischen Gemeinschaften gestellten Asylantrags"，Nr. C 254/1，19. 08. 1997，https：//eur-lex. europa. eu/legal-content/DE/TXT/PDF/？ uri ＝ CELEX：41997A0819（01）。

② "Berlin und Paris wollen EU verschiedener Geschwindigkeiten"，*Berliner Morgenpost*，06. 03. 201，https：//www. morgenpost. de/politik/article209850307/Berlin-und-Paris-wollen-EU-verschiedener-Geschwindigkeiten. html.

③ 也称南欧七国集团，于2016年9月在雅典成立。

班牙、葡萄牙、希腊、马耳他和塞浦路斯组成，七国均属希腊-拉丁文化圈，有着奉行扩张性财政政策和促增长政策的传统，因此往往也是预算赤字缠身的债务国。除了在财政政策上形成联合力量并影响欧盟决策外，七国也会在年度部长级会议上就难民移民、技术合作等共同的问题商讨对策、达成共识，地中海七国会议往往也是欧盟重要峰会召开前法国"打前站"的重要平台。2018 年 1 月 10 日，马克龙出席在罗马举行的地中海七国首脑峰会，并与其他六国在实施欧元区改革方面达成一致立场，称将努力建设真正的预算联盟、推动政策协调、促进经济增长。峰会最终声明表示应尽早完成拥有单一清算基金和存款保险计划的欧洲银行业联盟建设；号召各国增加投资，实施共同的边境保卫和移民管控政策，防止欧盟在英国脱欧后走向分化。① 2018 年 12 月 4 日，地中海七国在欧盟交通部长会议期间签署了《南欧国家有关分散式账本技术的意向声明》，旨在携手推进在分散式账本技术（Distributed ledger technology，DLT）领域的合作，通过数字化帮助南欧国家实现经济转型，打造多领域、跨区域的大区块链联盟，成为新兴技术领域的领军者。②

与南欧国家的经济发展模式、文化理念不同，德国、荷兰、比利时、卢森堡及奥地利组成的债权国联盟主张实行严格的财政纪律及紧缩政策，这些"紧缩派"也往往在经济和社会发展方面有着较好表现，享有良好的债券信誉。不过相比于地中海七国，债权国联盟的会晤机制尚未成形，缺少统一的政策协调，因此属于议题性、开放式的意愿联盟。值得注意的是，荷兰在英国脱欧后的发声频率上升且立场鲜明，有成为北部领军

---

① Cf. Summit of the Southern European Union Countries, "Declaration: 'Bringing the EU Forward in 2018'", Rome, 10. 01. 2018, http://www.governo.it/sites/governo.it/files/documenti/documenti/Notizie-allegati/governo/DeclarationIVEUSouthSummit.pdf.

② Cf. "Southern European Countries Ministerial Declaration on Distributed Ledger Technologies", https://www.sviluppoeconomico.gov.it/images/stories/documenti/Dichiarazione%20MED7%20versione%20in%20inglese.pdf.

国的趋势，甚至被媒体称为"欧盟的新英国"①：荷兰首相吕特在 2018
年 6 月的议会演讲中一反此前的疑欧论调，支持欧盟团结并力争确保欧
盟强大，甚至向疑欧民粹势力喊话；② 而在德法提出欧元区预算计划后，
荷兰财长胡克斯特（Wopke Hoekstra）对此公开表示反对，并主导波罗
的海三国、爱尔兰以及非欧元区成员的丹麦和瑞典发表了联合文件加以
抵制。这一八国组成的"汉莎同盟 2.0"（Hanseatic League 2.0）③ 指出，
继续建设银行业联盟和实施 ESM、监管预算规则等才是欧元区当前改革
的首要任务。④ 由此，以债权国为核心的北部国家联盟对未来欧洲经货
联盟改革的影响力不容小觑，如何平衡债权国与地中海七国的利益，也
是决定德法联合领导力成效的一大课题。

（四）中东欧"维谢格拉德集团"与波罗的海三国

"维谢格拉德集团"是由捷克、匈牙利、波兰和斯洛伐克四国组成

---

① "How the Dutch will Take Britain's Place in Europe", *The Economist*, 31. 03. 2018, https：//www. economist. com/europe/2018/03/31/how-the-dutch-will-take-britains-place- in-europe.

② "Mehr Geld und Klimaschutz-Mark Rutte gibt flammendes Bekenntnis zur EU ab", *Handelsblatt*, 13. 06. 2018, https：//www. handelsblatt. com/politik/international/niederlande-mehr-geld-und-klimaschutz-mark-rutte-gibt-flammendes-bekenntnis-zur-eu-ab/22680822. html.

③ Cf. Korteweg, Rem, "Why a New Hanseatic League will not be Enough", 09. 07. 2018, https：//spectator. clingendael. org/en/publication/why-new-hanseatic-league-will-not-be-enough; Dutch government, "Minister Hoekstra smeedt alliantie van acht EU-landen voor een sterker economisch Europa", 06. 03. 2018, https：//www. rijksoverheid. nl/actueel/nieuws/2018/03/06/minister-hoekstra-smeedt-alliantie-van-acht-eu-landen-voor-een-sterker-economisch-europa.

④ Cf. Ministry of Finance, "Finance Ministers from Denmark, Estonia, Finland, Ireland, Latvia, Lithuania, the Netherlands and Sweden Underline Their Shared Views and Values in the Discussion on the Architecture of the EMU", 05. 03. 2018, https：//vm. fi/documents/10623/6305483/Position + EMU + Denmark + Estonia + Finland+Ireland + Latvia + Lithuania + the + Netherlands + and + Sweden. pdf/99e70c41 - 6348-4c06-8ff8-ed2965d16700/Position+EMU+Denmark+Estonia+Finland+Ireland+Latvia+Lithuania+the+Netherlands+and+Sweden. pdf. pdf.

的"半官方联盟"①，于 1991 年 2 月 15 日在维谢格拉德成立，自 1999 年 5 月起定期举行政府首脑年度会晤，并在 2007 年建立了议会间合作机制以及总理级别的合作对话机制，以加强各方的欧盟和地区事务协调。

　　与地中海七国类似，"维谢格拉德集团"除具备地缘优势外，集团成员也有相近的文化联系和历史背景：早在中世纪，曾经的捷克与斯洛伐克（前波西米亚）、匈牙利和波兰就在维谢格拉德召开过会议。而在后欧债危机时期，这一四国集团更是通过新的路径来营造、扩大影响力。其一，难民问题的发酵加强了"维谢格拉德集团"的团结与行动力——2017 年 3 月 28 日，四国首脑联名反对欧盟难民分摊决议，使欧盟层面的难民治理大打折扣。其二，在集团内部，波兰与匈牙利形成的"非自由轴心"（Illiberale Achse）② 开始成为集团的主导：2007 年，波匈两国议会一致同意设立 3 月 23 日为"匈牙利 - 波兰友谊日"，以彰显两国民间友好。自欧尔班·维克托（Orbán Viktor）在 2010 年 5 月再次当选匈牙利总理以来，波兰与匈牙利关系日益密切，而在法律与公正党于 2015 年再度成为波兰执政党之后，更将两国关系推上新台阶。两国在内政改革、抵制欧盟启动自动惩罚程序、反对难民分摊方面相互支持，构成了"华沙 - 布达佩斯轴心"（Achse Warschau-Budapest）③，试图抗衡"德法轴心"以及欧盟委员会的影响。

　　然而，"维谢格拉德集团"内部的"次集团化"也表明中东欧四国并非铁板一块，这也是由中东欧特殊的历史记忆与地缘环境决定的："中东欧地区的独特历史进程造就了该地区'边缘地带'的特殊性，具

---

① Cf. Schütz, Marcel/Bull, Finn-Rasmus, *Unverstandene Union-Eine organisationswissenschaftliche Analyse der EU*, Wiesbaden: Springer VS, 2017, p. 23.

② Cf. Baumann, Meret, "Polen und Ungarn gegen den Rest der EU", in *Neue Zürcher Zeitung*, 14. 05. 2018, https://www.nzz.ch/international/polen-und-ungarn-gegen-den-rest-der-eu-ld. 1385716.

③ Cf. Fieber, Marco, "Die Achse Warschau-Budapest hat die EU im Griff-doch das Bündnis kann ausgerechnet für Polen gefährlich werden", in *HuffPost*, 31. 07. 2017, https://www.huffingtonpost.de/2017/07/31/achse-warschau-budapest_n_17640810.html.

体表现在地区大国的依附性和警惕性、政治上具备坚持己见和怀疑他者的特质、经济上处于相对落后和贯于依赖的态势、社会上秉持民族同质和排除异己的倾向。"① 事实上，中东欧国家不仅对西欧国家怀有疑虑，对其集团内的合作伙伴国也难有十足的信任，比如，鉴于在经济制裁俄罗斯等问题上存在的明显异见，② 捷克、斯洛伐克与奥地利在 2015 年初组建"奥斯特里茨模式"（Austerlitz-Format）③，使"维谢格拉德集团"内部再度分化；围绕欧洲复苏基金的设计，波兰和斯洛伐克予以支持，但匈牙利和捷克多有不满。此外相比于其他三国，近年来斯洛伐克在价值观方面更接近欧盟立场，特别是 2019 年当选的斯洛伐克首位女总统苏珊娜·恰普托娃（Zuzana Čaputová）也是典型的亲欧人士，因此四国能否在不同议题上形成同一个声音是值得怀疑的。特别是在欧洲经货联盟领域，"维谢格拉德集团"的影响力或将局限于"否决力量"，即共同抵制不符合其集团利益的欧盟决策。

与此同时，由于管理、资金、技术这改革三要素已经深入中东欧国家的核心，中东欧不会从欧盟或欧洲经济一体化中退出。④ 对于波罗的海三国以及罗马尼亚、克罗地亚而言，一个强大的欧洲与良好的跨大西洋伙伴关系符合其国家利益。鉴于中东欧与波罗的海地区强大的经济向心力，在推进欧洲经济一体化的进程中，德法联合领导力应充分重视和把握该地区在促进经济增长和均衡发展中的积极贡献。

三 欧洲经济货币联盟的前景

欧洲经货联盟已进入推进财政联盟和银行业联盟的后半程"马拉

---

① 参见潘兴明《中东欧地区特殊性的历史解读》，"16+1"合作与中东欧问题研究学术研讨会，上海，2018 年 6 月 14 日。

② 波兰支持对俄经济制裁，"维谢格拉德集团"的其余三国则表示反对。

③ 又名：斯拉夫科夫三边组织（Slavkov trilateral）。

④ Magdin, Radu, "Mein Europa: Finden Macron und Osteuropa einen gemeinsamen Kurs?" 13. 10. 2018, https://www. dw. com/de/mein-europa-finden-macron-und-osteuropa-einen-gemeinsamen-kurs/a-45857780.

松"，但这一阶段在近年来进展较缓，特别是在后危机时期，各成员国在欧盟层面难以达成有效妥协。然而，欧洲经货联盟各个领域的发展彼此相关，无法厚此薄彼。要想从根本上克服改革瓶颈、再现经济活力、管理好欧元区内部的发展差距，欧盟就要在制度性改革和协调发展上发力，其中改革的重点在于尽早解决经济治理的结构性问题。

首先，在欧盟经济治理的结构性问题中，最根本的制度缺陷在于欧元区"货币政策的单一性和经济政策的多元性"这一矛盾的政策设计。它一方面弱化和延迟了欧洲央行货币政策的预期效应，提高了量化宽松货币政策的实施成本；另一方面，刺激性货币政策的"效果打折"也会反向促使成员国在经济形势不利时加大对财政政策工具的依赖，使成员国财政状况进一步恶化。不过，德法对于这一矛盾的政策设计一贯持有不同立场，且均希望将本国特色的经济政策模式推至欧洲层面；加上目前成员国的经济发展水平、法律建制、社会福利政策各异，故而寄期望于"德法轴心"来改变这一制度设计问题是不现实的。

其次，欧洲经货联盟中的治理模式与决策程序虽有所简化但仍然复杂，参与决策博弈的行为体增多，不利于实质决策的达成，关键时期可能会延误危机治理的最佳时机。譬如，欧债危机的后期发酵与多层政治博弈不无关系，这表现在成员国国内不同力量的彼此掣肘、成员国（集团）之间的协商以及成员国与欧盟机构的磋商。多层博弈在很大程度上妨碍了欧元区在危机时期的集体行动力，因此未来的决策机制有待实现高效化、长效化。

再次，欧元区的政治经济发展形势也为欧洲经货联盟的后续推进带来消极的不确定性。一方面，欧元区目前仍以外向型经济为主，经济增长更依赖于国际经贸环境较优时的外贸出口，而欧洲大市场的内生消费需求对经济的拉动作用较弱，企业对内和对外投资积极性偏低。此外相对于其他新兴经济体，欧盟的经济调整周期较长，复苏进程缓慢，外部抗风险能力较弱。从近两年的经济发展情况来看，欧元区仍未摆脱低增长与低通胀相结合的"双低"风险。随着欧洲央行在 2018

年底决定结束过度量宽政策的实施，货币政策的福利效应将会减弱，政策边际收益减退；加上新冠肺炎疫情导致的经济衰退较为严重，"德法轴心"和欧盟很难制定"缓步"、长远方案，使现有经济发展模式向可持续的方向转变，而只能先通过救急的方式提振经济。另一方面，重债国政治环境的不稳定性增加，也对相关国家经济政策导向的延续性构成挑战。财政整固与改革措施给重债国经济社会的发展带来冲击，"欧猪五国"在危机爆发及救助期间均发生了政府更迭，西班牙等国甚至经历了多次政府换届，这也为一国推行长期经济改革带来了不利变数。

最后通过分析不难发现，欧洲经货联盟的走向既取决于内生动力，更处于危机压力与外在阻力的影响之下。欧债危机的爆发加快了各方对欧盟经济治理制度性缺陷的修复工作。而随着债务危机的逐渐平息，危机压力减弱，实施深入改革的内生动力不足，而民粹主义、疑欧主义的崛起又提高了内生阻力，这使欧洲经货联盟的改革进程明显放缓。信息技术革命的浪潮袭来以及新冠肺炎疫情暴发、蔓延促使财政一体化在统一预算和前沿技术领域的系统性合作中实现了小步突破。

而若从历史的长线来看，经济一体化程度的加深使欧盟特别是欧元区各成员国之间更为依赖。因此，无论是从"退出成本"还是从"入盟收益"来看，欧洲经货联盟都是欧盟成员国的优势选项，不会被轻易舍弃。然而，各方对于欧洲经货联盟各个分领域的发展导向、政策优先项等方面的意见不一，这就导致欧洲经货联盟内部发展的不平衡，不利于欧洲经贸联盟健康发展。在内外因素的共同驱动下，这种失衡应会逐渐向平衡的方向趋近，财政政策趋同、金融监管统一、经济政策连体将是欧洲经济一体化的必行之路，但这一过程将是艰辛、漫长且充满不确定性的。而在此期间，一体化的局部或暂时退出等"曲线一体化"现象或将难以避免。在使欧洲经货联盟尽可能平稳顺畅地走向最后的健康状态上，"德法轴心"及其他欧盟行为体的作用将十分关键。

结　语

　　长期以来，欧洲经货联盟总体沿着德法共识或德法分歧的主线发展。在共识层面，两国均将提高欧盟经济竞争力、促进欧元区繁荣稳定作为欧洲经货联盟的总目标，把建立长效危机防火墙、协调财政与预算政策、建设银行业联盟、加强核心产业与前沿技术领域合作等作为分目标。具体而言，危机救助机制、预算一体化以及银行业联盟的部分领域是德法联合领导力发挥成效的主战场——欧洲稳定机制确立并实现了职能扩充，单一监管与清算机制均已启动，欧元区预算和新冠肺炎疫情下的大规模财政互助计划获得了通过。在经济治理领域，德法的经济治理理念有一定趋同，德法在推进灵活的政府间合作与高效决策机制方面有所创新，"默科奇"的欧元区经济政府倡议得以发展为欧元区峰会会晤机制。而从分歧层面来看，德法对于欧洲经货联盟的战略构想不同，在"扩大版"与"精英版"的欧洲经货联盟之间摇摆。具体而言，尽管财政纪律与"债务刹车"条款已在欧盟层面推行，但各方围绕财政联盟未来走向的核心分歧仍然存在，欧洲财政一体化的深化之路仍然曲折；在以德国为首的债权国的坚持下，银行业联盟的单一存款保险机制至今仍停留在准备阶段；在前沿技术和核心产业领域，两国的先锋合作能否在欧盟层面"一石激起千层浪"仍有待观察。

　　本研究验证并推进了德法联合领导力的有效性条件，认为除具备联合领导力资源优势与共同领导意愿、能够提供符合被领导者需求的领导力方案外，德法还需平衡好欧盟内各利益群体之间的关系、确保欧盟团结，才能实践有效的联合领导力。而在一个有着诸多领导者却缺乏实质领导力的欧盟内，德法联合领导力的潜力受限，实质作用有限，"德法轴心"需要视情况选择新的领导伙伴"加盟"。这是因为一方面，德法政治文化与经济理念的异质性决定了两国对欧盟团结的认知偏差、对权利与义务的不同侧重以及对欧洲经货联盟顶层设计的不同见解，双方达成有效妥协的难度加大；另一方面，各成员国利益的多元化与欧洲事务的内政化，对德法的欧盟"代言人"身份构成了挑战。

此外，联合领导力资源优势的收缩，特别是结构性要素和非物质性要素的弱势也从战略和战术上影响了"德法轴心"的领导路径与模式。欧债危机以来，组建小范围意愿联盟、逐一协商谈判开始成为两国在欧洲经货联盟中的优势领导路径，"多速欧洲"成为联合领导力的潜在行动框架，这尤其体现在各方难达妥协的财政一体化以及一体化程度较低的产业与技术合作领域。而在危机救助及银行业联盟领域，"德法轴心"的主要领导路径是提出联合倡议，其中萨科齐和马克龙在妥协与创新能力方面的突出表现，为德法联合领导力的有效实践注入了强心剂，使德法倡议的频度及其在欧盟内的受关注度有了提升。由此，领导人的能动作用赋予了德法合作机制新的动力。总体来看，德法联合领导行为的象征性、灵活性和开放性有所提高，而"交易型为主、变革型为辅"的联合领导模式更为有效，也更易为人接受。

在超国家机构与政府间机构互为制衡的欧盟内，领导国的领导力实践主要通过提出倡议或做出关键决策的形式得以体现，从而参与、主导或影响欧盟政治议程。而欧盟内能够扮演这种领导角色的国家（集团）非"德法轴心"莫属。因为在欧盟层面，面对英国脱欧、南欧未彻底实现经济复苏、中东欧在难民和价值观问题中与欧盟龃龉不断、北欧国家坚持国家财政主权的差异性一体化现实，法国是唯一能够与德国齐心和协力的欧盟成员国，也是德国引领欧洲经货联盟的最佳拍档；从双边层面来看，尽管双方领导力资源的失衡格局决定了德国的主导作用，但德法各自领导力资源的不足及彼此优势的互补，决定了两国中的任意一国均难以独自引领欧洲经货联盟发展。战略需求的一致、战略性依赖的增强和广泛坚实的民意使"德法轴心"成为欧盟内较稳定的价值观与利益共同体。在联合领导欧盟的路上，德法形成了互补的角色分工，其中法国多为变革的主倡者，德国多为交易中的定音者。

尽管内部动力和外部压力为德法实践更为有效的联合领导力提供了良好契机，但在欧元区增长疲软、欧盟多国内政不稳定性加剧、欧洲次区域化现象显现的情况下，留给"德法轴心"的机遇期并不长。两国应抓住宝贵的时间窗口，加强在欧洲经货联盟中的战略重视与战术配合，为欧盟及其成员国参与和执行改革创造新的动力，团结应对以下多重挑战：减少各自领导力困境带来的不确定性、加强与其他成员国的协商合作、应对疑欧与民粹主义力量、提高德法双边合作机制的实质贡献。

欧洲经货联盟各个领域的发展彼此相关，总体也面临一系列短期和结构性问题。在各种因素的综合影响下，欧洲经货联盟内部发展的失衡应会向平衡的健康状态趋近，但过程将是漫长而艰辛的。未来的德法"双引擎"将会是一种战略上依然紧密、战术上求同存异的双边联盟。两国联合领导力将更多以"德法轴心（+）"（如"魏玛三角""德法意三角"等）和"议题联盟"的形式呈现，彰显以合作为主、合作与竞争相交织的特征。此外，鉴于经济实力的不对等局面仍将持续，"德法轴心"在中短期内仍会是"德国在前，法国随后"。

需要指出的是，受主客观条件所限，本研究还存在一些尚待改进之处。比如因精力所限，本书对经济政策协调、市场一体化、要素一体化等欧洲经货联盟的其他领域着墨不多，而重点考察了欧洲经货联盟中最具代表性、"德法轴心"作用较为突出的几个分领域，这使本研究虽然重点突出，但在完整性上有所缺憾。

参考文献

中文文献

专 著

1. 〔德〕格哈德·施罗德:《抉择:我的政治生涯》,徐静华、李越译,译林出版社,2007。

2. 〔德〕康哈德·阿登纳:《阿登纳回忆录》,杨寿国等译,第三卷,上海人民出版社,2018。

3. 〔德〕马库斯·布伦纳迈耶等:《欧元的思想之争》,廖岷等译,中信出版社,2017。

4. 〔德〕贝娅特·科勒-科赫等:《欧洲一体化与欧盟治理》,顾俊礼等译,中国社会科学出版社,2004。

5. 〔法〕皮埃尔·热尔贝:《欧洲统一的历史与现实》,丁一凡等译,社会科学文献出版社,1989。

6. 〔法〕夏尔·戴高乐:《希望回忆录》,《希望回忆录》翻译组译,中国人民大学出版社,2005。

7. 〔美〕戴维·卡莱欧:《欧洲的未来》,冯绍雷等译,上海人民出版社,2003。

8. 〔美〕哈罗德·孔茨、海因茨·韦里克:《管理学》,郝国华等译,经济科学出版社,1995,第9版。

9.〔美〕理查德·尼克松:《领袖们》,施燕华等译,世界知识出版社,1983。

10.〔美〕罗伯特·A. 帕斯特主编《世纪之旅:七大国百年外交风云》,胡利平、杨韵琴译,上海人民出版社,2001。

11.〔美〕罗伯特·基欧汉、约瑟夫·奈:《权力与相互依赖》,门洪华译,北京大学出版社,2012。

12.〔美〕约翰·米尔斯海默:《大国政治的悲剧》,王义桅、唐小松译,上海人民出版社,2008。

13.〔美〕兹比格涅夫·布热津斯基:《大棋局:美国的首要地位及其地缘战略》,中国国际问题研究所译,上海人民出版社,1998。

14.〔苏〕亚·德·柳勃林斯卡娅等:《法国史纲》,北京编译社译,三联书店,1978,第1版。

15.〔意〕尼科洛·马基雅维利:《君主论》,潘汉典译,商务印书馆,2012。

16.〔英〕约翰·伊特威尔等(主编)《新帕尔格雷夫经济学大辞典》,经济科学出版社,1996。

17. 程卫东、李靖堃译:《欧洲联盟基础条约:经〈里斯本条约〉修订》,社会科学文献出版社,2010。

18. 丁一凡主编《法国发展报告(2017—2018)》,社会科学文献出版社,2018。

19. 冯亮:《法兰西战略文化》,社会科学文献出版社,2014,第1版。

20. 顾俊礼主编《德国》,社会科学文献出版社,2015,第2版。

21. 邝杨、马胜利主编《欧洲政治文化研究》,社会科学文献出版社,2012。

22. 郭华榕:《法国政治制度史》,人民出版社,2015。

23. 和春红:《法德和解与欧洲一体化》,中国书籍出版社,2018。

24. 黄平、周弘、程卫东主编"欧洲蓝皮书",社会科学文献出版社。

25. 阚四进:《法国欧洲一体化政策研究》,世界知识出版社,2017。

26. 李卓：《欧洲货币一体化的理论与实践》，武汉大学出版社，2005。

27. 罗志刚、严双伍：《欧洲一体化进程中的政治建设——国家关系的新构建》，人民出版社，2009。

28. 王鹤：《欧洲经济货币联盟》，社会科学文献出版社，2002。

29. 王鹤：《欧盟经济概论》，社会科学文献出版社，2016。

30. 吴国庆（主编）《法国》，社会科学文献出版社，2014，第3版。

31. 吴国庆：《法国政治史（1958-2017）》，社会科学文献出版社，2018。

32. 熊厚：《欧洲经货联盟的危机与改革》，社会科学文献出版社，2017。

33. 殷桐生：《德国经济通论》，社会科学文献出版社，2017。

34. 殷桐生主编《德国外交通论》，外语教学与研究出版社，2010。

35. 张丹红：《从查理大帝到欧元——欧洲的统一梦》，长江文艺出版社，2017。

36. 张志前、喇绍华：《欧债危机》，社会科学文献出版社，2012。

37. 郑春荣主编《德国发展报告（2018）》，社会科学文献出版社，2018，第105~127页。

38. 周保巍、成键、冯绍雷（编）《欧盟大国外交政策的起源与发展》，华东师范大学出版社，2009。

39. 朱青：《欧元与欧洲经货联盟——欧洲货币统一的理论与实践》，中国人民大学出版社，1999。

期刊论文

1. 〔德〕阿尔伯特·施魏因贝格尔：《欧债危机：一个德国视角的评估》，孙彦红译，《欧洲研究》2012年第3期，第148~149页。

2. 陈菲：《欧盟危机背景下的德国领导有效性分析》，《欧洲研究》2017年第1期，第95~109页。

3. 陈洁、袁建军：《德法与欧盟差异性一体化》，《德国研究》2015年第 2 期，第 58~70、142 页。

4. 陈露：《奥朗德当选总统后法德关系的新变化》，《中国社会科学报》2013，第 B03 版。

5. 陈扬：《欧债危机以来"德法轴心"的范式变化及其成因》，《法国研究》2019 年第 2 期，第 13~23 页。

6. 崔洪建：《"法德轴心"的转型困境》，《环球时报》第 014 版，2019 年 12 月 4 日。

7. 曹德明：《法国视角下的欧洲联合思想》，《国际观察》2008 年第 3 期，第 9~14、50 页。

8. 董书慧：《欧盟〈稳定与增长公约〉及财政政策多元化的协调》，《河南省政法管理干部学院学报》2007 年第 3 期，第 162~166 页。

9. 高小升：《英国与欧盟的大国主导体制》，武汉大学硕士学位论文，2005。

10. 胡琨：《欧债危机背景下欧盟银行规制与监管体系的转型与创新》，《欧洲研究》2013 年第 3 期，第 64~84 页。

11. 胡琨：《金融与货币一体化背景下欧洲中央银行的转型与创新》，《欧洲研究》2015 年第 2 期，第 81~95 页。

12. 李旦：《戴高乐主义与第五共和政体——法国政治"不能承受的轻和重"?》，《欧洲研究》2017 年第 4 期，第 99~114 页。

13. 李少军：《国际关系研究与诠释学方法》，《世界经济与政治》2006 年第 10 期，第 4、7~13 页。

14. 李晓、丁一兵：《欧洲货币一体化的推动力与大国关系》，《学习与探索》2007 年第 5 期，第 146~151 页。

15. 李巍、邓允轩：《德国的政治领导与欧债危机的治理》，《外交评论》2017 年第 6 期，第 74~104 页。

16. 李志祥、张应语、薄晓东：《法国国有企业的改革实践及成效》，《经济与管理研究》2007 年第 7 期，第 84~88 页。

17. 凌建勋、凌文辁、方俐洛：《深入理解质性研究》，《社会科学研究》2003 年第 1 期，第 151~153 页。

18. 刘立群：《德法对欧洲一体化目标之争评析》，《德国研究》2001 年第 3 期，第 4~9 页。

19. 刘靓：《试论德法关系与欧洲一体化进程》，《法国研究》2013 年第 4 期，第 23~27 页。

20. 刘作奎、张伟：《史海回眸：法德化解百年恩》，《环球时报》2003 年 10 月 27 日，第 11 版。

21. 陆婷：《法德如何"重塑欧洲"》，《环球》2018 年第 7 期。

22. 马尧：《"魏玛三角"加强合作——德法波举行首次首脑会晤》，《世界知识》1998 年第 6 期，第 3~5 页。

23. 熊炜：《"借权威"与妥协的领导——德法合作的欧盟领导权模式》，《世界经济与政治》2018 年第 6 期，第 30~50 页。

24. 王黎：《困境中的欧盟更需要法德轴心作用》，《人民论坛·学术前沿》2019 年第 6 期，第 53~59 页。

25. 王朔、周谭豪：《对法国当前"疲弱症"的看法》，《现代国际关系》2016 年第 7 期，第 37~43、50 页。

26. 王振华：《德法英三角关系的新变化》，《世界经济与政治》1995 年第 10 期，第 55~59 页。

27. 吴友法、梁瑞平：《论二战后阿登纳德法和解思想的产生及意义》，《武汉大学学报》（人文科学版）2001 年第 6 期，第 683~691 页。

28. 吴志成、杨娜：《欧盟共同外交与安全：大国态度的比较分析》，《欧洲研究》2006 年第 2 期，第 82~93、159 页。

29. 伍贻康：《法德轴心与欧洲一体化》，《欧洲》1996 年第 1 期，第 34~42 页。

30. 伍慧萍：《德法轴心的基础与欧洲的未来》，《文汇报》2013 年 5 月 27 日，第 10 版，https：//news. tongji. edu. cn/classid-16-newsid-39159-t-show. html。

31. 徐莉：《大学校长领导力的适应性组织情境分析——基于管理与

领导的区别视角》，《当代教育》2011 年第 9 期，第 11~13 页。

32. 闫磊：《欧盟欲提高欧元地位，多措施去美元化》，《经济参考报》，2018 年 9 月 14 日，http：//jjckb. xinhuanet. com/2018 - 09/14/c_137466777. htm.

33. 姚百慧：《阿登纳戴高乐实现法德和解》，《环球时报》2007 年 3 月 26 日，第 13 版。

34. 姚勤华、戴轶尘、朱雯霞：《从"魏玛三角"到"波兰现象"——欧盟东扩与整合中的利益博弈》，《现代国际关系》2004 年第 5 期，第 1~6 页。

35. 叶江：《欧债危机对欧洲联盟深层次影响探析》，《国际展望》2014 年第 4 期，第 117~133、153~154 页。

36. 于芳：《德国作为"欧洲的联合领导力量"——基于国际角色演变根源的分析》，《德国研究》2018 年第 4 期，第 66~77、141~142 页。

37. 张健：《德法合作与〈单一欧洲法令〉的签订》，《湖北大学学报》（哲学社会科学版）2002 年第 6 期，第 25~30 页。

38. 张健：《德法特殊关系：变化与前景》，《现代国际关系》2004 年第 9 期，第 29~34 页。

39. 张健雄：《从〈稳定与增长公约〉的执行危机看欧元体制的缺陷》，《中国金融》2005 年第 11 期，第 63~65 页。

40. 张骥：《欧债危机中法国的欧洲政策——在失衡的欧盟中追求领导》，《欧洲研究》2012 年第 5 期，第 2、29~45 页。

41. 张骥：《开放的独立外交——2017 年法国总统大选与马克龙政府的外交政策》，《欧洲研究》2017 年第 5 期，第 8、113~127 页。

42. 赵俊杰：《难民危机：默克尔的滑铁卢?》，《世界知识》2016 年第 20 期，第 55~56 页。

43. 郑春荣、范一杨：《特朗普执政以来德国对美政策的调整：背景、内容与特点》，《同济大学学报》（社会科学版）2018 年第 4 期，第 37~47 页。

44. 郑春荣、张凌萱：《法德轴心"重启"的限度探析》，《欧洲研究》2019 年第 6 期，第 1~21、165 页。

45. 周弘：《欧洲三大顽症待解》，《人民日报》第 005 版，2016 年 11 月 13 日。

会议发言

1. 崔洪建：《"后默克尔时代"与欧洲一体化》，中国社科院欧洲所 2018 年德国形势研讨会，北京，2018 年 11 月 23 日。

2. 潘兴明：《中东欧地区特殊性的历史解读》，"16＋1"合作与中东欧问题研究学术研讨会，上海，2018 年 6 月 14 日。

外文文献

专著

1. Balassa, Bela, *The Theory of Economic Integration* (*Routledge Revivals*), London：Routledge, 2012, 1 ed.

2. Bastasin, Carlo, *Saving Europe*, Washington D. C.：Brookings, 2012.

3. Burns, James M.：*Leadership*, New York：Harper Perennial Political Classic, 2010.

4. Cogan, Charles G., *Charles de Gaulle：A Brief Biography with Documents*, Boston：St. Martin's Press, 1996.

5. De Gaulle, Charles, *Le fil de l'épée*, Paris：Berger-Levrault, 1932.

6. De Gaulle, Charles, *Memoiren der Hoffnung. Die Wiedergeburt 1958－1962*, Wien：Molden, 1971.

7. De Staël-Holstein, Anne Louise Germaine, *Of Germany*, translated from the French, London：C. Baldwin, 1813.

8. Easton, David, *A Systems Analysis of Political Life*, New York：John Wiley & Sons, 1965.

9. Elcock, Howard, *Political Leadership* (New Horizons in Public Policy), Cheltenham: Edward Elgar Publishing, 2001.

10. Friend, Julius W. , *The Linchpin: French-German Relations* 1950 – 1990, New York: Praeger, 1991.

11. Friend, Julius W. , *Unequal Partners: French-German Relations 1989–2000*, Westport: Praeger, 2001.

12. Gerbet, Pierre, *La construction de l'Europe*, Paris: Imprimerie nationale, 1999, 3rdedn.

13. Genscher, Hans-Dietrich, *Erinnerungen*, Berlin: Siedler, 1995.

14. Gueldry, Michel R. , *France and European Integration: Toward a Transnational Polity?* Westport: Praeger Publishers, 2001.

15. Harnisch, Sebastian/Schild, Joachim (Hrsg.), *Deutsche Außenpolitik und internationale Führung: Ressourcen, Praktiken und Politiken in einer veränderten Europäischen Union*, Baden-Baden: Nomos Verlag, 2014.

16. Haas, Ernst B. , *The Uniting of Europe; Political, Social, and Economic Forces 1950–1957*, Stanford: Stanford University Press, 1958.

17. Haan, Jacob de/Oosterloo, Sander/Schoenmaker, Dirk, *European Financial Markets and Institutions*, Cambridge: Cambridge University Press, 2009.

18. Hellmann, Rainer, *Das Europäische Währungssystem*, Baden-Baden: Nomos Verlag, 1979.

19. Hentschelmann, Kai, *Der Stabilitäts-und Wachstumspakt*, Baden-Baden: Nomos Verlagsgesellschaft, 2009.

20. Hendriks, Gisela/Morgan, Annette, *The Franco-German Axis in European Integration*, Cheltenham: Elgar, 2001.

21. Hersey, Paul H. /Blanchard, Kenneth H. /Johnson, Dewey E. , *Management of Organizational Behavior. Leading Human Resources* (10*th* Edition), London: Pearson, 2012.

22. Jochimsen, Reimut, *Perspektiven der Europäischen Wirtschafts-und Währungsunion*, Köln, 1994.

23. Kleinheyer, Norbert, *Die Weiterentwicklung des Europäischen Währungssystems*, Berlin: Duncker & Humblot, 1987.

24. Kotter, John P., *Leading Change*, Boston: Harvard Business School Press, 1996.

25. Krotz, Ulrich/Schild, Joachim, *Shaping Europe: France, Germany and Embedded Bilateralism from the Elysée Treaty to Twenty-First Century Politics*, New York: Oxford University Press, 2013.

26. Lorenz, Sebastian/Machil, Marcel (Hrsg.), *Transatlantik: Transfer von Politik, Wirtschaft und Kultur*, Opöaden/Wiesbaden: Westdeutscher Verlag, 1999.

27. Molle, Willem, *The Economics of European Integration (Theory, Practice, Policy)*, Aldershot: Dartmouth Publishing Company Limited, 1990.

28. Monnet, Jean, *Mémoires*, Paris: Fayard, 1976.

29. McNabb, David E., *Research Methods for Political Science*, Armonk, New York and London: M. E. Sharpe, 2004.

30. Münkler, Herfried, *Macht in der Mitte. Die neuen Aufgaben Deutschlands in Europa*, Hamburg: Körber-Stiftung, 2015.

31. Nye, Joseph S., *Bound to lead. The changing nature of American power*, New York: Basic Books, 1990.

32. Ohr, Renate, *Fit für die Prüfung: Europäische Integration: Lernbuch*, München: UTB, 2013.

33. Pedersen, Thomas, *Germany, France and the Integration of Europe. A Realist Interpretation*, London & New York: Pinter, 1998.

34. Ricardo, David, *On the Principles of Political Economy and Taxation*, Kitchener: Batoche Books printed 2001, 1821, 3 ed.

35. Saint-Pierre, Charles Irénée Castel de, *Mémoires pour rendre la paix*

perpetuelle en Europe (*éd.* 1711), Paris: Hachette Livre BNF, 2018.

36. Sarkozy, Nicolas, *Témoignage*, Paris: XO, 2006.

37. Schmidt, Manfred G. , *Wörterbuch zur Politik*, Stuttgart: Alfred Kröner Verlag, 2004, Zweite vollständig überarbeitete und erweiterte Auflage.

38. Schöllgen, Gregor, *Die Außenpolitik der Bundesrepublik Deutschland. Von den Anfängen bis zur Gegenwart*, Bonn: die Lizenzausgabe für die Bundeszentrale für Politische Bildung, 1999.

39. Schuker, Stephen A. (Hrsg.), *Deutschland und Frankreich-vom Konflikt zur Aussöhnung. Die Gestaltung der westeuropäischen Sicherheit 1914 – 1963*, München (Oldenbourg), 2000.

40. Schütz, Marcel/Bull, Finn-Rasmus, *Unverstandene Union-Eine organisationswissenschaftliche Analyse der EU*, Wiesbaden: Springer VS, 2017.

41. Schwarz, Hans-Peter, *Helmut Kohl. Eine politische Biographie*, München: Deutsche Verlagsanstalt, 2012.

42. Seidendorf, Stefan (Hrsg.), *Deutsch-Französische Beziehungen als Modellbaukasten? Zur übertragbarkeit von Aussöhnung und strukturierter Zusammenarbeit*, Baden-Baden: Nomos Verlagsgesellschaft, 2012.

43. Selznick, Philip, *Leadership in Administration. A Sociological Interpretation*, London: University of Califonia Press Group Lt, 1957.

44. Siedentopf, Heinrich/Speer, Benedikt (Hrsg.), *Deutschland und Frankreich in der europäischen Integration*: ' Motor ' oder ' Blockierer ', Berlin: Duncker & Humblot, 2010.

45. Simonian, Haig, *The Privileged Partnership: Franco-German Relations in the European Community, 1969 – 1984*, New York: Clarendon Press of Oxford University Press, 1985.

46. Tsebelis, George, *Veto Players. How Political Institutions Work*, Princeton: Princeton University Press, 2002.

47. Vroom, Victor H./Yetton, Phillip W., *Leadership and Decision-Making*, Pittsburgh: University of Pittsburgh Press, 1973.

48. Weber, Max, *Wirtschaft und Gesellschaft*, Tübingen: Mohr Siebeck, 1980.

49. Webber, Douglas, *The France-German Relationship in the European Union*, London and New York: Routledge, 1999.

50. Weske, Simone, *Deutschland und Frankreich-Motor einer Europäischen Sicherheits-und Verteidigungspolitik?* Baden-Baden: Nomos Verlagsgesellschaft, 2016.

51. Wiegel, Michaela, *Emmanuel Macron: Ein Visionär für Europa-eine Herausforderung für Deutschland*, München: Europa Verlag, 2018.

52. Wrong, Dennis Hume, *Power, Its Forms, Bases, and Uses*, New York: Harper and Row, 1979.

53 三隅二不二『新しいリーダーシップ：集団指導の行動科学』、東京：ダイヤモンド社、1976。

期刊文章

1. Adenauer, Konrad, “24. März 1946: Rede in der Aula der Universität zu Köln”, in *Schriftenreihe der Christlich Demokratischen Union des Rheinlandes. Heft 8. Köln o. J*, https://www. konrad-adenauer. de/dokumente/reden/1946-03-24-uni-koeln.

2. Afhüppe, Sven/Berschens, Ruth, “Berlin gegen Euro-Bonds”, in *Handelsblatt*, 06. 12. 2010, https://www. handelsblatt. com/politik/international/schuldenkrise-berlin-gegen-euro-bonds/3656574. html.

3. Balladur, Edouard, “Mémorandum sur la construction monétaire européenne”, in *Ecu, revue trimestrielle* 3, 1988.

4. Baumann, Meret, Polen und Ungarn gegen den Rest der EU, in *Neue Zürcher Zeitung*, 14. 05. 2018, https://www. nzz. ch/international/polen-

und-ungarn-gegen-den-rest-der-eu-ld. 1385716.

5. Bibow, Jörg, "The Euroland Crisis and Germany's Euro Trilemma", in *International Review of Applied Economics*, Vol. 27, No. 3, 2013, pp. 377-378.

6. Bernd, Ulrich, "Angela Merkel Neudefinition von Führungsstärke", Carnegie Europe, 22. 09. 2017, https://carnegieeurope. eu/2017/09/22/de-pub-73198.

7. Berschens, Ruth, "EU-Gipfel: Merkel und Sarkozy dringen auf Wirtschaftsregierung", in *Handelsblatt*, 17. 12. 2010, http://www. handelsblatt. com/politik/deutschland/eu-gipfel-merkel-und-sarkozy-dringen-auf-wirtschaftsregierung/3740956. html.

8. Berschens, Ruth/Hildebrand, Jan/Hanke, Thomas, "Deutschland und Frankreich nähern sich bei der Reform der Euro-Zone an", in *Handelsblatt*, 13. 06. 2018, https://www. handelsblatt. com/politik/international/europaeische-union-deutschland-und-frankreich-naehern-sich-bei-der-reform-der-euro-zone-an/22680442. html? ticket = ST − 2141873 − khrG1b4R-AAABCESDo3vw-ap2.

9. Black, Jeff/Buergin, Rainer, "Weidmann Says ECB Council Skepticism About Bond Buys Growing", 15. 12. 2011, in *Bloomberg. com*, https://www. bloomberg. com/news/articles/2011 − 12 − 14/weidmann-says-ecb-council-growing-more-skeptical-about-bond-buys.

10. Braunberger, Gerald/Ruhkamp, Stefan, "Bundesbank kritisiert Beschluss offen", in *FAZ. net*, 06. 09. 2012, https://www. faz. net/aktuell/wirtschaft/wirtschaftspolitik/ezb-staatsanleihekaeufe-bundesbank-kritisiert-beschluss-offen−11881725. html.

11. Brigouleix, Bernard, "The Franco-German Cement of the EC Edifice", in *European Affairs* 3, 1987.

12. Bundeszentrale für politische Bildung, "Deutsch-Französischer

Motor", https：//www. bpb. de/nachschlagen/lexika/das-europalexikon/176782/deutsch-franzoesischer-motor.

13. Busse, Nikolas, "Gnadenlos mit allen Mitteln", in *Frankfurter Allgemeine Zeitung*, Nr. 107, 09. 05. 2010, p. 6.

14. C. C. /Delacroix, Guillaume, "Mini-sommetà quatre à Rome pour déminer les négociations européennes", in *Les Echos*, Nr. 21211, 22. 06. 2012, p. 10.

15. Chrisafis, Angelique, "François Hollande：look past austerity or risk falling out of love with Europe", in *The Guardian*, 17. 10. 2012, in https：// www. theguardian. com/world/2012/oct/17/francois-hollande-interview-eu-france.

16. Cole, Alistair, "Franco-German Relations：From Active to Reactive Cooperation", S. 147 - 166, in Hayward, Jack (eds.), *Leaderless Europe*, Oxford：Oxford University Press, 2008.

17. De Royer, Solenn, "Emmanuel Macron, la technocratie au pouvoir", in *Le Monde*, 6. 11. 2017, http：//www. lemonde. fr/politique/article/2017/11/06/emmanuel-macron-un-pouvoir-technocratique-a-distance-du-jeu-politique_5210654_823448. html.

18. Delhaes, Daniel, "Deutsch-französisches Prestigeprojekt zur KI-Forschung droht zu versanden", in *Handelsblatt*, 13. 08. 2018, https：// www. handelsblatt. com/politik/deutschland/kooperation-deutsch-franzoesisches-prestigeprojekt-zur-ki-forschung-droht-zu-versanden/22906856. html? ticket = ST-224938-Yq4Wr3UJSAyhe5jleTSM-ap6.

19. Demesmay, Claire, "Das deutsch-französische Tandem. Fünf Thesen auf dem Prüfstand", in *Internationale Politik* 3, Mai/Juni 2014, pp. 72-77.

20. Demesmay, Claire/Puglierin, Jana/Rappold, Julian, "Deutschland als europäische Führungsmacht：Die Sicht aus Frankreich, Griechenland und Polen", in *DGAP Analyse Nr.* 5, Juni 2017.

21. Demesmay, Claire/Puglierin, Jana, "Freude, schöner Götterfu-

nken. Wie der deutsch-französische Motor wieder auf Touren kommen kann",
01. 07. 2017, in *Internationale Politik* 4, Juli/August 2017, pp. 78–84.

22. Deubner, Christian, "Der deutsche und der französische Weg aus der
Finanzkrise", in *DGAPanalyse Frankreich* 2, 15. 04. 2011.

23. Docquiert, Jacques/Counis, Alexandre, "L'Europe veut se doter
d'un fonds d'assistance financière pour rassurer les marchés", in *Les Echos*,
Nr. 20674, 10. 05. 2010, p. 2.

24. Drost, Frank M. /Hildebrand, Jan, "Der große Zank. Frankreich
engagiert sich bei Bankenabgabe für die Großbanken, Deutschland kämpft für
Sonderrechte", in *Handelsblatt*, Nr. 81, 28. 04. 2014, p. 6 f.

25. Ducourtieux, Cécile/Stroobants, Jean-Pierre, "L'Europe 《 à
plusieurs vitesses》 divise Est et Ouest", in *Le Monde*, 10. 03. 2017,
https：//www. lemonde. fr/europe/article/2017/03/10/l-europe-a-plusieurs-
vitesses-divise-est-et-ouest_5092464_3214. html.

26. Duverger, Maurice, "A New Political System Model: Semi-
Presidential Government", in *European Journal of Political Research*, Vol. 8,
Issue 2, 1980, pp. 165–187.

27. Eder, Florian, "Bankenaufsicht: Deutschland sträubt sich gegen
Frankreichs Pläne", in *Die Welt*, 04. 12. 2012, https：//www. welt. de/
wirtschaft/article111807714/Deutschland-straeubt-sich-gegen-Frankreichs-Plaene.
html.

28. Fehr, Mark, "Der Schutz der Sparer wird zum politischen
Spielball", 13. 04. 2018, https：//www. wiwo. de/finanzen/geldanlage/einlag-
ensicherung-der-schutz-der-sparer-wird-zum-politischen-spielball/21170506. html.

29. Feld, Lars P. , "Europa in der Welt von heute", in *FAZ. net*,
16. 02. 2012, https：//www. faz. net/aktuell/wirtschaft/schuldenkrise-europa-
in-der-welt-von-heute-11651722. html.

30. Feldman, Lily G. , "The Principles and Practice of, Reconciliation

'in German Foreign Policy: Relations with France, Israel, Poland and the Czech Republic", in *International Affairs*, Vol. 75, No. 2, Apr. 1999, pp. 333-356.

31. Fieber, Marco, "Die Achse Warschau-Budapest hat die EU im Griff-doch das Bündnis kann ausgerechnet für Polen gefährlich werden", in *HuffPost*, 31. 07. 2017, https://www. huffingtonpost. de/2017/07/31/achse-warschau-budapest_n_17640810. html.

32. Fiedler, Fred E. , "The Contingency Model: A Theory of Leadership Effectiveness", p. 370, in John M. , Levine/Moreland, Richard L. (eds.), *Small Groups (Key Readings in Social Psychology)*, London: Routledge, Psychology Press, 2006, pp. 369-380.

33. Fischer, Joschka, "Vorstellungen zu den bilateralen Beziehungen und zur Europapolitik", Paris, 20. 01. 1999.

34. Fleming, Marcus, "Domestic financial policies under fixed and floating exchange rates", in *IMF Staff Papers* 9, 1962, pp. 369-379.

35. Fliegauf, Mark T. /Kießling, Andreas/Novy, Leonard, " Leader und Follower-Grundzüge eines inter-personalen Ansatzes zur Analyse politischer Führungsleistung", pp. 410 - 415, in *Zeitschrift für Politikwissenschaft*, 18 (2008), pp. 399-421.

36. Fohrmann, Oliver, " Nur keine Inflation Stabilitätskultur aus französischer und deutscher Sicht", in *Dokumente/Documents*, 2/2012, pp. 17-19.

37. Gallen, Claire/Jaigu, Charles, "Euro: le pacte franco-allemand discuté en mars", in *Le Figaro*, Nr. 20687, 05. 02. 2011, p. 22.

38. Gammelin, Cerstin, "Genug gespart, Kanzlerin", in *Süddeutsche Zeitung*, Nr. 6, 09. 01. 2012, p. 2.

39. Genscher, Hans-Dietrich, " Memorandum für die Schaffung eines europäischen Währungsraumes und einer Europäischen Zentralbank", in

Europäische Zeitung, 1988.

40. Greenstein, Fred I. , "Can Personality and Politics Be Studied Systematically?", in *Political Psychology*, Vol. 13, No. 1. Mar. , 1992.

41. Hanke, Thomas, "Asylstreit in der Union macht Macron nervös", in *Handelsblatt*, 14. 06. 2018, https://www. handelsblatt. com/meinung/kommentare/kommentar-asylstreit-in-der-union-macht-macron-nervoes/226831 62. html? ticket = ST-133991-heyCLjVgVGZQvD4D91mt-ap2.

42. Harnisch, Sebastian, "Deutsche Führung in der internationalen Gesellschaft", in Harnisch, Sebastian/Schild, Joachim (Hrsg.), *Deutsche Außenpolitik und internationale Führung*: *Ressourcen, Praktiken und Politiken in einer veränderten Europäischen Union*, Baden-Baden: Nomos Verlag, 2014, pp. 17-55.

43. Harnisch, Sebastian, "The myth of German hegemony: assessing international leadership roles of the Merkel governments", Paper presented at the 2017 annual conference of the International Studies Association, Baltimore, February 21-25th 2017.

44. Hausner, Karl H. , "Der neue Stabilitäts-und Wachstumspakt und die deutsche Staatsverschuldung", in *Wirtschaftsdienst* 2005 · 4, pp. 238-243.

45. Helms, Ludger, "Leadership-Forschung als Demokratiewissenschaft", in *APUZ* 2 - 3/2010, 22. 12. 2009, http://www. bpb. de/apuz/33020/leadership-forschung-als-demokratiewissenschaft? p = all # footnodeid _ 2-2.

46. Hilz, Wolfram, "Getriebewechsel im europäischen Motor: Von, Merkozy'zu, Merkollande'?" in *APUZ* 1 - 3/2013, 19. 12. 2012, http://www. bpb. de/apuz/152066/von-merkozy-zu-merkollande? p = all.

47. Hoffmann, Stanley, "La France dans le nouvel ordre européen", In *Politique étrangère*, n°3-1990-55°année, pp. 503-512.

48. Honoré, Renaud, "Nouvel affrontement franco-allemand en vue sur

le dossier de l'Union bancaire", in *Les Echos*, Nr. 21332, 12. 12. 2012, p. 27.

49. House, Robert/Mitchell, Terence R. , "Path-goal theory of leadership", in *Journal of Contemporary Business*, 3: pp. 1–97, 1974.

50. Ioannou, Theo, "Strauss-Kahn: Papandreou asked for IMF in 2009", in *The TOC*, 17. 05. 2014, http://www. thetoc. gr/eng/news/article/strauss-kahn-papandreou-asked-for-imf-in-2009.

51. Joffe, Josef, "Mario Monti: 'Ich bin wirklich für Haushaltsdisziplin'", in *Zeit Online*, 25. 01. 2013, https://www. zeit. de/wirtschaft/2013-01/monti-davos.

52. Juncker, Jean-Claude/Tremonti, Giulio, "E-bonds would end the crisis", in *Financial Times*, Montagsausgabe, 05. 12. 2010, http://www. astrid-online. it/static/upload/protected/Junc/Juncker-Tremonti. pdf.

53. Kafsack, Hendrik, "Frankreich gegen schärferen Stabilitätspakt", in *Frankfurter Allgemeine Zeitung*, Nr. 205, 03. 09. 2011, p. 14.

54. Kafsack, Hendrik/Stabenow, Michael, "Euro-Staaten schließen Wirtschaftspakt", in *Frankfurter Allgemeine Zeitung*, Nr. 30, 05. 02. 2011, pp. 1 und 11.

55. Kempin, Ronja, "Schnellschüsse gefährden EU-Sicherheitspolitik", Berlin: SWP, 04. 07. 2016, https://www. swp-berlin. org/kurz-gesagt/schnellschuesse-gefaehrden-eu-sicherheitspolitik/.

56. Kenen, Peter, "The Theory of Optimum Currency Areas: An Eclectic View", in R. Mundell, A. Swoboda (Hrsg.), *Monetary Problems of the International Economy*, Chicago/London, 1969, pp. 41–59.

57. Kimmel, Adolf, "Das deutsch-französische Paar in der erweiterten Europäischen Union", pp. 165–166, in Lothar Albertin (Hrsg.), *Deutschland und Frankreich in der Europäischen Union. Partner auf dem Prüfstand*, Tübingen: Narr Francke Attempo, 2010, pp. 148–166.

58. Korteweg, Rem, "Why a new Hanseatic League will not be enough", in *The Clingendael Spectator*, 09. 07. 2018, https：//spectator. clingendael. org/en/publication/why-new-hanseatic-league-will-not-be-enough.

59. Kramer, Steven P. , "The End of French Europe?", in *Foreign Affairs*, July/August 2006 Issue, https：//www. foreignaffairs. com/articles/europe/2006-07-01/end-french-europe.

60. Krotz, Ulrich/Schild, Joachim, "Back to the future? Franco-German bilateralism in Europe's post-Brexit union", in *Journal of European Public Policy*, Vol. 25, No. 8, pp. 1174-1193.

61. Le Drian, Jean-Yves/Maas, Heiko, "Wer, wenn nicht wir?", in *Süddeutscher Zeitung*, 14. 02. 2019, https：//www. sueddeutsche. de/politik/gastbeitrag-wer-wenn-nicht-wir-1. 4326103.

62. Le Gloannec, Anne-Marie, "Mitterrand et l'Allemagne", in *French Politics and Society*, 9/3-4.

63. Lemaître, Frédéric/Revault d'Allonnes, David/Ricard, Philippe, "Le plan de Hollande pour l'Europe", in *Le Monde*, Nr. 20964, 15. 06. 2012, pp. 1, 3.

64. Leparmentier, Arnaud/Ricard, Philippe, "L'Europe se contente d'un soutien politique à la Grèce", in *Le Monde*, Nr. 20235, 13. 02. 2010, p. 9.

65. Lübkemeier, Eckhard, "Führung ist wie Liebe. Warum Mit-Führung in Europa notwendig ist und wer sie leisten kann", Berlin：SWP-Studien, 2007.

66. Magdin, Radu, "Mein Europa：Finden Macron und Osteuropa einen gemeinsamen Kurs?" in *Deutsche Welle*, 13. 10. 2018, https：//www. dw. com/de/mein-europa-finden-macron-und-osteuropa-einen-gemeins-amen-kurs/a-45857780.

67. McKinnon, Ronald I. , "Optimum Currency Areas", in *The*

American Economic Review, Vol. 53, 1963, pp. 717-724.

68. Moravcsik, Andrew, "Taking Preferences Seriously: A Liberal Theory of International Politics", in *International Organization*, Vol. 51 (4), 1997, pp. 513-553.

69. Moravcsik, Andrew, "Preferences and Power in the European Community. A liberal Intergouvernmentalist approach", in *Journal of Common Market Studies*, Vol. 31 (4), 1993, pp. 473-524.

70. Mundell, Robert, "A Theory of Optimum Currency Areas", in *The American Economic Review*, Vol. 51, No. 4, 1961, pp. 657-665.

71. Mundell, Robert, "Capital mobility and stabilization policy under fixed and flexible exchange rates", In *Canadian Journal of Economic and Political Science*, Vol. 29, 1962, pp. 475-485.

72. Paravicini, Giulia, "Angela Merkel: Europe Must Take 'Our Fate' into Own Hands", in *Politico*, 28.05.2017, https://www. politico. eu/article/angela-merkel-europe-cdu-must-take-its-fate-into-its-own-hands-elections-2017/.

73. Rettman, Andrew, "Germany and France lead EU budget concerns", in *EUobserver*, 03.05.2018, https://euobserver. com/economic/141740.

74. Ricard, Philippe, "Une aide sans précédent pour sauver la Grèce et l'euro", in *Le Monde*, Nr. 20302, 04.05.2010, p. 12.

75. Saint-Paul, Patrick, "Entre Merkel et Hollande, des désaccords de fond", in *Le Figaro*, Nr. 21077, 08.05.2012, p. 9.

76. Schäuble, Wolfgang, "Anmerkungen zu den jüngsten griechischen Vorschlägen", in *Handelsblatt*, 07.12.2015, https://www. handelsblatt. com/politik/international/schaeubles-griechenland-papier-im-wortlaut-anmerkungen-zu-den-juengsten-griechischen-vorschlaegen/12044368. html.

77. Schild, Joachim, "Leadership in Hard Times: France, Germany and the Management of the Eurozone Crisis", in *German Politics & Society*, Vol. 31, No. 1 (106), 2013, pp. 24-47.

78. Schlötzer, Christiane/Brössler, Daniel/Hulverscheidt, Claus, "Merkel und Sarkozy streiten über Euro-Rettung", in *Süddeutsche Zeitung*, Nr. 138, 17. 06. 2011, p. 1.

79. Schmidt, Manfred G. , " The Impact of Political Parties, Constitutional Structures and Veto Players on Public Policy", in Keman, Hans (ed.): *Comparative Democratic Politics*, London: SAGE Publications Ltd, 2002.

80. Schoenmaker, Dirk, "Central Banks and Financial Authorities in Europe: What Prospects?", in Masciandaro, Donato (eds.), *Handbook of Central Banking and Financial Authorities in Europe: New Architectures in the Supervision of Financial Markets*, Cheltenham: Edward Elgar, 2005.

81. Schwarzer, Daniela, "Der traditionelle Zankapfel: Deutschland und Frankreich streiten über Wirtschafts-und Haushaltspolitik", in *bpb*, http: // www. bpb. de/internationales/europa/frankreich/152434/wirtschafts-und-haus-haltspolitik, 21. 01. 2013.

82. Schwarzer, Daniela, " Deutschland und Frankreich-Duo ohne Führungswillen. Das bilaterale Verhältnis in der erweiterten Europäischen Union", Berlin: *SWP Studie*, 2006.

83. Schwarzer, Daniela, "Deutschland und Frankreich und die Krise im Euro-Raum", p. 32, in *APuZ* 1-3/2013, pp. 30-36.

84. Schwarzer, Daniela, " Nationalismus dient nicht der Nation: Deutschland sollte auf Macrons Europa-initiative offen und entschieden reagieren", in *DGAP Standpunkt*, 27. 09. 2017, https: //dgap. org/system/files/article_pdfs/2017-11-dgapstandpunkt_0. pdf.

85. Schwarzer, Daniela, "Spannungen im Club der 13-Reform-bedarf der Eurozone", in *Internationale Politikanalyse*, Bonn: Friedrich-Ebert-Stiftung, März 2007, https: //library. fes. de/pdf-files/id/04339. pdf.

86. Seidendorf, Stefan, " Brexit! -Europa am Scheideweg. Das deutsch-

französische Paar vor einer historischen Herausforderung", in *dfi aktuell*, Ausgabe 3, 2016.

87. Schnells, Sinah, *Deutschland und Frankreich im Krisenmanagement der Eurozone Kompromisse trotz unterschiedlicher Präferenzen?* Dissertation zur Erlangung des akademischen Graden Doktors der Politikwissenschaft, Berlin, 19. 10. 2016, https: //refubium. fu-berlin. de/bitstream/handle/fub188/11540/ Schnells_Sinah_Dissertation. pdf? sequence = 1.

88. Sikorski, Radek, "Poland and the future of the European Union", Grundsatzrede, Berlin, 28. 11. 2011.

89. Simantke, Elisa, "Pavlos Haikalis: 'Merkel ist wie Hitler'", in *Der Tagesspiegel*, 18. 07. 2015, https: //www. tagesspiegel. de/politik/neuer-minister-im-griechischen-kabinett-pavlos-haikalis-merkel-ist-wie-hitler/113122 34. html.

90. Simmank, Jakob, "Angela Merkels Führungsstil ist die einzige Chance für Europa", in *Zeit Online*, 02. 07. 2018, https: //www. zeit. de/wissen/ 2018-07/regierungskrise-angela-merkel-fuehrungsstil-psychologe-dieter-frey.

91. Smith-Meyer, Bjarke, "Brussels decides against fining Portugal, Spain", in *Politico*, 27. 07. 2016, https: //www. politico. eu/article/no-fines-for-portugal-spain-over-budget-failures-european-commission-deficit/.

92. Stewart, Patrick, "The Unruled World. The Case for Good Enough Global Governance", in *Foreign Affairs*, vol. 93, no. 1 (Jan-Feb 2014), 16. 07. 2017, https: //www. foreignaffairs. com/articles/2013 - 12 - 06/unruled-world.

93. Tardis, Mathieu, "Zwischen Abschottung und Ambitionen. Arbeiten Deutschland und Frankreich in der europäischen Flüchtlingskrise zusammen?", in *DGAP analyse*, 7/2016, 19. 07. 2016.

94. Traynor, Ian, "France and Germany hijack strict new eurozone budget regime", in *The Guardian*, 19. 10. 2010, https: //www. theguardian. com/

business/2010/oct/19/france-and-german-hijack-euro-budget-rules.

95. Tsebelis, George, "Decision Making in Political Systems: Veto Players in Presidentialism, Parliamentarism, Multicameralism and Multipartyism", *British Journal of Political Science*, Vol. 25, No. 3, 07. 1995, pp. 289-325.

96. Uterwedde, Henrik, "Bilateralismus und europäische Integration: die gewandelten Erfolgsbedingungen der deutsch-französischen Kooperation", in Siedentopf, Heinrich/Speer, Benedikt (Hrsg.), *Deutschland und Frankreich in der europäischen Integration:, Motor 'oder, Blockierer '*, Duncker & Humblot, Berlin, 2010, pp. 183-196.

97. Uterwedde, Henrik, "Ein Europa, zwei Visionen? Deutsche und französische Leitbilder der europäischen Wirtschafts-und Währungsunion", p. 162, in *Osnabrücker Jahrbuch Frieden und Wissenschaft*, Bd. 19, pp. 153-166. Volkery, Carsten, "EU-Wachstumsrhetorik. Der Mogelpakt", in *Spiegel Online*, 27. 06. 2012, http://www.spiegel.de/wirtschaft/soziales/eu-wachstumspakt-von-merkel-und-hollande-ist-eine-mogelpackung-a-841040.html.

98. Wallace, Helen, "The Conduct of Bilateral Relationship by Governments", in Morgan, Roger/Bray, Caroline (Eds.), *Partners and Rivals in Western Europe: Britain, France and Germany*, Hants: Gower Publishing Company, 1986, pp. 136-155.

99. Weidenfeld, Werner: "Die Bilanz der Europäischen Integration 2017", in Weidenfeld, Werner/Wessels, Wolfgang (Hrsg.): *Jahrbuch der Europäischen Integration* 2017, Baden-Baden: Nomos Verlag, 2017.

主要参考网站

1. 人民网: http://www.people.com.cn。

2. 新华网: http://www.xinhuanet.com。

3. 德国联邦政府网站：https：//www. bundesregierung. de。

4. 德国财政部网站：https：//www. bundesfinanzministerium. de/Web/DE/Home/home. html。

5. 德国外交部网站：https：//www. auswaertiges-amt. de/de/。

6. 德国联邦经济与能源部网站：https：//www. bmwi. de/Navigation/DE/Home/home. html。

7. 法国外交与欧洲事务部网站：https：//www. diplomatie. gouv. fr/de/。

8. 法国公共舆论研究所网站（Ifop）：https：//www. ifop. com。

9. 欧盟委员会网站：https：//ec. europa. eu/info/index_de。

10. 欧洲理事会/欧盟理事会网站：https：//www. consilium. europa. eu/de/。

11. 欧洲中央银行网站：https：//www. ecb. europa. eu/home/html/index. en. html。

12. 欧洲统计局网站：https：//ec. europa. eu/eurostat。

13. 德国联邦统计局网站：https：//www. destatis. de/DE/Home/_inhalt. html。

14. 德法研究所网站：https：//www. dfi. de。

15. 德法合作门户网站：https：//www. france-allemagne. fr/-France-. html。

16. 欧洲新闻与政策辩论网站（EurActiv）：http：//www. euractiv. com/en。

17. 欧盟法律及相关文件网站（EUR-Lex）：http：//eur-lex. europa. eu/en/index. htm。

18. 欧洲虚拟知识中心网站（CVCE）：https：//www. cvce. eu。

外文首字母缩略词表

AfD：Alternative für Deutschland（德国选择党）

BICC：Budgetary Instrument for Convergence and Competitiveness（促进竞争力和趋同性预算工具）

COREPER：Comité des représentants permanents（欧盟成员国常驻代表委员会）

DFI：Deutsch-Französisches Institut（德法研究所）

DGS：Deposit Guarantee Scheme（存款担保计划）

EBA：European Banking Authority（欧洲银行业管理局）

ECOFIN：Der Rat "Wirtschaft und Finanzen"（欧盟经济与金融事务理事会）

EDIS：European Deposit Insurance Scheme（欧洲存款保险计划）

EFSM：Europäischer Finanzstabilisierungsmechanismus（欧洲金融稳定机制）

EFSF：Europäische Finanzstabilisierungsfazilität（欧洲金融稳定基金）

EGKS：Europäische Gemeinschaft für Kohle und Stahl（欧洲煤钢共同体）

EIOPA：European Insurance and Occupational Pensions Authority（欧洲保险与职业养老金管理局）

ERF：European Recovery Fund（欧洲复苏基金）

ERM：European Exchange Rate Mechanism（欧洲汇率机制）

ESFS：European System of Financial Supervision（欧洲金融监管体系）

ESM：Europäischer Stabilitätsmechanismus（欧洲稳定机制）

ESMA：European Securities and Markets Authority（欧洲证券与市场管理局）

ESRB：European Systemic Risk Board（欧洲系统性风险委员会）

EUV：Vertrag über die Europäische Union（《欧洲联盟条约》）

EWF：Europäischer Währungsfonds（欧洲货币基金）

EWKV：Europäischer Wechselkursverbund（欧洲汇率联合浮动机制）

EWS：Europäische Währungssystem（欧洲货币体系）

EWI：Europäisches Währungsinstitut（欧洲货币管理局）

EZB：Europäische Zentralbank（欧洲中央银行）

GDP：Gross Domestic Product（国内生产总值）

IMF：International Monetary Fund（国际货币基金组织）

LTROs：Longer-Term Refinancing Operations（长期再融资操作）

MFF：Multiannual Financial Framework（多年度财政框架）

OMK：Offene Methode der Koordinierung（开放式协调）

OMT：Outright Monetary Transactions（直接货币交易业务）

PESCO：Permanent Structured Cooperation（永久结构性合作）

SMP：Securities Markets Programme（证券市场计划）

SPV：Special Purpose Vehicle（特殊目的机构）

SRB：Single Resolution Board（单一清算委员会）

SRF：Single Resolution Fonds（单一破产清算基金）

SRM：Single Resolution Mechanism（单一清算机制）

SSM：Single Supervisory Mechanism（单一监管机制）

SURE：Support to mitigate Unemployment Risks in an Emergency（紧急情况失业风险援助金）

TARGET：Trans-European Automated Real-time Gross Settlement Express Transfer System（泛欧实时全额自动清算体系）

TLTROs：Targeted Longer-Term Refinancing Operations（定向长期再融资操作）

欧洲经货联盟发展大事记

- 1947 年 3 月：比利时、卢森堡和荷兰同意建立三国关税同盟，1948 年 1 月正式引入统一关税标准。

- 1950 年 5 月：时任法国外长罗伯特·舒曼发表宣言，建议设立共同的高级公署管理德国与法国的煤钢生产。

- 1950 年 7 月：由 14 个欧洲国家及土耳其参与的欧洲支付联盟成立。

- 1951 年 4 月：比利时、法国、联邦德国、意大利、卢森堡和荷兰在巴黎签署《欧洲煤钢联营条约》。

- 1955 年 8 月：部分欧洲的经合组织成员国签署《欧洲货币协定》，该协定于 1959 年取代欧洲支付联盟。

- 1957 年 3 月：《罗马条约》签署，欧洲经济共同体和欧洲原子能共同体成立。

- 1960 年 1 月：英国、丹麦、挪威、葡萄牙、瑞士、瑞典、奥地利七国在斯德哥尔摩签署《欧洲自由贸易联盟公约》。

- 1968 年 2 月：欧共体委员会副主席巴尔出台巴尔计划，以加强经济政策趋同。

- 1968 年 7 月：欧洲关税同盟正式完成。

- 1969 年 12 月：海牙政府首脑会议首次做出并通过了成立欧洲经济货币联盟的原则性决定。

- 1970 年 10 月：有关欧洲经货联盟发展的维尔纳计划出台。

- 1972 年 3 月：欧共体六创始国加上英国、爱尔兰、丹麦决定建立

"货币蛇"汇率联合浮动机制。

- 1979年3月：欧洲货币体系生效。

- 1981年11月，德国外长根舍与意大利外长科隆博在理事会会议上联合呼吁各国签署《欧洲法案》。

- 1988年1月：法国推出《巴拉迪尔备忘录》，阐明杜绝一国货币霸权的核心立场，并提出了设立单一货币区以及共同的中央机构与各成员国联邦银行的"双轨"方案。

- 1988年2月：根舍提出《创建欧洲货币区及欧洲中央银行备忘录》，以对《巴拉迪尔备忘录》予以支持和回应。

- 1989年6月：《德洛尔报告》在马德里政府首脑会议上获得原则性通过。

- 1991年12月：欧共体十二国在马斯特里赫特通过了由《政治联盟条约》和《关于欧洲经济货币联盟的马斯特里赫特条约》组成的《欧洲联盟条约》。

- 1992年9月：汇率浮动机制危机爆发，英镑和里拉相继退出该机制。

- 1994年1月：欧洲经货联盟进入第二阶段。

- 1997年6月：欧洲理事会决议通过了《阿姆斯特丹条约》。

- 1999年1月：欧元启动，欧洲货币联盟进入第三阶段，欧盟15国中有11国参与其中。

- 1999年5月：欧盟委员会提出《欧盟委员会金融服务行动计划》。

- 2001年1月：希腊加入欧元区。

- 2001年3月：拉姆法卢西框架正式启动。

- 2002年1月：欧元纸币和硬币正式进入流通。

- 2005年3月：各国首脑决议通过了改革后的《稳定与增长公约》。

- 2007年1月：斯洛文尼亚加入欧元区。

- 2008年1月：塞浦路斯和马耳他加入欧元区。

- 2009年1月：斯洛伐克加入欧元区。

- 2009 年 6 月：欧盟通过了《欧盟金融监管体系改革》草案。

- 2009 年 10 月：希腊新政府的财长帕帕康斯坦丁努将此前政府造假的赤字率上调至 10% 以上，市场反应强烈，希腊国债收益率飙升。

- 2010 年 3 月：欧元区领导人峰会决议同意将 IMF 确立为希腊救助计划的主要参与方。

- 2010 年 5 月 2 日：欧元区财长会议通过了 3 年期的 1100 亿欧元希腊救助计划。

- 2010 年 5 月 9 日：欧盟决议启动 7500 亿欧元救助资金，由欧洲金融稳定机制、欧洲金融稳定基金和国际货币基金组织共同承担，"欧元保护伞"机制建立。

- 2010 年 9 月：欧洲议会批准建立"三局一会"构成的泛欧金融监管体系。

- 2010 年 10 月 18 日：默克尔与萨科齐达成有关债务救助基本问题的《多维尔协议》。

- 2010 年 10 月 28~29 日：欧洲理事会通过了建立欧洲稳定机制的决议。

- 2010 年 12 月：欧元集团主席容克与意大利财长特雷蒙蒂在《金融时报》上联合撰文，呼吁成立欧洲债务署来发行欧元主权债券。该计划随后遭德法两国反对。

- 2011 年 1 月：爱沙尼亚加入欧元区。

- 2011 年 3 月："六部立法"正式出台，并于 2011 年 12 月 13 日生效。

- 2011 年 3 月 11 日：欧元区 18 国以及保加利亚、丹麦、拉脱维亚、立陶宛、波兰和罗马尼亚 6 国就签署《欧元附加公约》达成一致。

- 2011 年 3 月 24~25 日：欧洲理事会决定将 EFSF 的贷款额度提升至 4400 亿欧元；决议为《里斯本条约》第 136 条增加第 3 款。

- 2011 年 8 月："默科奇"致信范龙佩，呼吁增强欧元区内财政政策协调，使所有欧元区成员国在 2012 年秋季前将"债务刹车"条款落实到各国法律。

• 2011 年 10 月 19 日：由时任德国总理默克尔、法国总统萨科齐、欧元集团主席容克、国际货币基金组织总裁拉加德、欧洲央行行长特里谢及其继任者德拉吉、欧洲理事会主席范龙佩和欧盟委员会主席巴罗佐组成的"法兰克福回合"举行首次会晤，就危机救助问题进行小范围磋商。

• 2011 年 10 月 26 日：欧元区峰会会晤机制正式确立。

• 2011 年 11 月 23 日："两部立法"出台，并于 2013 年 5 月 30 日生效。

• 2011 年 12 月：欧洲理事会决议在 2012 年 7 月中旬提前启动 ESM。

• 2012 年 2 月：第二轮希腊救助计划获得通过。

• 2012 年 6 月 26 日：欧洲理事会主席范龙佩发布了题为《走向真正的经济货币联盟之路》的报告。

• 2012 年 6 月 28 日：欧盟国家首脑同意签署《就业与增长契约》并通过了由欧洲投资银行提供支持的 1300 亿欧元特别贷款计划。

• 2012 年 11 月：欧盟委员会发布《关于一个深入和真正的欧洲经货联盟的蓝图：发起欧洲辩论》。

• 2013 年 1 月：仅英国和捷克未参与签署的欧盟《财政契约》生效。

• 2014 年 1 月：拉脱维亚加入欧元区。

• 2014 年 5 月：德国、法国、意大利、西班牙等欧盟 11 国就协调引入金融交易税的加强式合作达成一致。

• 2015 年 1 月：立陶宛加入欧元区。

• 2015 年 6 月：欧盟委员会主席容克与欧元区峰会主席图斯克、欧元集团主席戴松布伦、欧洲央行行长德拉吉以及欧洲议会主席舒尔茨联合发布《深化经货联盟》的"五主席报告"。

• 2015 年 11 月：欧元区财长峰会通过了第三轮希腊救助计划。

• 2016 年 6 月：英国以 51.9%的支持率公投脱欧。

● 2016 年 12 月：德国"工业 4.0"应用平台与法国未来工业联盟发布共同行动方案，以推进两国制造业走向智能化和网络化。

● 2017 年 6 月：德法意三国就加强数字化生产领域的合作提出联合计划。

● 2017 年 9 月 7 日：马克龙在雅典发表以主权、民主、信任为主题词的演讲。

● 2017 年 9 月 26 日：马克龙在巴黎索邦大学发表演讲，提出设立欧元区预算以及欧元区财长等改革倡议。

● 2017 年 12 月：欧盟委员会发布欧元区改革计划草案，提议自 2019 年起将欧洲稳定机制转型为欧洲货币基金，并设立欧元区经济和财政部长一职。

● 2018 年 6 月：德法轴心发表《梅泽贝格声明》，就扩大欧洲稳定机制功能、设立欧元区预算等问题达成原则性共识。

● 2018 年 8 月：第三轮希腊救助计划到期，希腊正式退出历时 8 年的救助计划。

● 2019 年 1 月：德法英三国建立了支持伊朗贸易结算的 INSTEX 机制，总部设在巴黎。

● 2019 年 2 月：德法两国经济部长联合发表《面向 21 世纪欧洲产业政策宣言》，呼吁欧盟尽早制定欧洲产业政策战略。

● 2019 年 3 月 19 日：德法两国参议院通过了《深化德法两国关系联合声明》。

● 2019 年 3 月 25 日：德法正式签署议会合作声明并建立德法联席议会。

● 2019 年 5 月 23～26 日：欧盟迎来五年一度的欧洲议会选举。

● 2019 年 6 月 14 日：欧元区财长会议同意设立欧元区统一预算，该机制被命名为促进竞争力和趋同性预算工具。

● 2020 年 3 月 18 日：欧洲央行启动了 7500 亿欧元的紧急抗疫购债计划。

● 2020 年 4 月 2 日：欧盟委员会推出紧急情况失业风险援助金计划，用以支持成员国在新冠肺炎疫情期间的工资补贴。

● 2020 年 4 月 9 日：欧元集团财长视频会议初步达成了 5400 亿欧元的疫情援助计划。

● 2020 年 5 月 18 日：德法轴心提出了《促进欧洲从新冠危机中复苏》的德法倡议，其中包括设立 5000 亿欧元的复苏基金等四方面建议。

● 2020 年 5 月 27 日：欧盟委员会基于德法倡议出台了支持欧洲复苏计划的欧盟预算方案，新增了加强版的 2021～2027 年欧盟长期预算计划和"下一代欧盟"复苏资金计划。

● 2020 年 7 月 17～21 日，欧盟峰会通过了 2021～2027 年长期预算计划及 7500 亿欧元的复苏基金，这是欧盟历史上首个大规模财政互助刺激计划。

《亚琛条约》前言

德意志联邦共和国和法兰西共和国——

认可德国人民和法国人民之间和解取得的历史性成就，这得益于德意志联邦共和国与法兰西共和国于 1963 年 1 月 22 日签署的《德法友好合作条约》，它使两国民间与各级政府往来形成前所未有的双边关系网络；

深信现在是时候将双边关系提升至新水平，为两国和欧洲面临的 21 世纪挑战做好准备，并以提高经济与社会发展模式趋同、促进文化多样性、更紧密地团结两国社会与民众为目标，

深信德法两国的亲密友谊对于一个团结、高效、独立和强大的欧盟至关重要，且始终不可或缺；

寻求加强两国的欧洲政策合作，以促进欧洲的统一、效率与团结，同时保持这一双边合作对所有欧盟成员国开放；

拥护使法治在欧盟内被维护、在欧盟外被促进的欧盟基本原则、权利、自由和价值观；

致力于提高欧盟的社会与经济发展趋同性、加强团结互助，并根据欧洲社会权利支柱的基本原则不断改善生活与工作条件，尤其注重提高女性地位、女性自决和两性平等；

强调欧盟为实现一个开放、公平和基于规则的全球市场所做的努力，这一全球市场准入以互惠和非歧视原则为基础，并遵从高水平的环境和社会福利标准；

铭记他们基于《联合国宪章》享有的权利和义务；

坚定拥护以联合国为中心的基于规则与多边主义的全球秩序；

坚信只有立即采取对气候、生物多样性与生态系统的保护措施，才能确保繁荣和安全的实现；

同意按照各自国家的宪法和法律要求以及欧盟的法律框架行事；

赞赏两国乡镇、法国各省与大区和德国各联邦州、德国联邦众议院与法国参议院之间的分散式合作，以及《法德合作条约》规定下的德国联邦共和国文化事务全权代表与法兰西共和国主管部长间合作的重要角色；

认可德国联邦议院与法国国民议会间合作的核心角色，尤其是通过议会合作协定赋予两国密切关系的一个重要方面；

就如下内容达成一致……

（由笔者自行译出）

后 记

　　本书是在我博士论文的基础上修改而成，所参考的文献资料截至 2020 年 7 月。"本是同根生"的德法，在历史的变迁中愈发相异——不同的语言文化、地形气候，别样的政治社会制度、实力优势，使同处于欧洲大陆的两国屡次"相煎"。然而在二战结束后，两国却能为了同一个欧洲梦而放下兵刃、实现和解，直至今日仍在为实现欧洲长期的繁荣与稳定而共同努力，成为欧盟不可或缺的"德法轴心"。对比战后中日关系的发展，德法关系的这种转向令人惊羡。为何它们能成功地实现"冰火相融"？这种友好状态是否会与时俱进，又能释放怎样的能量？为了对这些问题一探究竟，我考取了北京外国语大学德语学院的研究生，并在导师刘立群教授的指导下，自博士阶段正式开启了探索德法关系密码的学术之旅。

　　这是一段虽然遍布未知、疑虑、自我怀疑，却又不时迸发思想火花的惊喜旅程，其中的两次赴德研修经历更使我收获颇丰。大学的研讨课训练，数次赴法、赴欧盟总部的学术远足，德法研究所的丰富文献，这些帮助我不断靠近"德法轴心"的领导力属性，最后顺利通过了博士论文答辩。德法关系历久弥新，新冠肺炎疫情的肆虐也为两国领导力的创新实践提供了契机，加之国内针对德法关系的专著类研究较少，因此我希望以专著的形式将最新的研究成果加以呈现，以期抛砖引玉、增进讨论，并恳请各位专家学者批评指正。

　　本书得以出版，离不开诸多的支持与陪伴。感谢母校——北京第二外国语学院、北京外国语大学——对我的培养；感谢北京外国语大学刘立群教授、殷桐生教授对我学业与生活的悉心指导和关照，他们是我学术之路与人生之路的"灯塔"；感谢德国特里尔大学教授 Joachim Schild、波恩大学教授 Tilman Mayer、海德堡大学教授 Sebastian Harnisch 为我指点迷津；感谢我博士论文答辩组的指导老师们：中国社会科学院顾俊礼研究员，中国现代国际关系研究院孙恪勤研究员、王朔研究员，北京外国语大学李洪峰教授，外交学院李旦教授，他们对本书内容提供了诸多宝贵建议；感谢北京外国语大学吴江教授、徐四季副教授、孙嘉惠博士和中国人民公安大学梅霖博士在写作思路上对我的指导。感谢国家留学基金委、德法研究所资助我访学。尤其感谢始终无私付出和支持我的家人们，感谢曹明珏、毛超楠、王洋和所有鼓励、陪伴我的朋友。最后，由衷感谢北京第二外国语学院对本书出版提供的资助，并由衷感谢社会科学文献出版社编辑老师们的辛苦付出！

图书在版编目（CIP）数据

联合领导力：欧洲经济货币联盟中的"德法轴心" /
陈扬著. -- 北京：社会科学文献出版社，2020.12
ISBN 978-7-5201-7433-6

Ⅰ.①联… Ⅱ.①陈… Ⅲ.①欧洲货币联盟–研究
Ⅳ.①F821.6

中国版本图书馆 CIP 数据核字（2020）第 190537 号

联合领导力：欧洲经济货币联盟中的"德法轴心"

著　　者 / 陈　扬

出 版 人 / 王利民
责任编辑 / 吕　剑

出　　版 / 社会科学文献出版社 · 当代世界出版分社（010）59367004
　　　　　地址：北京市北三环中路甲 29 号院华龙大厦　邮编：100029
　　　　　网址：www.ssap.com.cn
发　　行 / 市场营销中心（010）59367081　59367083
印　　装 / 三河市尚艺印装有限公司

规　　格 / 开　本：787mm × 1092mm　1/16
　　　　　印　张：17　字　数：245 千字
版　　次 / 2020 年 12 月第 1 版　2020 年 12 月第 1 次印刷
书　　号 / ISBN 978-7-5201-7433-6
定　　价 / 98.00 元